Hildegard Weiss

Basare, Sand und Kardamom

- Vom Atlantik zum Nil -

Titel der ersten Ausgabe:
Basare, Sand und Kardamom

ISBN-978-3-00-032385-0

1. Auflage November 2010

Vetrieb über Buchhandel
und über die Autorin

© Hildegard Weiss
Alle Rechte vorbehalten. Nachdruck, auch auszugsweise, sowie Verbreitung durch
Film, Funk, Fernsehen und Internet durch fotomechanische Wiedergabe, Tonträger
und Datenverarbeitungssysteme jeglicher Art nur mit schriftlicher Genehmigung der
Herausgeberin.

Redaktion und Herausgeberin:
Hildegard Weiss

Lektorat:
Elvira Biebel-Neu

Lektorat Sprachlektionen:
Soumia Obst

Grafische Aufbereitung: KunstWerk – Markus Dahlenburg

Druckproduktion: Druckerei Rapp in Flintsbach

Am Turme

Ich steh auf hohem Balkone am Turm,
Umstrichen vom schreienden Stare,
Und lass gleich einer Mänade den Sturm
Mir wühlen im flatternden Haare;
O wilder Geselle, o toller Fant,
Ich möchte dich kräftig umschlingen,
Und, Sehne an Sehne, zwei Schritte vom Rand
Auf Tod und Leben dann ringen!

Und drunten seh ich am Strand, so frisch
Wie spielende Doggen, die Wellen
Sich tummeln rings mit Geklaff und Gezisch,
Und glänzende Flocken schnellen.
Oh, springen möcht' ich hinein alsbald,
Recht in die tobende Meute,
Und jagen durch den korallenen Wald
Das Walross, die lustige Beute!

Und drüben seh ich ein Wimpel wehn
So keck wie eine Standarte,
Seh auf und nieder den Kiel sich verdrehn
Von meiner luftigen Warte!
Oh, sitzen möcht' ich im kämpfenden Schiff,
Das Steuerruder ergreifen,
Und zischend über das brandende Riff
Wie eine Seemöwe streifen.

Wär' ich ein Jäger auf freier Flur,
Ein Stück nur von einem Soldaten,
Wär' ich ein Mann doch mindestens nur,
So würde der Himmel mir raten!
Nun muss ich sitzen so fein und klar,
Gleich einem artigen Kinde,
Und darf nur heimlich lösen mein Haar,
Und lassen es flattern im Winde!

Annette von Droste-Hülshoff (1797 – 1848)

Gewidmet meinen Enkeln
Marius, Luis und Jonas

Als Vierjährige lief ich, wann immer ich entwischen konnte, zur asphaltierten Landstraße, um den riesigen Omnibus zu bestaunen, der zweimal am Tag vorbeifuhr und in
eine Ferne entschwand, deren Ziel man sich nicht ausmalen konnte.

Meine Mutter ist nie mit mir Bus gefahren. Unsere Reiselust erschöpfte sich in dem
Radius, den man mit dem Fahrrad erstrampeln oder mit der Kleinbahn erreichen konnte. Und wie gerne wäre diese duftige Seele ab und zu auf einen fahrenden Wagen aufgesprungen, aus reiner Neugierde auf die Welt da draußen - so, wie ich es später tat.

Ich danke meiner Tochter Martina, dass sie mich so oft hat ziehen lassen. Und ich
danke meinem Schicksal für das Glück, zur rechten Zeit am richtigen Ort zur Welt gekommen zu sein. Im Gegensatz zu den unzähligen Frauengenerationen vor mir durfte
ich ungehindert „lösen mein Haar und lassen es flattern im Winde"

 – halleluja und al hamdulillah!

Hildegard Weiss

BASAR-ARABISCH

„Marhaba" und „ahlan wa sahlan" „herzlich willkommen" wird Ihr Gegenüber freudig überrascht ausrufen auf Ihre locker hingeworfenen Sätze aus dem Fundus der Sprachlektionen in diesem Buch.

Jedem der folgenden 20 Kapitel sind, dem Thema zugeordnet, zehn Sätze „Basar-Arabisch" beigefügt. Damit ist, weit entfernt und unbeleckt vom korrekten Hocharabisch, die geläufige Umgangssprache gemeint, die der Obstverkäufer im Basar versteht, der Taxi-Fahrer, der Liftboy im Stadthotel und – mit einiger Mühe – der Beduine im Wüstenzelt.

In den Lektionen ist die wörtliche Übersetzung jeweils direkt unter den arabischen Begriffen wiedergegeben. So wird bereits beim Lesen der arabischen Sätze die deutsche Bedeutung miterfasst und die Vokabeln prägen sich auf (beinahe) schmerzlose Weise ein. Knien Sie sich in die mundgerecht zubereiteten Situations-Portionen mit präparierten Fertigsätzen – wenigstens einiger Kapitel. Wenden Sie das Gelernte an mit dem Mut zum Fehler und Ihr nächster Aufenthalt in einem arabischen Land wird um Vieles vergnüglicher werden!

AUSSPRACHE und LAUTSCHRIFT

Unterstreichung:	Betonung liegt auf dem jeweiligen Buchstaben: marhaba
th/*th*aman *Preis*	wie englisch gesprochenes „th" in this, wird jedoch im Alltag eher wie „d" gesprochen
gh/*gh*urfa *Zimmer*	(*gh*ain), wie französisches „r" hinten im Rachen gegurgelt, nicht rollend
a/*a*indi *ich habe*	(*a*in), schräg gestelltes „a" bedeutet einen stimmhaften Reibelaut, tief hinten im Rachen gepresst, ähnlich wie in „*a*rabisch" – im Unterschied zum „Apfel-a"
q	(qaf), krächz-k gepresster, am hinteren Gaumen rau-gegurgelter stimmloser Krächzlaut qalb قَلْب = *Hund* : kalb كَلْب = *Herz*
ra's *Kopf*	leichter Stimm-Absatz/Stimmverschluss in der Kehle
schäy' *Sache*	leichter Stimmverschluß am Ende des Wortes
Zwei Vokale nebeneinander:	jeder muss für sich ausgesprochen werden: wie be-antworten
a-raqs	das „l" des Artikels „al" wird wegen des Sprachflusses weggelassen

Korrekterweise müsste hier auf alle Laute des arabischen Alphabets eingegangen werden: stimmlose, stimmhafte, gehauchte, dumpfe, emphatisch gesprochene u.a.. Trotzdem: man wird Ihr „BASAR-ARABISCH" verstehen. Hören Sie auf die Musik der Sprache in den Gassen und mischen Sie fröhlich mit im großen Welttheater der babylonischen Sprachverwirrung.

„Hadd said!" „*Viel Glück!*"

INHALTSVERZEICHNIS

1. GRUNDAUSSTATTUNG
Pfefferminztee, Fladenbrot .... Seite 11

2. ARABISCHE HÖFLICHKEITEN
Falafel .... Seite 23

3. HOTEL
Gefüllte Aprikosen .... Seite 35

4. BASAR / Einkaufen
Schisch Kebab .... Seite 49

5. CAFÉ
Sahlab, Karkade .... Seite 61

6. RESTAURANT
Humus, Tabouleh, Babaghanusch, Ful,
arabischer Kaffee, Kardamom .... Seite 73

7. SPEISEKARTE
Eingelegte Salzzitronen .... Seite 85

8. UNTERWEGS / Bahn, Bus, Taxi
Briks .... Seite 103

9. KSAR / Verteidigung .... Seite 119

10. SOUND & LIGHT / Die Zahlen .... Seite 129

11. MARRAKESCH / Uhrzeit
Harira .... Seite 143

12. EINLADUNG / Verabredung
Gazellenhörnchen, Zimt .... Seite 157

13. HOHER ATLAS / Besuch
Sammn, Chlia .... Seite 169

14. WESTBANK / Konversation
Gefüllte Datteln, Orangensalat .... Seite 183

15. SHOW-TAXI / Veranstaltung, Besichtigung .... Seite 195

16. TUTANCHAMUN / Weg, verlaufen .... Seite 207

17. MOUSSEM / vergessen, verloren, gestohlen, suchen ...... Seite 221

18. TROMMEL / Reparatur, kaputt .... Seite 237

19. SAIDIS / Arzt, Unfall, krank .... Seite 247

20. HARATIN, RELIGIÖSE TÄNZE / Redewendungen
Pastilla .... Seite 259

Wer allzeit hinterm Ofen sitzt

und Grillen faengt

und Hoelzlein spitzt

und fremde Lande nie beschaut –

der bleibt ein Narr in

seiner Haut

Hans Sachs

1. Grundausstattung

Aus Versehen war ich in dem kleinen Ort in eine „Kunst-Ausstellung" geraten. Chaotisch angeordnet hingen auf Keilrahmen aufgezogene Leinwände an den Nägeln – ungerahmt und grauenhaft schlecht gemalt. Um nicht unhöflich zu erscheinen, ließ ich meinen Blick kurz über die Exponate gleiten. Inzwischen hatte ich aber erfahren, dass er, der Galerist selbst, auch der Künstler war, was mich nötigte, Bewunderung heuchelnd, ein gemäßigtes „oh" auszustoßen und anerkennend mit dem Kopf zu nicken. Gleichzeitig strebte ich unauffällig dem Ausgang zu, argwöhnisch beäugt wie ein Dompteur in einer kritischen Phase, vom lauernden Blick des Raubtiers.

Zu spät! Ich war bereits in die Mühle des Kunstbetriebes geraten und als Beute auserkoren. Gewitzt riss der Geschäftsmann ein Bild von der Wand – eines, auf dem mein Auge aus Versehen ein Quäntchen länger verweilt haben musste - und warf es, sunnyside up, draußen auf die Straße. Plitschplatsch goss er einen Eimer Wasser darüber und fegte mit einem Besen wie wild geworden auf dem Acrylgemälde herum, so, wie Wirtinnen wütend den Tanzboden schrubben nach den Auswüchsen eines bierseligen Kirchweihfestes. Die Demonstration war überzeugend und der Beweis unschlagbar erbracht, dass das Gemälde farbecht und zu 100 Prozent waschbar war. Trotz dieser Vorzüge konnte ich mich nicht entschließen, es zu erwerben.

Eigentlich wollte ich in Ruhe gelassen werden auf meinem kleinen Spaziergang durch die Gassen. In meiner Rocktasche knisterte der Spickzettel mit meiner neuen Kollektion an Fertigsätzen in arabischer Sprache, die ich zu Hause mit meiner Lehrerin Soumia für die speziellen Bedürfnisse dieser Reise und für alle denkbaren Eventualitäten vorbereitet hatte. Diesem Wortschatz wollte ich mich jetzt noch einmal zuwenden während meines Bummels und in ständigem inneren Monolog meine Lektion wiederholen.

Morgen würde ich – inshallah, *so Gott will* – mit meiner Frauengruppe aufbrechen zu einer mehrtägigen Trekking-Tour zu Fuß und Kamel. Dort im Hinterland würde ich angewiesen sein auf meine arabischen Sprachkenntnisse. In den entlegenen Gebieten, die wir durchstreifen würden, musste ich mich verständlich machen können bei den Bewohnern und Beduinen, die oft nur die Landessprache beherrschten. Mit meiner Ausrüstung an Sätzen in Fertigbauweise war ich auf meinen bisherigen Touren immer

> ### Inshallah
> *- so Gott will -*
> *Redewendung als Pflicht-Anhang für Planungen in die Zukunft.*
> *„Treffen wir uns morgen?"*
> *Die Antwort darf nicht einfach „ja" sein, sondern: „inshallah"*
>
> *KORAN*
> *Sure 18, Vers 23/24:*
> *„Von keiner Sache sagt: morgen werde ich das bestimmt tun. Füge immer hinzu: „inshallah".*

gut über die Runden gekommen. Diesen Sprachschatz galt es aber, mir so gut einzuprägen, dass ich bei Bedarf blitzartig parieren und den passenden Satz sofort aus der Westentasche meines Erinnerungsvermögens ziehen konnte wie eine gute Spielkarte beim Poker.

Dem Kunsthändler jedoch waren meine Bedürfnisse egal. Die Frage, ob mir sein Werk gefiele, erhob sich erst gar nicht. In seinen Augen schien der Preis die letzte Barriere zu sein, die mich vom Erwerb zurückhielt. „Kam *thaman*, kam?" *„Wie viel willst du zahlen?",* bedrängte er mich. Ich wollte überhaupt nichts zahlen. Ich wollte nur ein bisschen Luft schnappen, in Ruhe gelassen werden und ungestört meine neue Lektion vor mich hinleiern. Die Klette aber verfolgte mich beharrlich mit dem grässlichen Gemälde.

Warum eigentlich meine Übungen imaginär in mich hinein psalmodieren? Hier war ein Mensch, dessen Muttersprache ich zu lernen bemüht war und der sich erlaubte, Dinge an mich hinzulabern, deren Sinngehalt absolut nicht in meine Seelenlandschaft passen wollte. Wie Heißhunger stieg in mir das Verlangen auf, das neu Erlernte am lebenden Objekt anzuwenden, jetzt und sofort.

Tief atmete ich ein, ließ behutsam die Luft aus der Lunge gleiten und begann sogleich mit der Praxis. Langsam und deutlich akzentuiert übte ich meinem Gegenüber mitten ins Gesicht: „Mumkin an tatbuch chobs tarii kulli yum lana?" *„Ist es möglich, dass du jeden Tag frisches Brot bäckst für uns?"* Der Angesprochene klappte den Mund zu und starrte mich an. Ich aber setzte noch eins drauf: „Nahnu mumkin nanäm alal ard, läkin na<u>h</u>tasch chaima, ya imma chaima kabira li kullina au ketira sag<u>h</u>ira." *„Wir können auch auf dem Boden schlafen, aber wir brauchen ein Zelt, entweder ein großes für uns alle, oder mehrere kleine."*

Er sah mich an, als hätte ich mich in ein Monster aus Hyronimus Boschs Gemälden verwandelt. Eindeutig, sie spinnt! Langsam wich die Erstarrung und seine Fassungslosigkeit prasselte in einem wilden Palaver aus ihm heraus, als hätte ein Dschinn[1] seine Sinne verwirrt. Schnell bildete sich ein Grüppchen aus benachbarten Händlern und Passanten, auf die er wie ein Betrunkener ohne Punkt und Komma einquasselte. Die harmlos aussehende Touristin jammerte den braven Kunsthändler vielleicht ein bisschen, aber mehr noch jammerte es ihn wohl um den bombensicheren Umsatz, der ihm so knapp entgangen war, wäre sie nur noch eine kleine Weile bei Vernunft geblieben. Die Gasse hatte ihre Sensation und mich vergaß man über der Aufregung – al hamdulillah, *Gott sei's gedankt.*

> Wenn du redest, dann muss deine Rede besser sein, als dein Schweigen gewesen waere

Unbehelligt konnte ich dem Menschenauflauf den Rücken kehren und schlenderte vergnügt davon, die Gasse hinunter, meine weiteren Fertigsätze bereitwillig auf den Lippen für jeden, der sie hören wollte.

Im Verlauf der nächsten Tage wanderten wir unter der Führung von Hassan durch die ausgetrockneten Wadis[2], Schluchten und Gebirgsketten um Mides[3]. Hassan, ein überaus kerniger und bodenständiger Bergbauer, besaß als Führer mein volles Vertrauen. In dieser Gegend hatte er schon als Kind die Ziegen seines Vaters gehütet, war herumgestreift und kannte sich aus wie in den Taschen seiner weiten Sirwal[4]. Mit jedem Stein war er gut bekannt und jedes Blatt, das sich im Wind bewegte, schien unter seiner Kontrolle.

Am Ende der Welt, nach mehrstündigem, beschwerlichen Fußmarsch – weit unter uns die atemberaubende Aussicht mit dem tiefblauen Auge eines Stausees – stoppte unser Führer an einem überhängenden Felsplateau. Mit bedauerndem Achselzucken und Falten auf der breiten Stirn, die man braucht, um tiefste Ratlosigkeit auszudrücken, teilte er mir mit, der Weg sei hier leider zu Ende, er wisse nicht mehr weiter. Als ich dies meiner Gruppe übersetzte, riefen alle wie aus einem Mund: „Sag deinen Satz, sag deinen Satz" – ich hatte meinen Frauen die Episode mit dem Galeristen erzählt. Mühelos hub ich an: „ Nahnu mumkin nanäm alal ard, läkin nahtasch…" *„Wir können auch auf dem Boden schlafen, aber wir brauchen ein Zelt, entweder ein großes für uns alle, oder mehrere kleine."* Hassans Miene hellte sich auf. Hocherfreut ob unserer Flexibilität bog der Spaßvogel verschmitzt grinsend um den nächsten Felsblock und führte uns den Weg weiter durch die herrlich bizarre Bergwelt zum palmenumsäumten Tamerza[5].

[1] **Dschinn** – Unsichtbares Geistwesen, gefürchtete Dämonen, die Unheil, Krankheit und Verwirrung des Geistes bringen. („dschanna" heißt „verdecken, verbergen", deshalb nennt man die, die dem menschlichen Auge verborgen sind, „Dschinn").

[2] **Wadi** – Ausgetrocknetes Flussbett und – inshallah – für Wanderungen geeignet. Vorsicht, zu Regenzeiten nicht darin campen. Über Nacht kann sich das Wadi zum reißenden Flussbett verwandeln – lebensgefährlich.

[3] **Mides** – Malerische Bergoase nahe der algerischen Grenze, eindrucksvoll gelegen auf einem Plateau zwischen zwei 60 m tiefen Flussbetten – im Spätsommer meist ausgetrocknet.

[4] **Sirwal** – Weite Männerhose, eine Art bequemer, knöchellanger Pluderhose.

[5] **Tamerza** – An einem Hang gelegene Bergoase in der Nähe von Mides.

Die fünf Säulen des Islams –
Die religiösen Pflichten der Moslems

1. Glaubensbekenntnis (Schahada) „Es gibt keinen Gott außer Allah, und Mohammed ist sein Prophet." „La ilaha illa'llah wa Muhammadun rasulu'llah."

2. Jeden Tag fünf rituelle Gebete (Salat) – Zusätzlich am Freitag ein Gottesdienst in der großen Moschee.

3. Almosengeben (Zakat) – Zakat ist eine Steuer, die den Armen und Bedürftigen zukommt.

4. Fasten tagsüber im Monat Ramadan (Saum) – Ramadanmonat ist der 9. Monat des islamischen Mondkalenders und verschiebt sich jedes Jahr um etwa zehn Tage nach vorne.

5. Wallfahrt nach Mekka (Hadsch) Die Pilgerfahrten finden statt während der ersten zehn Tage des zwölften und letzten Monats des islamischen Mondkalenders und sollten einmal im Leben gemacht werden.

Nach der glücklichen Rückkehr aus Mekka wird mit Nachbarn und Freunden ein großes Fest gefeiert. Ab jetzt darf der Pilger sich „Hadsch", die Pilgerin sich „Hadscha" nennen. Als äußeres Zeichen werden oft die Hauswände bemalt mit den Beförderungsmitteln, die während der Reise benutzt wurden.

Mohammed ist nach islamischem Verständnis neben Adam, Noah, Abraham, Moses und Jesus einer der großen Propheten Allahs.

Tee, Zucker und Brot – Grundnahrungsmittel aller orientalischen Länder

Kaffee zählt eher zu den Luxusgütern. Tee beschließt obligatorisch jedes Essen und wird zu jeder Tageszeit und Gelegenheit gereicht. Die Zeremonie der Tee-Zubereitung übernimmt in der Regel der Hausherr. Manche Familien leben in großer Armut und ernähren sich tagelang von Brot mit Tee. Dennoch wird selbst der Ärmste, sei es im Gebirge oder in der Wüste, seine letzte Tee- und Zuckerration opfern, um den Fremden zu bewirten.

Pfefferminztee wird mit grünem chinesischen Tee zubereitet („Gunpowder"), einer grünen Teesorte, deren Blätter beim Trocknen zu kleinen „Gewehr"-Kugeln zusammenschrumpfen.

Na'na ist eine besondere Minz-Sorte aus den Mittelmeerländern und hat mit unserem Pfefferminz nichts gemein. Sein ätherisches Menthol-Aroma war wegen seiner belebenden Wirkung schon im Altertum so beliebt, dass auf Minze Steuern erhoben wurden.

In allen orientalischen Ländern wird der Tee sehr süß getrunken. Der Zucker wird, normalerweise in dicken Brocken vom klein gehackten Hutzucker, gleich in die Kanne gefüllt und mit aufgebrüht.

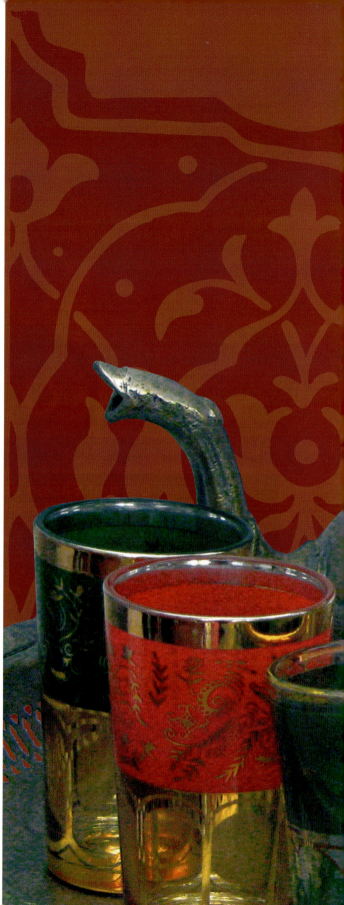

14

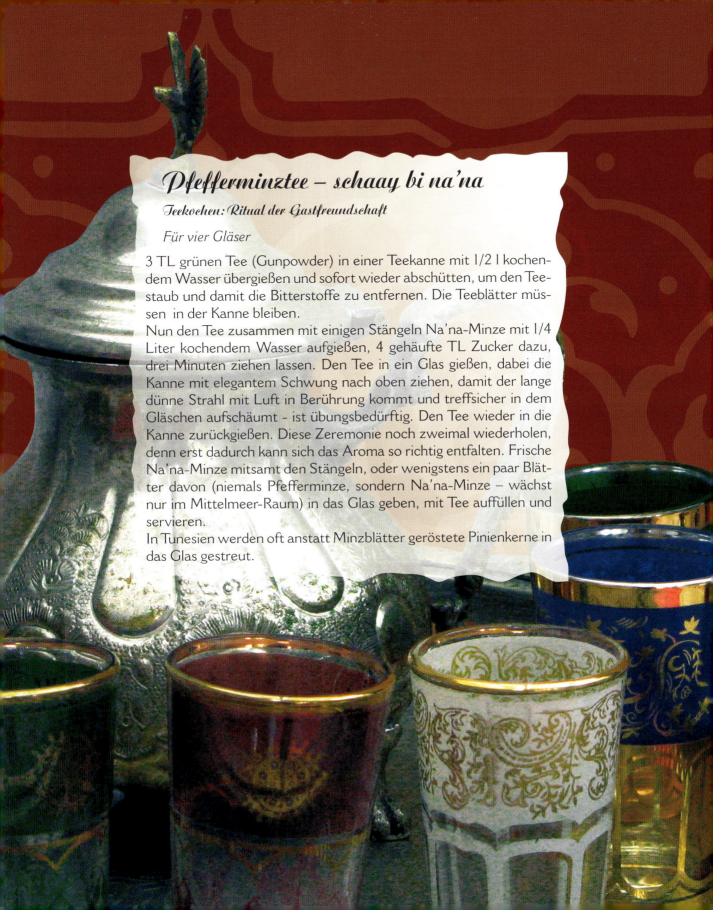

Pfefferminztee – schaay bi na'na

Teekochen: Ritual der Gastfreundschaft

Für vier Gläser

3 TL grünen Tee (Gunpowder) in einer Teekanne mit 1/2 l kochendem Wasser übergießen und sofort wieder abschütten, um den Teestaub und damit die Bitterstoffe zu entfernen. Die Teeblätter müssen in der Kanne bleiben.

Nun den Tee zusammen mit einigen Stängeln Na'na-Minze mit 1/4 Liter kochendem Wasser aufgießen, 4 gehäufte TL Zucker dazu, drei Minuten ziehen lassen. Den Tee in ein Glas gießen, dabei die Kanne mit elegantem Schwung nach oben ziehen, damit der lange dünne Strahl mit Luft in Berührung kommt und treffsicher in dem Gläschen aufschäumt - ist übungsbedürftig. Den Tee wieder in die Kanne zurückgießen. Diese Zeremonie noch zweimal wiederholen, denn erst dadurch kann sich das Aroma so richtig entfalten. Frische Na'na-Minze mitsamt den Stängeln, oder wenigstens ein paar Blätter davon (niemals Pfefferminze, sondern Na'na-Minze – wächst nur im Mittelmeer-Raum) in das Glas geben, mit Tee auffüllen und servieren.

In Tunesien werden oft anstatt Minzblätter geröstete Pinienkerne in das Glas gestreut.

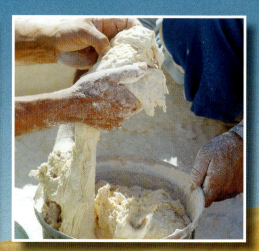

Fladenbrot

Unverzichtbarer Bestandteil jeder Mahlzeit

1 kg Weizenmehl (sehr gut auch Mischung halb und halb mit Roggenmehl)
2 TL Salz
1/2 l Wasser - ungefähr
30 g Hefe (in abgelegenen Gegenden wird oft gar keine Hefe verwendet)
3 EL Öl

Vorbereitung:

Zuerst die Hefe in etwas warmes Wasser zerbröseln und mit dem Zucker
ca. 15 Minuten gehen lassen, die Oberfläche schäumt dann und wirft Bläschen.

Traditionelles Herstellungsverfahren:

Das Mehl mit dem Salz vermischen, in der Mitte eine Vertiefung bilden, die vorbereitete Hefe einfüllen und vorsichtig das Mehl einarbeiten, Öl und Wasser zugeben und kräftig mit den Handballen verkneten, bis der Teig geschmeidig und glatt wird und nicht mehr an den Händen klebt. Er muss sich trocken und elastisch anfühlen – die Wassermenge je nach Mehlqualität variieren.

Herstellungsverfahren in der modernen Küche:

Dem Mehl bei laufender Küchenmaschine das Salz, nach und nach die gegorene Hefemischung, Olivenöl und - vorsichtig dosiert - Wasser zugeben. So lange mit den Knethaken laufen lassen, bis sich ein Teigklumpen bildet.

Nun geht es bei beiden Verfahren weiter in Handarbeit:
Eine Kugel formen und mit einem Tuch zugedeckt an einem Platz mit mollig warmer Zimmertemperatur mindestens 30 Minuten gehen lassen. Das Teigvolumen wird sich nach dem Ruhen verdoppeln. Kurz durchkneten, auf einer bemehlten Arbeitsfläche eine dicke Rolle formen und in 10 – 12 Teile schneiden. Daraus Kugeln formen, mit einem Tuch abdecken und noch mal 30 Minuten an einem warmen Plätzchen ruhen lassen. Durch die Hefe werden sie zu doppelter Größe aufgehen. Dann die Teigkugeln zu handtellergroßen dicken Scheiben auf ca. einen halben Zentimeter flach patschen. Im vorgeheizten Backofen bei 200 – 220 Grad (Ober- und Unterhitze). 5–7 Minuten backen, bis die Fladen goldgelb sind.

ANMERKUNG:

In manchen Gebirgsgegenden wird oft auch Mehl aus Gerste und Hirse aus eigenem Anbau verwendet, das in einer Steinmühle vor dem Haus zu jeder Mahlzeit von Hand gemahlen wird. Die Frauen dort bilden aus dem Teig eine große Scheibe und backen den Fladen auf einem heißen Stein oder klatschen ihn an die Wände des heißen Backofens, wo er kleben bleibt, bis er gar ist. Beduinen und Wüstenbewohner vergraben die flache Teigscheibe in der heißen Glut, wo nach gut 10 Minuten Garzeit die Holzkohlestückchen, Asche und Sand abgeklopft werden. Das Brot hat einen leicht rauchigen Geschmack - köstlich!

Ein Beduine kommt in die Stadt und weil er Hunger hat, betritt er ein Restaurant und bestellt sich aus all den unbekannten Speisen eine Pizza. Der Kellner bringt sie ihm. Der Gast sitzt vor dem Teller und rührt die Pizza nicht an. Als der Ober ihn nach einer Weile fragt, warum er nicht esse, antwortet der Beduine: „Ich warte noch auf das Brot".

Merksatz raqm wähid:

Al kilab tanbah wal qafila tasir

Die Hunde bellen und die Karawane zieht weiter

naam (ägypt. **aiwa**)　　　**la**
ja　　　　　　　　　　　　　nein / kein

min fadlik
bitte (wenn man um etwas bittet)
Aussprache: auch **min fadlek** möglich, oder mittendrin genuschelt oder total verschluckt

schukran　　　Antwort: **afuan**
danke　　　　　　　　　　nichts zu danken / bitte

assaläm alaikum　　　Antwort: **wa alaikum assaläm**
der Friede mit euch　　　　*und mit euch der Friede*
Guten Tag / Grüß Gott

marhaba
Willkommen

sabah al cher　　　Antwort: **sabah a-nur**
Morgen der Güte　　　　　*Morgen des Lichts*
Guten Morgen　　　　　　Guten Morgen (ebenfalls)

maa saläma
mit Frieden
Auf Wiedersehen

massa l-cher
Guten Abend

tisbah ala cher
Gute Nacht

leyla saida
Nacht glücklich
Schlaf gut

1 **wähid**	١
2 **itnän**	٢
3 **talata**	٣
4 **arbaa**	٤
5 **chamsa**	٥
6 **sitta**	٦
7 **sabaa**	٧
8 **tamaniya**	٨
9 **tisaa**	٩
10 *a*schara	١٠

BASAR-ARABISCH　1. Grundausstattung

" Jede neue Erfahrung verbindet sich mit dem koestlichen Gefuehl, frei zu sein. Die Reisende entdeckt die Lebensfreude, eine Freude, die im Fortschrittseifer unserer Zivilisation auf der Strecke geblieben ist."

Ella Sykes aus ihrem Buch „Through Persia on a Side Saddle"
(Sie reiste von 1895 – 1896 mit ihrem Bruder,
Hauptmann Percy Sykes, durch Persien)

2. Höflichkeiten

Mit Riesenpranken steuerte der Busfahrer, eine zu kurz geratene stämmige Ausgabe des gealterten Anthony Quinn, seine erbärmliche Schrottkiste durch den tiefsten Süden Marokkos, eine Giftwolke schwarzer Auspuffgase hinter sich herziehend. Mit der Ausdauer eines geduldigen Mulis strebte mein Utobis Awita[1], der seinem großartigen Namen so gar keine Ehre machte, meinem Ziel entgegen: Guelmim[2], nahe der Grenze zur Westsahara[3], der ehemaligen spanischen Kolonie.

In der Epoche, als noch die Dromedare der großen Karawanen nach zweimonatigem Marsch aus Timbuktu[4], schwer beladen mit Gold, Elfenbein, Salz und Straußenfedern in Guelmim einzogen, war die Stadt nicht nur Umschlagplatz für die kostbaren Handelsgüter, sondern auch für unzählige dunkelhäutige Sklaven. So sehr das legendäre Karawanenzentrum meine Phantasie auch beflügelte, so wusste ich doch, dass der alte Glanz dieser „Stadt der blauen Männer", dem Tor zur Sahara, längst verblichen war. Heutzutage werden auf dem Suq[5] des verschlafenen Marktfleckens weniger schillernde Waren wie Ziegen und Dromedare gehandelt. Die weite Anreise nahm ich nur auf mich, um den berühmten Tanz der Guedra[6] zu sehen, über den ich viel gelesen hatte und den ich unbedingt hautnah erleben wollte.

Aber noch lagen viele Kilometer Landstraße vor mir. Mein Langstreckenbus war alles andere als komfortabel und unterschied sich von den klapprigen Regionalbussen nur dadurch, dass der Fahrer mit dem Teufel um die Wette fuhr, so dass Hunde, Hühner und Kinder aufgescheucht zur Seite stoben, wenn das schnaubende Ungeheuer sich näherte.

Einige Sitzreihen vor mir war unglücklicherweise die obere Hälfte eines Seitenfensters in die Brüche gegangen. Trotz der genialen Notverarztung mit Folie und Leukoplast fegte der heiße Fahrtwind wie ein wild gewordener Derwisch[7] über die Köpfe der Fahrgäste und wirbelte den Staub der marokkanischen Wüste in das Businnere. So tief ich mich auch in meinem Haik[8] verkroch, die feinen Sandkörner schlüpften in Ohren und Nasenlöcher, brannten unter den Augenlidern, nisteten in Wimpern und Augenbrauen und knirschten zwischen den Zähnen. Der feine Staub verwandelte sich zusammen mit dem Schweiß zu einem starren Film auf der Haut und versiegelte die Poren. Als besondere Zuwendung des Schicksals wertete ich den Umstand, dass sich im Bodenblech unter meinen Füßen ein fersengroßes Loch befand, durch das zwar stinkende Auspuffschwaden herein-, aber praktischerweise auch meine Bananenschalen hinausfliegen konnten.

In der Bibliothek von Tamegroute[9] hatte ich, fasziniert von den handgeschriebenen Aufzeichnungen auf Tierhäuten und Palmblättern aus dem Mittelalter, viel Zeit verbracht und in Ermangelung einer Reiselektüre eine handliche, moderne Übersetzung des Korans[10] erstanden. Diese holte ich jetzt hervor, um meine Sinne abzuwenden von den Beschwernissen dieses Erdendaseins. Sogleich schlug der Fahrtwind für mich die Seite auf mit der Sure[11] 56. Mein Blick fiel willkürlich auf Vers 40 und ich begann zu lesen: *„Und die zur Linken, was wisst ihr von denen, die zur Linken sein werden? Sie werden inmitten von glühenden Winden sein und im Schatten schwarzen Rauches, der weder kühl noch wohltuend ist."*

Ganz langsam rieselte, zusammen mit den Schweißbächen, ein Schauer meinen Rücken hinunter. In der Tat! Vom Mittelgang aus gesehen saß ich auf der linken Seite des Busses und die Schrift erfüllte sich an mir im wahrsten Sinne des Wortes. Ich sah mich von kreisenden Sandteufeln umringt. Durch das kaputte Fenster fuhren fürwahr die glühenden Winde, die am Kopftuch zerrten und rissen wie ein trockener Wirbelsturm. Und aus dem Loch der Karosserie unter meinem Sitz stieg, sobald ich meinen Fersenverschluss etwas lockerte, der grässliche Motorengestank in einer schwarz-giftigen Rauchwolke empor, die wahrlich weder kühl noch wohltuend war.

Um Sinne und Kreislauf zu stabilisieren, trank ich die Hälfte meiner Wasserflasche aus, deren Inhalt schal vor sich hin köchelte. „Ya salam", *„Du meine Güte!"* Dagegen musste ein Schluck aus dem Zuber der *Ghassala*, der Frau, die im Hammam[12] die Badegäste schrubbt, ein Göttertrunk sein. Auf Erbarmen und ein doch noch gnädiges Ende für diejenigen zur Linken hoffend, las ich weiter im heiligen Buch und musste, den erhobenen Finger des Propheten vor Augen, in Vers 91 zur Kenntnis nehmen: *„Wenn er aber zu den Fehlgehenden gehört, dann wird ihm am Tage der Auferstehung eine Bewirtung mit siedendem Wasser zuteil."*

Das hier also war der Vorgeschmack auf die Hölle. Ich betrachtete voller Mitgefühl meine Leidensgenossen zur Linken, die keinen Gedanken an ihre schreckliche Bestimmung verschwendeten, sondern ungerührt in ihren Sitzen nach irdischer Bequemlichkeit trachteten und so taten, als schliefen sie den Schlaf der Gerechten. „Maktub", *„Es steht geschrieben, alles ist vorbestimmt"*, murmelte ich, ergab mich in mein Höllenschicksal und versuchte ebenfalls, ein wenig zu schlafen.

Beim ersten Stopp mit Falafelbude[13] und Schlange vor dem Klo geriet ich sofort – als einzige alleinreisende Frau an Bord – unter das gnadenlose Protektorat unseres Fahrers. Als ich aus dem Bus stieg, wartete er bereits auf mich, seinen nie verlöschenden Glimmstängel zwischen den Lippen balancierend und bedeutete mir durch einen Wink, ihm zu folgen. Eigentlich sehnte ich mich nach einer Toilette und ein paar Henkeltassen Wasser aus den üblichen Tonkrügen, um wenigstens das Gesicht zu erfrischen. Wahrscheinlich aber würde er mich zu einem Laden führen, wo ich frisches Brot, Datteln, vielleicht sogar Obst kaufen konnte. Na gut, das war auch nicht zu verachten und hinterher würde die Schlange vor der Toilette geschrumpft sein. Meine Sitznachbarn,

ein Familienclan, der die schutzlose „meskina" „*die Arme*" bereits mitleidig adoptiert hatte und mit seiner Fürsorge während der Fahrt umwarb, war mit meinem Abstecher einverstanden und ließ mich ziehen.

„Anthony" verschwand in einer Gasse aus festgetretener roter Erde zwischen gewundenen Häuserreihen und ich folgte ihm in gebührendem Abstand. In der sengenden Glut der Mittagsstunde führte er mich durch ein enges Gassennetz. Der Ort döste unter dem einschläfernden Atem der Hitze vor sich hin, kein menschlicher Laut, kein Hahnenschrei drang durch die fensterlosen Lehmfassaden nach außen. Selbst die Hunde vernachlässigten ihren Job, hatten sich in den Schatten geflüchtet und waren zu träge, die Eindringlinge zu verbellen.

„Anthony", als Kapitän der Wüstenstraßen im Vollbesitz seiner unanfechtbaren Autorität, strebte schweren Schrittes seinem Ziel entgegen. Weder versuchte er, mir ein Gespräch aufzuzwingen, noch nahm er während unserer Expedition sonderlich Notiz von mir. Je länger wir gingen, desto mehr keimte in mir der Verdacht auf, er spaziere womöglich aus reinem Jux durch diesen Backofen, nur, um sich die Beine zu vertreten und mich, sein Anhängsel, das treudoof hinter ihm herzockelte, hatte er inzwischen vergessen. Gerade als ich mich anschicken wollte, umzukehren, blieb er unvermittelt stehen. Sein ausgestreckter Arm wies herrisch auf eine blechbeschlagene Tür. Dem war nichts entgegenzusetzen – ich gehorchte.

Wie eine wahr gewordene Fata Morgana tat sich vor mir die Unglaublichkeit eines weiß gekachelten Raumes auf mit Toilette, echtem Waschbecken und einem Hahn, aus dem tatsächlich Wasser herausfloss, soviel ich wollte – Herz, was willst du mehr! Bevor ich mich auf all den Luxus stürzte, sah ich noch, wie Anthony sich draußen breitbeinig mit verschränkten Armen in der Gasse aufbaute wie der steinerne Koloss über der Hafeneinfahrt von Rhodos, um das Portal zu meinem Hammam zu bewachen. Als ich nach meiner Badeorgie mit quietschenden Sandalen und einem feucht-fröhlichen „schukran", „*danke*", herauskam, nickte er mit dem Gesicht eines zufriedenen Katers, „bi sa̱ha", „*auf dein Wohl*", und nuschelte noch verlegen „la schukr alla wäschib", „*nichts zu danken, es war meine Pflicht*". Er bedeutete mir, im schmalen Schattenstreifen eines Mauervorsprungs zu warten und verschwand selbst im Kabinett.

Mit tropfnassem Kopf tauchte er wieder auf, schüttelte sich und schleuderte prustend die Wassertropfen fort. Während Anthony, der Ritter ohne Fehl und Tadel, mit seinen nassen Händen eine neue Zigarette aus der Packung fingerte, glaubte ich, in den Falten seiner gegerbten Krähenfüßchen den Blitz eines versteckten Schmunzelns zu entdecken. Und für einen kurzen Augenblick schwang über der hitzeflirrenden Gasse, über Barrieren von Tradition und Geschlecht hinweg, der flüchtige Hauch von Sympathie und Wohlwollen.

> Setzt eure Zelte weit auseinander, aber nähert Eure Herzen

Sofort erinnerte mein Beschützer sich wieder an seine Verantwortung. Mit triefendem Nackenhaar schritt er voran und führte mich durch das Gassengewirr, so sicher wie einst Moses sein Volk durch die geteilten Wasser des Roten Meeres, zurück zu seinem Bus. Ich folgte ihm gerührt – in gebührendem Abstand natürlich.

[1] **Utobis Awita** – Bezeichnung nach dem marokkanischen Athlet Awita aus den 80er Jahren (100 m in 10 Sekunden). Der 1. Schnellzug Casablanca-Marrakesch wurde nach ihm benannt und auch viele Überland-Express-Busse.

[2] **Guelmim** – *„Stadt der blauen Männer"*. Diesen Beinamen verdankt G. der mit Indigo gefärbten Kleidung der Reguibat-Berber, die auf der Haut einen bläulichen Schimmer hinterlässt. Sie sprechen einen eigenen Dialekt, das Hassani. Als Kamele züchtende Nomaden sind sie in Marokko, Mauretanien und Mali beheimatet und kämpften entschieden für die Unabhängigkeit der „Spanisch Sahara". Wegen ihrer indigofarbenen Gewänder, Gesichts- und Kopfschleier der Männer (die Frauen sind unverschleiert) werden sie häufig mit den Tuareg verwechselt.

[3] **Westsahara** – Offizieller Name: Demokratische Arabische Republik Sahara
Beim „Grünen Marsch" („grün" wegen der islamischen Farbe Grün, die an das Paradies erinnert) überschritt am 6. November 1975 Marokkos damaliger König Hassan II. zusammen mit 350 000 marokkanischen Zivilisten in einem Friedensmarsch zu Fuß, nur mit dem Koran in der Hand, die Grenze zu Spanisch Sahara und annektierte den nördlichen Teil, um seine Ansprüche auf das vorkolonial marokkanische Territorium geltend zu machen. (Wenige Tage später starb übrigens der spanische Diktator General Franco und Juan Carlos wurde König von Spanien). Die unblutige Demonstration hatte Erfolg. Die ehemalige spanische Kolonie (von 1884–1975) wurde 1976 nach harten Auseinandersetzungen mit den anderen Maghrebstaaten zum marokkanischen Territorium erklärt. Jedoch ist der politische Konflikt bis heute nicht bereinigt. Der fast menschenleere unfruchtbare Landstrich ist begehrt wegen seiner riesigen Phosphatvorkommen und des Fischfangs an der Atlantikküste. Die Bevölkerung spricht überwiegend den arabischen Hassania-Dialekt, der auch zum Teil in den Nachbarländern Mauretanien und Mali gesprochen wird.

[4] **Timbuktu** – Handelsstadt im heutigen Mali, ehemals wichtiger Verkehrsknotenpunkt, Handels- und Karawanenzentrum der südlichen Sahara, erlebte eine hohe Blütezeit im 15. Jd.

[5] **Suq** – Warenmarkt.

[6] **Tanz der Guedra** – Traditioneller, ekstatischer Knietanz der Reguibat-Berberinnen, der heute nur noch in der Gegend von Guelmim praktiziert wird: Eine vollkommen verschleierte Tänzerin versetzt sich, zu Trommeln, Klatschen und Fingerschnalzen, mit wiegendem Oberkörper in einen tranceähnlichen Zustand, typisch sind ganz spezielle Schüttelbewegungen der Finger. Die positiven Energien, die bei der Zeremonie entstehen, sollen auf alle Anwesenden übergehen. Zum Schluss sinkt die Tänzerin erschöpft zu Boden und lässt ihren Gesichtsschleier fallen – *siehe Kap. 20, „Religiöse Tänze"*.

[7] **Derwisch** – Angehöriger einer islamischen Bruderschaft, Mystiker, Asket, Bettelmönch, dessen Lebensform dem Sufismus geweiht ist. Neben anderen spirituellen Techniken versetzen sich Derwische mit Musik, bestimmten Rhythmen und Drehungen um die eigene Achse in Trance, um die mystische Vereinigung mit Gott zu finden – *siehe Kap. 20, „Religiöse Tänze"*, Tanz der Derwische.

[8] **Haik** – Großes rechteckiges Tuch/Überwurf der Frauen der Maghreb-Länder, das Kopf, Schultern und Oberkörper bedeckt - meist Landbevölkerung.

[9] **Tamegroute** – Dorf bei Zagora, im Süden des Draa-Tals, mit Koranschule und berühmter Bibliothek, in der 4000 mittelalterliche Handschriften aufbewahrt werden. Glanzstück der Sammlung ist eine Koranauslegung, geschrieben auf Gazellenhaut aus dem Jahre 1091.

[10] **Koran** – Die Heilige Schrift des Islam, enthält die Offenbarungen des Propheten Mohamed, dem Gesandten Gottes, aufgeschrieben zwischen 610–632 n. Chr.

[11] **Sure** – Bezeichnung für einen Abschnitt des Korans. Es gibt 114 Suren, die ihrer Länge nach geordnet sind. Diese gliedern sich wiederum in einzelne Verse. Sure 56 schildert im Koran

„Das Geschehnis", die Auferstehung am Jüngsten Tag, die Gerechten sitzen zur Rechten und die Sünder zur Linken Gottes.

[12] **Hammam** – Bad – heute allgemeine Bezeichnung für Badezimmer und Toilette. Ursprünglich Bezeichnung für ein öffentliches orientalisch/türkisches Badehaus.
Der wöchentliche Hammam-Besuch ist heute noch ein gesellschaftliches Ereignis für die Frauen und war in traditionellen Gegenden oft die einzige Gelegenheit, das Haus zu verlassen.

[13] **Falafel** – Siehe Rezept

„Beschützerinstinkt" des arabischen Mannes

Als Frau ohne männliche Begleitung und ohne zwingenden Grund zu reisen, ist den meisten Orientalen völlig unverständlich. Wenn kein männliches Familienmitglied zum Schutz der Reisenden zur Verfügung steht, so wird ihr zumindest eine weibliche Verwandte als Begleitperson beistehen. Alleinreisende Europäerinnen werden es zunächst als aufdringliche Belästigung empfinden, wenn immer und überall Männer auf der Bildfläche erscheinen, die – für uns ohne ersichtliche Notwendigkeit – sich hilfreich erweisen wollen, sei es am Fahrkartenschalter, beim Reservieren eines Sitzplatzes, Transport der Gepäckstücke usw. Natürlich ist eine gesunde Skepsis fremden Männern gegenüber immer angebracht, besonders an geballten Verkehrsknotenpunkten wie Busbahnhöfen. Neben der Hoffnung auf ein Trinkgeld bei den einen weckt jedoch in den meisten Fällen eine alleinreisende Frau den seit Generationen anerzogenen und tief in der orientalischen Männerseele verwurzelten Beschützerinstinkt. Daher kann man die angebotene Hilfe mit freundlicher Zurückhaltung ruhig annehmen. Überschwängliche Dankbarkeit nach außen ist nicht angebracht, handelte er doch aus einem uralten Erziehungsprinzip und einer inneren Pflicht heraus. „La schukr alla wäschib" *„kein Dank für die Pflicht/nichts zu danken"* wird die Antwort sein, bevor er sich diskret zurückzieht (im Idealfall und in ländlichen Gebieten - es gibt natürlich immer Ausnahmen). Ausgesprochene Vorsicht und eine gehörige Portion Misstrauen sind angebracht in Touristengebieten!

Das beste „Abwehrmittel" ist, selbstbewusst und absolut nicht „hilfsbedürftig" auszusehen.

Knigge für allein- und nicht alleinreisende Frauen

Keine eng anliegende knappe Kleidung

Kein nacktes Fleisch an Armen, Beinen und Dekolleté

Haare mit Tuch bedecken (schützt auch vor Sonne, Wind und Staub)

Kein direkter Blickkontakt zu fremden Männern

Goldglänzenden Ehering tragen (notfalls aus Kaugummi-Automat)

Familienfotos griffbereit mit stattlichem Ehemann und mindestens zwei putzigen Kindern, eines davon möglichst ein Sohn (notfalls „gezinktes" Foto zu Hause vorbereiten mit Leihfamilie)

Falafel – kleine Gemüsebällchen
Der Falafel-Stand am Straßenrand - die „Würstchenbude des Orients"

Normalerweise werden Falafel warm gegessen als Füllung im aufgeklappten Fladenbrot mit Tomaten- und Gurkenscheiben. Sie eignen sich aber auch vorzüglich als Vorspeise oder als Wegzehrung für unterwegs.

300 g getrocknete Kichererbsen
oder 2 Dosen Kichererbsen (Türkenladen), damit spart man sich das Einweichen.
In manchen Gegenden nimmt man Kichererbsen und Saubohnen halb und halb.
2 Zwiebeln
2 Knoblauchzehen
1 kleiner Bund Petersilie
2 El Olivenöl
3 El Semmelbrösel
oder eine altbackene Semmel (vor dem Unterrühren in etwas Brühe kurz einweichen)
1 Ei zum Binden
gemahlener Koriander
gemahlener Kreuzkümmel
Pfeffer, Salz
1 Tl Backpulver oder ein paar Bröselchen Hefe
100 g geschälte Sesamsamen

<u>Zubereitung traditionelle Art:</u>
Die getrockneten Kichererbsen im Sieb waschen und mit reichlich Wasser oder Gemüsebrühe (Suppenwürfel) über Nacht einweichen. Die Kichererbsen durch ein Sieb abgießen, ein wenig Brühe auffangen.

<u>Schnellversion</u> (schmeckt ebenso gut):
Mit Büchsenöffner die Dosen öffnen, durch ein Sieb abgießen, ein wenig Brühe auffangen.

Alle Zutaten außer den Sesamsamen in der Küchenmaschine zerkleinern, bis ein feines schmackhaftes Püree entsteht. Masse kurz ruhen lassen, dann Bällchen formen (kleine Tischtennisbälle) und in Sesamsamen auf einem flachen Teller wälzen, die Körner leicht andrücken. Dann die Bällchen im heißen Öl (180 Grad) etwa 3 Minuten goldbraun ausbacken/frittieren, dabei mehrmals wenden, herausnehmen und abtropfen lassen.

Warm gegessen ergeben Falafel, zusammen mit Salat, eine schöne vegetarische Mahlzeit.

BAKSCHISCH

Trinkgeld gehört einfach zu den arabischen Ländern und wird vom Reisenden, auch für die kleinste Dienstleistung, erwartet. Die Einheimischen sind oft auf diese Trinkgelder angewiesen, da die Grundlöhne meistens sehr niedrig sind. Man sollte aber nur für wirklich erbrachte Leistungen Bakschisch geben – vom Almosen für Bettler abgesehen – und wenn man gibt, dann dezent und mit Feingefühl. Für Bakschisch und Almosen nicht den Geldbeutel zücken, sondern immer griffbereit qurusch *Kleingeld* (äg. „irsch") in der Rock- oder Hosentasche mit sich führen. Dafür in die Seitennähte des Reiserocks extrem tief geschnittene Eingrifftaschen nähen – der Taschensack aus weichem, aber stabilem Stoff sollten innen mindestens bis Mitte Oberschenkel reichen. Beim normalen Bezahlen nach Möglichkeit nicht das Kleingeld ausgeben, sondern horten für diese Zwecke. Auch der Geldwechsler bei der Bank muss ein paar Münzen und kleine Scheine herausrücken. Er wird es ungern tun, aber macht es, wenn man ihn darum bittet:
„Atini aidan qurusch min fadlik" *„Gib mir bitte auch Kleingeld"*.
Sollte jemand unverdient eine Forderung nach Bakschisch stellen und aufdringlich werden, energisch und sehr entschieden ablehnen. Aber bitte auch in diesem Fall immer höflich bleiben. Wir sind Gäste in einem fremden Land.

Merksatz raqm itnän:
Mamnua duchul li sayyidat, hayawanat wa harami
Eintritt verboten für Frauen, Tiere und Räuber

ahlan   wa sahlan   Antwort: **ahlan bik**
willkommen und willkommen   *willkommen mit dir*
Herzlich willkommen   ebenfalls willkommen

kif halek ?   Antwort: **al hamdulillah**
wie Befinden dein?   *das Lob für den Herrn / Gott sei Dank*
Wie geht es Dir?   danke gut

masmuk?
was Name dein
Wie heißt du? (es gibt keine „Sie"- Form)

ismi   Maria,   ana Maria wa anti?/f   wa anta?/m
Name mein Maria,   ich Maria   und du   und du
ich heiße Maria, ich bin Maria

bi saha (zu einer Person)   **bi sahatikum** (zu mehreren)
mit Gesundheit, auf dein Wohl beim Trinken, Essen, Niesen usw.

ana asif (sagt ein Mann)   **ana asifa** (sagt eine Frau)   **musch muschkilla**
ich bedaure   kein   Problem
Entschuldigung / es tut mir leid   macht nichts

kullu tamam   Ägypten: **mäschi**   Marokko: **wacha**
alles gut   o.k.   o.k.
in Ordnung / o.k.

hassan schiddan   oder: **mumtäs**
gut   sehr   sehr gut / super
sehr gut

schuweya   **bi schuweya**
etwas, ein wenig, ein bisschen   immer mit der Ruhe
Allround-Ausdruck für: leise, langsam, zurücknehmen

anti tätäkalemi arabi   kwayes/f   la,   bass schuweya
du   sprichst   arabisch gut   nein, nur   wenig
du sprichst gut Arabisch

Der Mensch kann keine neuen
Meere entdecken,
bevor er nicht den Mut hat,
die Kueste aus den Augen zu verlieren.

3. Hotel

Eine der schönsten Unterkünfte begegnete mir auf meinen Reisen vor vielen Jahren an der Atlantikküste in Marokko. Der Zufall hatte mich dorthin geführt. Früh am Morgen war ich ein gutes Stück südlich von Agadir zu einer Strandwanderung aufgebrochen, einem bestimmten Punkt auf der Landkarte entgegen, der nach meiner Berechnung etwa 20 Kilometer entfernt sein mochte. Meine Wasserflasche, ein halbes Dutzend Falafel, Brot, ein paar Datteln, deren Kerne als „Beduinen-Bonbon" Hunger und Durst überbrücken helfen, mein großes Tuch und ein Pulli waren mein leichtes Gepäck. Ein herrlich langer Tag lag vor mir, aber es sollte auch ein langer Weg werden und mein angepeiltes Ziel sollte ich nie erreichen.

Berstend vor Neugier und Entdeckerlust eroberte ich zügig den menschenleeren Küstenstreifen. Zur Linken türmten sich haushoch die goldfarbenen Sanddünen mit ihren zerzausten Grasbüscheln, auf der anderen Seite stürmten die Wellen auf mich zu und hinter der Brandung schimmerte im gleißenden Licht die unendliche Weite des Atlantiks.

„Im Westen kein Land mehr zu erobern!", lautete 682 n.Chr. die militärische Meldung des arabischen Eroberers Okba ibn Nafi[1]. Der Legende nach soll er sein Pferd tatsächlich ein Stück in die Fluten getrieben haben, bevor er Allah als Zeuge anrief, dass nur dieser ungeheure Ozean ihn daran hindere, das Wort des Propheten weiter hinauszutragen. Es war wirklich nicht nachzuvollziehen, dass es da draußen, weit hinter der Wasserlinie, noch ein Amerika geben sollte.

Aber das war mir jetzt auch egal, denn ich näherte mich der Massa-Mündung, einem riesigen Vogel- und Naturschutzgebiet. Vor mir tauchten Kolonien leuchtend rosaroter Flamingos auf, die im seichten Wasser stelzend auf Fischfang gingen, umgeben von schwimmenden Teppichen weißer und gelber Mittagsblumen. Silberreiher wateten am Ufer, Schwärme von Wildenten schreckten auf und zogen über mich hinweg. Ab und zu zerriss ein einsamer Vogelschrei die Stille – und ich durfte der einzige Mensch sein in diesem Paradies.

Hier, an diesem wild-romantischen Gestade, soll ein Walfisch einst Jonas an Land gespuckt haben. Natürlich, nur hier, in diese archaische, gottgesegnete Landschaft konnte man einen biblischen Propheten ausspeien, auf dass er seine Bestimmung erfülle. Wohin sonst?

Von Glückshormonen getragen bewegten sich meine Füße wie von selbst den Strand entlang, hart an der Nahtstelle, an der die Wasser des Atlantiks sich murmelnd ver-

mählen mit dem Kontinent. Das ewige Rauschen und Raunen des Meeres verschluckte meine Schritte und verwischte meine Spuren im ständigen Auf und Ab der Wellen. Im Hochgefühl des freien Individuums wünschte ich, der Tag möge nie enden und ich könnte ewig so weiterwandern.

Irgendwann aber wurde ich doch müde.

Die paradiesischen Buchten zogen sich auf einmal in die Länge wie zäher Gummi. Das kurze, mit geradem Stift gezeichnete Uferstück auf meiner Landkarte schlängelte sich wie das gezackte Ende eines Spitzendeckchens in unzähligen Windungen die Küste entlang. Hatte ich endlich das Kap einer ausschweifenden Bucht umrundet, so eröffnete sich, als wäre mein Ziel wie eine Schachfigur um ein Feld vorgerückt, eine neue Küstenschleife – silberflimmernd und menschenleer. An manchen Stellen blockierten hoch aufragende Felsnasen das Ufer, an denen die Gischt wie brüllende Löwen hochsprang. Um sie zu umgehen, erklomm ich mühsam die Böschungen, suchte auf sandigen Pfaden nach ausgetretenen Wegen und Spuren menschlicher Besiedlung.

Inzwischen hing die Sonne handbreit über dem Horizont und verlor ihre sengende Kraft. Die tagsüber so angenehm frische Atlantikbrise fuhr jetzt empfindlich kühl durch die Maschen meines Pullis. Langsam färbten sich die Dünen zartrosa, dann lila und die Schatten verfinsterten sich zu dunklem Violett. Ich sehnte mich nach vier Wänden, frischem Fladenbrot und einem Lager. Bei der nächsten Gelegenheit würde ich wohl abzweigen müssen, um zur parallel laufenden Küstenstraße zu gelangen, die nicht allzu weit entfernt sein konnte. Doch es kam anders.

Zuerst traf ich auf eine Ziege, dann tauchte ein kleines Mädchen auf, das in panischem Entsetzen schreiend das Weite suchte, als es mich sah. Wenig später hing eine aufgeregt lärmende Kindertraube an mir und hüpfte neben mir her, wie wir es früher taten, wenn der Wanderzirkus einzog.

Hinter einer Hecke aus Feigenkakteen lag das Dorf. Eng aneinander geschmiegt duckte sich in den schützenden Schatten mächtiger Eukalyptusbäume eine kleine Ansammlung niedriger Steinhäuser. Frauen mit bunten Kopftüchern traten heraus und betrachteten verwundert den lärmenden Pulk, der auf sie zukam. Offensichtlich ordneten sie mich aber, die ich aus dem Haufen um Haupteslängen herausragte, in die Kategorie harmlos ein, denn sie winkten mich heran.

Kritische Blicke tasteten mich ab bis auf den Grund meiner Seele. Hätte ich Schändliches im Sinn gehabt, die kholumrandeten[2] Augenpaare hätten mich jetzt entlarvt. Man fragte mich aus. Als durchsickerte, dass dieses verrückte Weib ohne sichtbaren Auftrag die Küste entlang trabte, konnten die Frauen es nicht fassen. Zumindest aber schien die Fremde nicht direkt gemeingefährlich zu sein und man beschloss, sie aufzunehmen als vom Himmel gefallene Abwechslung in der Monotonie ihrer Tage.

Eine runzlige Alte, die unter ihrem Haik, auf ihren Stock gelehnt, von der gekalkten Türschwelle aus alles verfolgt hatte, zerteilte das surrende Wespennest um mich. Ihre lederne Hand mit den blau glänzenden Tätowierungen streifte flüchtig über meinen sommersprossigen Arm, zupfte an meinen Haarenden. Anscheinend hatte ich die Prüfung bestanden, denn kurz darauf tauchte sie eine Dattel in ein Schüsselchen mit

Ziegenmilch und reichte sie mir als Willkommensgabe. Dabei sagte sie etwas, das ich nicht verstand, aber ihr zahnloses Lächeln unter den Faltengebirgen ihres Gesichtes konnte ich deuten. Nun konnte nichts mehr passieren, ich wusste, durch die Dattelspeisung stand ich unter dem Schutz des Gastrechts. Schon drängte man mich im Konvoi Richtung Strand zur Dorfkneipe, wohl, um den sonderbaren Fund vorzuführen und wohl auch, um noch pro forma den Rat der Männer einzuholen als letzte Instanz.

In der strohgedeckten, offenen Bude saß, die spitzen Kapuzen ihrer Dschellabas[3] über die Köpfe gezogen, wie eine Geheimversammlung des Ku-Klux-Klan[4], ein Grüppchen dunkler Gestalten an Tischen im nackten Sand. Aber die gesichtslosen Wesen hatten offenbar keine Verschwörung im Sinn, sondern bliesen nur sachte den Rauch ihrer Schischas[5] in die Dämmerung der abgelegenen Bucht und lenkten so in behutsamer Weise die Geschicke der Welt.

Das Klicken der Würfel und das Blubbern der Wasserpfeifen verstummte, als unser Trupp anrückte und das friedvolle Universum ihrer Männerwelt geriet ins Wanken, denn nun galt es, eine Entscheidung zu treffen. Ein heftiges Palaver flammte auf, doch schnell war man sich einig, dass „al maschnuna l-meskina", *„die arme Verrückte"*, beherbergt werden musste. Da die Essenszeit vorbei war, gab man mir süßen Tee und eine handvoll steinharter Datteln und eh ich mich versah, saß ich auf meiner Bettkante auf einem frisch gefüllten Strohsack mit einer kratzigen Decke aus Ziegenhaar.

Im Ausschnitt des Türrahmens sah ich den Rest einer purpurleuchtenden Sonnenkugel im Meeresspiegel versinken. Es roch nach salzigem Wasser, nach Fisch und Geborgenheit. Zum Greifen nahe spülten die Wellen in rauschenden Intervallen die rund geschliffenen Kieselsteinchen wie Murmeln vor und zurück und lullten mich in ihrer gleichmäßig auf- und absteigenden Melodie ein in einen traumlosen Schlaf, als würde ich im schaukelnden Passgang eines Kameles sanft davongetragen.

Der Morgen bescherte mir einen blechernen Frühstückstisch im seichten Wasser, einen Steinwurf entfernt vor meinem Haus. Der Wirt des Kaffeehauses, der dunkelhaarige Zwillingsbruder des Fischhändlers Verleihnix aus den Asterixheften, war sichtlich stolz auf seine grandiose Idee. „Sabah al cher", *„Guten Morgen"*, winkte er herüber aus seiner windschiefen Dorfkneipe, während er am Butan-Gasherd meinen Kaffee ein ums andere mal aufkochen ließ. Später erklärte er mir: das erste Aufschäumen sei zu Ehren von Allah, das zweite für al watan, die Nation, und das dritte für al malik, den König. „Sabah a-nur", warf ich seinen Ball zurück. Das Gute-Morgen-Spiel flog hin und her und endete zu guter Letzt bei „sabah al Berber-Nutella", einer verführerischen Paste aus Honig, zerriebenen Mandeln und Arganöl[8].

Weiter draußen kräuselten sich die Wellen, kippten um und flossen weiß schäumend auf mich zu. Aphrodite[6], die Schaumgeborene, kam mir in den Sinn. Hatte man der Göttertochter damals, als sie den Wellen entstieg, ein ebenso stilvolles Frühstück bereitet wie mir, mit allem, was ein irdisches Herz nur begehren konnte? Darüber schweigen die Schriften sich aus.

Zwar nicht schaum-, so doch wie neu geboren und mit immerhin wellenumschmeichelten Knöcheln machte ich mich heißhungrig über das Essen her, tunkte das noch warme

---

Der Prophet
- der Friede sei auf ihm -
sagte:

„Es ist eine Pflicht für jeden Moslem, einem Gast für eine Nacht Gastfreundschaft zu gewähren. Wenn jemand in dein Haus kommt, ist das ein Recht, das ihm zusteht. Wenn er will, mag er es nutzen, und wenn er will, mag er darauf verzichten".

Zum Spaß versuchen die Einheimischen, besonders in Ägypten, sich bei der morgendlichen Begrüßung gegenseitig zu übertrumpfen: nach „sabah a-nur" geht es oft weiter mit: „sabah al jasmin", … al ward *Blume*, … asel *Honig* usw. Der Erfindungsgabe sind keine Grenzen gesetzt. Wichtig ist der Spaß am „Guten-Morgen-Spiel.

Fladenbrot in das Schüsselchen mit Ful[7], ertränkte weißen Ziegenkäse in nussbraunem Arganöl und Gebirgen aus Knoblauch und Zwiebelringen. Der Himmel war heiter und durchsichtig wie spiegelndes Glas, die Luft wie Seide. Mit gleichmäßigem Atem rollte der Ozean auf das Ufer zu, massierte sanft meine strapazierten Wanderfüße, zog sich wieder zurück, um nach einem Augenblick des Luftholens aufs Neue mich und meine Frühstückstafel zu umschmeicheln. Verzückt lauschte ich der uralten Geschichte von der siebenmal siebenten Welle, die mir das Meer geschwätzig wispernd erzählte. Meine Seele wurde weit und bekam Flügel. Was kümmerte mich noch die Welt da draußen hinter den Dünen und erst recht die hinter den sieben Meeren eines Columbus.

Die Ansiedlung war klein. Eine eigene Schule gab es nicht, aber eine kleine Moschee, von deren Dach fünfmal am Tag ein Lautsprecher mit blecherner Stimme die Gläubigen zum Gebet ermahnte. Ansonsten wurde die Stromversorgung kaum genutzt, denn außer ein paar Radios und den Glühbirnen, die nackt unter den Decken baumelten, gab es kaum Elektrogeräte, die man hätte anschließen können. Das Binsen-Cafe, neben der Moschee die einzige öffentliche Institution, fungierte als sozialer Treffpunkt, Konferenzraum und Barbiersalon für die männlichen Dorfbewohner. Hinter den Dünen hatte man auf einer leidlich ebenen Fläche einen Fußballplatz für die Dorfjugend mit jeweils zwei Holzpflöcken als Tore angelegt. Sogar die Mädchen tummelten sich von Zeit zu Zeit darauf, aber nur, um Äste aufzusammeln und die lästigen Disteln auszustechen. Eine holprige Straße führte zum Dorf hinaus zur drei Kilometer entfernten Busstation als Anbindung an die Welt.

Ich verbrachte ein paar heitere Tage in meinem Domizil, dem ehemaligen Schäferhaus am Rande des Dorfes, mit uneingeschränktem Meeresblick und ellenlangem Strand vor meiner Schwelle. Die dicken Mauern aus ungebrannten Lehmziegeln[9] umfassten einen quadratischen Raum mit gestampftem Boden, einigen unverglasten Licht- und Luftluken knapp unter der Decke und boten alles, was ein müder Wanderer an fremden Ufern brauchte: ein schützendes Dach und vier Wände mit einer stabil gezimmerten Türe, deren verwitterte Fläche mit dem abblätternden Anstrich aussah, als hätte ein Tàpies[10] kunstvoll seine Farbschichten über die durchscheinende Maserung und die dunklen Formen der eisernen Beschläge gesetzt und hier eines seiner informellen Werke vollendet. Als Mobiliar hatte ich ein eisernes Bettgestell, einen mit Schnüren gefesselten Stuhl, einen handgeschmiedeten Nagel in der Wand und eine zwischen Lehmbrocken eingekeilte Spiegelscherbe.

In einem nach oben offenen Anbau, dessen bröselige Wände sich Halt suchend an das Haupthaus anlehnten und durch ein dichtes Netz aus Spinnweben zusammengehalten wurde, befanden sich die sanitären Anlagen. Immerhin gab es ein traditionelles Hock-WC Marke Loch im Boden und den Luxus von fließendem Wasser. In Kopfhöhe ragte ein Rohr aus der Wand, aus dem sich in sanftem Bogen ein bescheidener Strahl locken ließ. Wenn ich mein Badezimmer benutzte, nickte die zerzauste Silhouette einer Palme aus dem hellblauen Himmel in mein Hammam und aus dem samtigen Dunkel des Nachthimmels leuchteten und zwinkerten mir eine Million Sterne zu und warfen einen leisen Hauch von goldenem Glanz auf meine bescheidene Herberge.

So gänzlich unbewohnt war mein Häuschen jedoch nicht. Als ich in einer Staub auf-wirbelnden Großoffensive klar Schiff machte und beherzt mit einem Palmwedel Spin-nen, Ameisen und ähnliches Getier in die Flucht schlug, nahmen diese mich als neue Autorität nicht sonderlich ernst. Sowie ich meinen Besen an die Wand lehnte, machte die Kompanie kehrt und bestand auf ihrem Hausrecht. Damit ich mein Gesicht nicht restlos verlor, einigten wir uns auf ein ständig wiederkehrendes Ritual: Sobald ich unser aller Haus betrat, stieß ich mit einem furchterregenden „Kschsch" rumpelnd den Türladen auf und stampfte händeklatschend wie ein wild gewordener Kosak den Boden, um zu beweisen, dass es sehr wohl in meiner Macht stünde, alles und jeden zu zermalmen. Planmäßig sprengte auch alles, was keuchen und kreuchen konnte, aus dem Licht ins Dunkel der Mauerritzen und verschwand blitzartig wie die wilde Jagd zur Geisterstunde. So lebten wir in kultiviert-geordneter Koexistenz, sofern die Mit-glieder der Wohngemeinschaft mein Bett in Ruhe ließen.

Leider fühlte sich durch meine Bluff-Attacken auch ein friedlicher Gecko betroffen, mit dem ich gerne mein Zimmer teilte, da seine Leibspeise bekanntlich aus Fliegen und Mücken besteht. In unermüdlicher Penetranz spielte der Kindskopf das „Kuckuck, nicht-mehr-da-Spiel" mit mir. Im Bestreben, meiner Rache zu entgehen, sauste er mit seinen Saugnapffüßchen die Wand hinauf und wählte als Versteck in stumpfsinnig-phantasieloser Weise immer wieder den Platz hinter meinem Tuch, das am Nagel hing. Wie es jedoch schlichten Gemütern häufig zueigen ist, war er sich seiner wahren Größe nicht bewusst. Der Stoff verbarg zwar Kopf und Körper, nicht aber das lange Krokodil-Schwänzchen, das in diskriminierender Weise hervorlugte und sein Versteck verriet. Goofy, so hieß der Einfaltspinsel, der im eigenen Haus an den stolzen Gesta-den eines gewaltigen Ozeans wohnte, musste viel Häme und Spott über sich ergehen lassen durch einen weiblichen Eindringling aus einem fernen Land.

Zu meinem Hausstand gehörten noch zwei rabenschwarze Hunde, denen ich, dem Aussehen und Benehmen nach – von der Läuseplage abgesehen – eine Abstammung in direkter Linie von Anubis[11] zuschrieb, der ägyptischen Gottheit aus pharaonischen Zeiten. Tagsüber konnten die beiden kaum Zeit für mich erübrigen, aber nachts schlie-fen sie vor meiner Türe und wachten über mich in Vorfreude auf ein gemeinsames Frühstück.

Die Männer der Dorfgemeinschaft hielten respektvoll Abstand zu der Fremden. Wenn die Witterung es zuließ, fuhren sie mit ihren Booten hinaus und kehrten zurück mit Netzen, in denen es wimmelte, zappelte und kroch. Ich durfte mein Essen gegen ein geringes Entgelt an Ort und Stelle auswählen, das der Wirt umgehend für mich zu-bereitete, während die tapferen Bezwinger des Meeres sich unter der Binsenpergola ausruhten von ihrer Verantwortung, die Rauchkringel ihrer Schischas beaufsichtigten, geräuschvoll ihren Tee schlürften und schwung-volle Debatten wie kurze Stichfeuer anzettelten über die Bürde des Lebens. Doch ebenso rasch, wie die aufbrausenden Wogen des Atlantiks sich immer wieder glätteten, der sich vor ihren nackten Füßen schimmernd und glänzend ausbreitete, beruhigten sich auch ihre entflammten Gemüter wie-

Schnell fanden die Männer zurück zu ihrem beschaulichen Gleichmut und ließen in alter Kaffeehaustradition die Würfel ihrer Brettspiele klicken, oder sie besannen sich auf die wahren Werte des Lebens und verfielen, zusammen mit den herrenlosen Hunden unter ihren Stühlen, in die gewohnte träge Schläfrigkeit, aus der alle Weisheit und Erkenntnis entspringt.

Der Tagesablauf der Frauen und halbwüchsigen Mädchen war weitaus simpler gestrickt. Sie kümmerten sich lediglich um die niedrigen Belange des Daseins. Allah hatte ihnen die Gabe fleißiger Hände geschenkt und somit die Gnade, ihr Frauendasein und Mutterglück nach der Bestimmung voll ausleben zu dürfen. Ständig sah man die kräftigen braunen Hände mit Schüsseln und Töpfen hantieren, schnippeln, zerquetschen und kneten, um die Mahlzeiten und die vielen Brotfladen für die großen Familien zuzubereiten oder in riesenhaften Emaillebehältern die Wäsche mit Kernseife zu schrubben in altbewährter Manier.

Mit dem „Allahu akbar" des Muezzin[12] erwachte frühmorgens das Leben in den Häusern. Noch bevor aus den Backöfen der Duft frischen Fladenbrotes herüberwehte, war das rhythmische Geräusch der Palmbesen zu vernehmen, wenn die Mädchen in gebückter Haltung mit weit ausholenden Strichen den festgetretenen Boden vor den Häusern fegten und ein hübsches Bogenmuster hinterließen, auf dem man die verräterischen Spuren unerwünschter Kriechtiere schnell entdecken würde.

Vormittags erwarteten die Frauen am Strand die heimkehrenden Boote, um, eingekreist von Möwen, Katzen und Hunden, die Fische zu verarbeiten. Abends standen sie mit ihren Schüsseln bereit, um die heimkehrenden Ziegen zu melken, während an ihren Rücken und Röcken die Kleinkinder hingen – ländliche Szenen, den Skizzenblöcken von Macke und Klee[13] entsprungen, während ihres Tunesien-Aufenthaltes. Das Malerherz eines Wilhelm Leibl[14] hätte Luftsprünge gemacht beim Anblick der archaischen Motive, wenn im milden Licht der tief stehenden Sonne die riesigen, auf rote Wollfäden aufgezogenen Amberkugeln[15] schimmerten wie flüssiger Honig und zusammen mit unzähligen Silber- und Messingplättchen wie glänzende Schutzschilde vor der Brust schaukelten. Die Kraft der Steine, Talismane und Amulette schien unerlässlich zur magischen Abwehr der bösen Geister, denen ja besonders die Frauen und Kinder ausgeliefert sind. Denn nicht nur aus den Bergen und Wüsten kamen die Unheil bringenden Dschinnen auf dem Rücken des Windes. Auch aus dem Meer wurden sie mit der frischen Brise zu den Menschen getragen und brachten in ihrer Bosheit Krankheit und Verwirrung der Seelen mit sich. In emsiger Rührigkeit verwandelten die Frauen die Milch zu Käse, wühlten mit ihren Händen in der Erde, um dem kargen Boden ein bisschen Gemüse abzuringen. Sie reparierten die Häuser und Zäune, an denen der Wind ständig zerrte und fraß und bewegten in jeder freien Minute die Handspindel, um Berge von Ziegenhaaren zu Fäden zu spinnen, die sie dann verwoben.

Die Kinder dagegen, die noch zu klein waren zum Ziegenhüten und für die Schule, führten ein paradiesisches Leben in süßem Übermut und Freiheit und ließen mich teilhaben an ihren ungestümen Freuden. Wir sangen und hüpften zu Wasser und zu Land. In den Mulden und Rillen der eingeritzten Spielfelder am Boden wurden hitzige Turniere ausgetragen mit weißen Steinchen für die eine und schwarzen Ziegenperlen für die Gegenpartei. Heute noch befindet sich in meiner Raritätensammlung ein blütenweißes Schneckenhaus, das ich damals in einer Glückssträhne als Trophäe einheimsen konnte.

In Horden lagerten wir auf den Schattenseiten der Dünen und sahen fern in den Wolkengebilden des Himmels, wenn die Windsbraut Fetzen schneeweißer Kumuluswolken, galoppierende Fabelwesen und geballte Ungeheuer über die Himmelswiese jagte. Zwar schleppten die Mädchen, selbst noch im Kleinkindalter, bei unseren Spielen ständig eines ihrer jüngeren Geschwister mit. Als sei es genetisch so angelegt und als sei es das Recht der Nachgeborenen, kauerten die pausbäckigen Krabbelkinder wie dicke Möpse auf den mageren Hüften der „großen" Schwestern, wurden huckepack aufgeladen, wenn es schnell gehen musste oder in mütterlicher Fürsorge wie Stoffpuppen hinterhergeschleift. Die Kleinen widersetzten sich nur selten und weinten nie. Zufrieden ließen sie alle „Misshandlungen" über sich ergehen, ertrugen auch mit dem Gleichmut gelassener Buddhas die überfallartigen Attacken von Zärtlichkeitsbeweisen ihrer kleinen Ersatzmütter und meisterten ihre Rolle als Puppenersatz vorzüglich.

So verschwendeten wir unsere Zeit, die Kleinen in kindlichem Selbstverständnis, ich als wohlgelittener Gast in ihrer Mitte in schamlosem Müßiggang. Die Mütter, zwischen Argwohn und Belustigung, behielten uns im Auge. Manchmal gesellten sie sich mit ihren Spindeln zu uns in den Schatten der Bäume. Dann war die Luft unter dem raschelnden Blätterwerk geschwängert von ungefragten Fragen: „Wieso lässt ihr Mann sie alleine herumstreunen – hat sie wirklich eigene Kinder, und wenn, was macht sie dann hier?" Wie hätte ich plausible Antworten finden können. So wählten wir die einfachste Lösung der Kommunikation, wandten uns über den Abgrund der beiden Welten hinweg einander zu und lächelten die Vorbehalte weg. Abwechselnd luden sie mich zu einer Mahlzeit in ihre Häuser und versüßten den Aufenthalt der Sommerfrischlerin mit zuckerglänzendem Mischmisch[16] und anderen Köstlichkeiten.

> Zwischen Lachen und Spielen werden die Seelen gesund

Nach Jahren wollte ich, diesmal mit Auto, Polaroidkamera und Geschenken mein gastliches Dorf aufsuchen, konnte aber die Abzweigung nicht mehr finden. So lebt die heile Erinnerung ungebrochen in mir fort. Die kleinen Mädchen werden inzwischen, dem ewigen Kreislauf gehorchend, selbst Kinder haben. Damals kauerten sie Sonnenuntergänge lang vor mir im Sand, während ich, in meinem zusammengeschnürten Stuhl sitzend, unzählige Zöpfchen in ihre Haare flocht, die dann vom Kopf abstanden wie die Borstenbündel eines Igels. Vielleicht hat die Zeit mein Häuschen noch nicht aufgezehrt. Vielleicht konnten die bröseligen Lehmziegel, mein eisernes Rostbett und die nachkommenden Generationen von Goofy dem Wind und der Gischt trotzen und die zerzausten Palmwedel nicken immer noch von oben herab und lauschen den Atemzügen des Meeres, wie es damals die sonderbare Fremde tat.

[1] **Okbar ibn Nafi** – Arabischer Eroberer. Auf seinem Rückzug nach Osten wurde seine Armee im Jahre 682 von aufständischen Berberstämmen im heutigen Algerien vernichtend geschlagen, wobei er den Tod fand.

[2] **Khol** – Augenschminke (Antimonit) wird schon bei Babys angewendet. Lässt die Augen hell

erstrahlen und bietet Schutz gegen Fliegen und die gefährlichen bösen Geister, arab. „aswad".

[3] **Dschellaba** – Knöchellanges Gewand mit langen Ärmeln und Kapuze für Männer und Frauen in Marokko, wobei sich die der Frauen durch feinere Stoffe und oft Stickereien an Halsausschnitt, Ärmel und Saum unterscheiden. Männer tragen darunter lange Hosen, die Jugendlichen der Großstädte Bluejeans.

[4] **Ku-Klux-Klan** – 1865 gegründeter rassistischer Geheimbund in den Südstaaten der USA.

[5] **Schischa** – Orientalische Wasserpfeife: Tabak, meist mit Fruchtaroma (Zuckerrohrmasse, Honig, Apfel, Mango, Erdbeere) kommt auf den Pfeifenkopf, wird mit Alufolie abgedeckt, darauf die glühenden Kohlestückchen. Beim Saugen am Mundstück entsteht Unterdruck. Der Tabakrauch wird in einem Schlauch durch einen mit Wasser gefüllten Behälter geführt und dadurch abgekühlt.

[6] **Aphrodite** – Göttin der Liebe und Schönheit in der griechischen Mythologie. Zwar vermählt mit Hephästus, hatte sie dennoch viele Liebhaber, u.a. Adonis. Für ihren Sohn Eros (röm. Amor) schmiedete Zeus die berühmten Amor-Pfeile.

[7] **Ful** – Bohnengericht - siehe Rezept Kap.6.

[8] **Arganie** – Bizarr geformter akazienartiger Baum mit langen Dornen, der auf felsigem Boden, nur an der südwestlichen Küste Marokkos wächst. Die olivenähnlichen Früchte liefern ein sehr begehrtes Öl. Wegen der langen Dornen lassen die Einwohner einen Teil davon auch gerne von den Ziegen, die bis in die obersten Baumkronen klettern, ernten. Die Fruchtkerne werden unverdaut ausgeschieden und zur Weiterverarbeitung (meist in Frauenkooperativen) ebenfalls eingesammelt.

Arganöl: Die olivenartigen, sehr harten Früchte werden per Hand mit einem Stein aufgeschlagen, die Samenkerne erst geröstet, dann in der Handmühle gemahlen. Aus dem zähen Brei gewinnt man das sehr teure Speiseöl mit dem nussigen Geschmack, aus den ungerösteten Kernen das Öl für kosmetische Zwecke.

[9] **Lehmziegel** – Lehmerde wird mit klein gehacktem Stroh vermischt, zu Ziegeln geformt und von der Sonne getrocknet. Sie werden ungebrannt für den Hausbau verwendet (in der Antike bereits Turm zu Babel, auch die berühmten „Hochhäuser" von Saana im Jemen).

[10] **Tàpies Antoni** – geb. 1923, spanischer Maler, reduzierte seine Arbeiten auf das Wesentliche/Art Brut, wichtiger Vertreter der informellen Malerei, eine gegenstandslose, abstrakte Kunstrichtung in Europa von 1945 – 1960.

[11] **Anubis** – Schakalköpfiger Gott im alten Ägypten, Hüter des Totenreiches. Beschreibung in Kap. 16.

[12] **Muezzin** – Gebetsrufer des Islams, der über den Tag verteilt, die Gläubigen zu den fünf Pflichtgebeten ruft. Heutzutage werden meistens Lautsprecher und Tonbandaufnahmen eingesetzt.

[13] **Macke/Klee** – August Macke und Paul Klee unternahmen 1914 eine Reise nach Tunesien - die „Maler des Lichts", Vertreter des deutschen Expressionismus, Mitglieder der Künstlervereinigung „Blauer Reiter" in München.

[14] **Wilhelm Leibl** – Süddeutscher Maler 1844-1900, bedeutender Vertreter des Realismus in Deutschland, malte hauptsächlich Szenen mit Frauen aus dem ländlichen Raum in Oberbayern.

[15] **Amber** – „African Amber", ein zu den Mineralien zählendes honiggelbes bis braunes fossiles Harz (Bernsteinart), dem magische Abwehr- und Heilkraft zugeschrieben wird. Es gibt im Maghreb auch Bernstein von der Ostsee, der in früheren Zeiten über die Weihrauchstraße durch das Rote Meer eingeführt wurde.

[16] **Mischmisch** – Arabisches Wort für Aprikose, wird auch als Kosewort für kleine Mädchen verwendet.

Gefüllte Aprikosen/mischmisch – die süße Sünde!

Eine Packung getrocknete Aprikosen
250 g Mascarpone oder Quark
1 Aromafläschchen Vanille
1 Tütchen Vanillezucker

Die getrockneten Aprikosen über Nacht in Zuckerwasser einweichen, in einem Sieb abtropfen lassen.

<u>Füllung:</u>

Mascarpone, Vanille-Aroma und Vanillezucker verrühren. Die aufgequollenen weichen Aprikosen aufschlitzen, dass man sie aufklappen kann. Mit dem Teelöffel Quarkmasse einfüllen und kreisförmig auf einem großen Teller anrichten. Zum Schluss noch etwas von dem Zuckerwasser darüber tröpfeln.

TIPP FÜR KALORIENBEWUSSTE:

Um den Fettanteil zu verringern, kann man die halbe Menge Mascarpone durch Magerquark ersetzen – bleibt aber trotzdem eine Kalorienbombe.

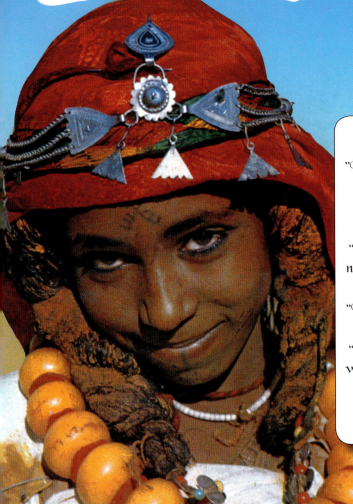

"Ich bitte die Zeltherrin um Salz und Brot", bat ein verschleierter Reiter, der in das Lager kam.

Die Frau ueberreichte ihm Salz und Brot. Dieser nahm einen Bissen davon.

"Wer ist dieser Reiter?", rief der Scheich, der mit seinen Stammesbruedern auf das Zelt zukam in der Absicht, den vermeintlichen Raeuber zu ergreifen.

"Ich habe ihm Salz und Brot gereicht" mahnte die Frau. "Er steht unter meinem Schutz".

"Ich kenne die Sitten und Gebraeuche der Wueste", erwiderte der Scheich unwirsch und ging mit dem Reiter in das Scheichzelt, um mit ihm zu verhandeln.

aus „Amira, Prinzessin der Wüste" von Salim Alafenisch

Merksatz raqm tal**a**ta:
Assa**id ma yachtasch qassr**
Der Glückliche braucht keinen Palast

fih   funduq huna?
gibt es   Hotel   hier
Gibt es hier ein Hotel?

naa**m fih   hunak musch *gh*ali,   l**ä**kin nadif   wa kwayes**
ja   es gibt dort   nicht   teuer   aber   sauber und gut
Ja dort ist eines – nicht teuer, aber sauber und gut
Aussprache *a* in naa**m = ähnlich wie 1. Buchstabe von „arabisch"**

ayna   al   funduk AIDA min fadlik?
wo   das Hotel   AIDA bitte?
Wo ist das Hotel AIDA bitte

urid   *gh*urfa   li   schachs wä**hid li   layla   w**ä**hida**
ich möchte Zimmer   für Person   eine   für Nacht eine
Ich möchte ein Einzelzimmer für eine Nacht
Aussprache: „*gh*"= wie französisches „r" im Rachen, nicht rollend

nurid   *gh*urfa   li   schachsayn li   usbua
wir möchten Zimmer   für 2 Personen   für Woche
Wir möchten ein Doppelzimmer für eine Woche

mumkin bi hammam wa mirha**d / toalet ?**
möglich   mit Bad   und Toilette?

kam   *th*ama**n bi futur   li schachs?**
wieviel Preis   mit Frühstück für Person?
Wieviel kostet das Zimmer mit Frühstück pro Person
Aussprache th in thaman wie engl. „th": „this"

mumkin aschuf al   *gh*urfa?
möglich   ich sehe das Zimmer
Kann ich das Zimmer sehen?

ayna mumkin ußa**rrif   felus?**
Wo   möglich   ich wechsle Geld
Wo kann ich Geld wechseln?

Im Austausch der Gaben der Erde werdet
ihr Fuelle finden und gesaettigt sein: Doch
wenn der Austausch nicht in Liebe und
freundlicher Gerechtigkeit stattfindet, wird er
bloss einige zur Gier und andere zum
Hunger fuehren. Wenn ihr Arbeiter des
Meeres, der Felder und der Weinberge auf
dem Markt die Weber, Toepfer und
Gewuerzhaendler trefft: Dann beschwoert
den hoechsten Geist der Erde, in eure Mitte
zu kommen und die Waagen und die
Rechnungen zu segnen, die Wert gegen Wert
abwaegen.

Gibran Khalil

4. Basar

Schon die Begrüßung war jedes Mal ein langatmiges und umständliches Zeremoniell. Eine gründliche gegenseitige Hinterfragung nach dem persönlichen Wohl und dem der Familienmitglieder bis in die vorletzte Generation war fällig – zwingende Notwendigkeit und Grundvoraussetzung für eine vernünftige Geschäftsbeziehung. Mit Khaled hatte ich schon oft Geschäfte gemacht, bei denen es immer um hohe Beträge gegangen war für Bauchtanz-Accessoires für meine Schülerinnen und kostbare Auftrittskostüme für bevorstehende Shows. Eigentlich hätte man die Einkäufe zügig abwickeln können: wir kannten uns gut, ich wusste von vornherein, was ich wollte und wie viel ich zu zahlen bereit war, und auch er kannte sein Preislimit. Dennoch war es dem renommierten Schneider aus Kairo unmöglich, die Ware ohne viel Aufhebens über den Tisch gehen zu lassen.

Ein Schuft, ein Kleingeist und Brunnenvergifter, der die ehrenwerte Händlerseele um das Vergnügen kultivierten Feilschens hätte betrügen wollen. So musste ich mich jedes Mal aufs Neue auf einen zeitraubenden Kampf einlassen, bevor wir endlich handelseinig wurden. Unser Schlagabtausch zwischen Angebot und Nachfrage nahm immer denselben klassischen Verlauf, wie ein gut einstudiertes Theaterstück mit vorsehbarem Happyend. Wollte ich Khaled seine redliche Freude am Handel nicht verderben, mussten die Rituale im eingefahrenen Strickmuster eingehalten werden wie das Zeremoniell in einem römisch-katholischen Hochamt.

Den Warenstapel begehrlich im Auge, bewegten wir uns behutsam, auf schwankendem Boden aufeinander zu, umkreisten und maßen uns mit geschärften Sinnen wie zwei feindliche Wolfsrudel und achteten mit weit geöffneten Poren auf Nuancen der Schwäche, um mit Respekt und Wonne im Rahmen des ehrbaren Handels zuzuschlagen oder abzuwehren. Dennoch musste aber, bei aller Ausdauer, List und Taktik, die blanke Lust am sportlichen Spiel oberste Priorität behalten, so lauteten die Spielregeln. Undenkbar, die Prozedur zu genießen, ohne die Gewissheit um jene verkappte Prise Humor, die nur sprungbereit auf ihre Gelegenheit lauerte, um durch die dünne Schale der Ernsthaftigkeit hindurchzuplatzen. Wusste doch jeder von uns, dass das Geschäft zustande kommen und dass es zwei Sieger geben würde.

Verirrten sich aber dennoch die Verhandlungen an einen unseligen Punkt, an dem die Fronten drohten, sich zu verhärten und die Atmosphäre an Leichtigkeit verlor, legte

> Wer die Segel setzt und sich Wind wuenscht, sollte stets auch auf Sturm gefasst sein

Khaled rechtzeitig den Hebel um und setzte seinen Hundeblick auf: neue Disziplin, neue Wahl der Waffen. Treuherzigen Auges versicherte mir dann die reine Seele, die Qualität der Ware habe sich im Gegensatz zum Vorjahr immens verbessert, während sich im Gegenzug Lohn- und Materialkosten beinahe verdoppelt hätten. Obwohl er an dem Posten – „Gott sei mein Zeuge" – überhaupt nichts verdiene, „Wallah wallah ana a'ul al ha'i'a", *„Ich schwöre bei Gott, ich spreche die Wahrheit"*[1], würde er ihn mir – die ich ihm nahe stünde wie eine Schwester – zu diesem Spottpreis überlassen. Wie ich ja wisse, sei er, Khaled, nicht im geringsten am Profit interessiert, sondern einzig und allein daran, dass ich zufrieden wäre und patschte sich, ohne rot zu werden, so überzeugend mit der flachen Schwurhand auf die Ehrenbrust unter dem Armani-Hemd, dass ich beinahe für einen leichtsinnigen Moment geneigt gewesen wäre, ihm zu glauben. Schnell nutzte er diesen emotionsgeschwängerten Augenblick und nannte knallhart seinen Preis.

Nun galt es, als Reaktion hierauf, erstaunt die Brauen zu heben, als hätte er mir soeben eine zweifelhafte Geschichte erzählt. „Assabr tayyib", *„ Geduld ist gut"*, ein Spielverderber, der jetzt schon klein beigäbe. Natürlich setzte ich der Zeremonie noch eins drauf, konterte in der gleichen Tonart, indem ich beteuerte, mein finanzielles Limit bei weitem zu übersteigen und – wie alle Welt wisse – stecke Europa in einer verheerenden Wirtschaftskrise und mein Mann würde sich sowieso von mir scheiden lassen, wenn er erführe, wie ich hier das Geld zum Fenster hinauswürfe – und bot ihm weniger als die Hälfte seines geforderten Preises.

Immer kamen wir nach angemessenem Ringen und mehreren Lagen Softdrinks und Tee, unter Wahrung der Sitten und Gepflogenheiten, zu einem guten Ende. Zur Besiegelung des Geschäftsabschlusses schlugen wir ein, ein jeder in die offene Handfläche des anderen. Der Kaufvertrag unter Ehrenleuten per Handschlag war unanfechtbar, nun gab es kein Rütteln mehr an der Abmachung.

> "Bismillah",
>
> *„im Namen Gottes", wird immer gesagt, bevor man ein Unternehmen startet, z.B. in ein Fahrzeug einsteigt, beim Essen oft anstatt „guten Appetit" usw. Damit stellt der Gläubige sein Handeln unter Gottes Schutz und erbittet, dass sein Vorhaben gelingen möge. Dies ist der Anfang der I. Sure AL-FATIHA aus dem Koran:*
>
> "Bismillah a'rahman a'rahim ..."
>
> *„Im Namen Gottes, des Barmherzigen, des Gnädigen ... "*

Glücklich – „al hamdulillah", *„ Gott sei's gedankt"* – gegenseitig in den wirtschaftlichen Ruin getrieben und jeder an seinem Hungertuch nagend – schlürften wir zufrieden zur Feier des gelungenen Handels aus zierlichen Tässchen unseren Kaffee, schwarz und süß wie die Sünde. Nun, da sich beide Parteien als Gewinner fühlten, wurde dem Ganzen die Krone aktiver Kundenpflege aufgesetzt: das entspannte Plauderstündchen. Ohne Umschweife landeten wir in der Welt, die unsere war: die aktuelle Musik- und Tanzszene Kairos. Kaum gab es in Ägypten einen Teppich wie den in Khaleds Kontor, über dem die Fäden derart geballt zusammenliefen an der Schwelle zur Glitzerwelt. Äußerte ich Zweifel an einem Gerücht, wischte der Gentleman sie mit einem Lufthieb seiner gepflegten Pranke weg wie einen lästigen Fliegenschwarm und beruhigte mich milde lächelnd mit der philosophischen Erkenntnis: „Geschichten müssen nicht wahr sein, aber schön."

Der Boy – „ ya wäd", *„ hallo Junge"* – servierte im Zeitungspapier aus einer Garküche holzkohleduftende Fleischspießßchen – „bismillah", *„ im Namen Gottes/guten Appetit"*. Die letzte Anspannung aus den adrenalingeschwängerten Adern verflog wie die Wolke eines flüchtenden Dschinn und eine breite Zufriedenheit legte sich auf unsere Gemüter, wie das nach gewonnenen Schlachten üblich ist.

Ein Tee löste den anderen, ein Thema das nächste ab. Es wurde spät. Als wir, von den bequemen Polstern unserer Diwane aus, eine Unzahl Berge versetzt, die Welt genügend durch den Kakao gezogen und verbessert hatten, holte ich irgendwann mein Geld aus der Bauchtasche und blätterte bündelweise die vielen Banknoten, die ich schuldete, auf den niedrigen Tisch. Same procedure as every year, *Dieselbe Prozedur wie jedes Jahr*: Khaled strich den Geldhaufen ein und versenkte ihn unbesehen in den Taschen seines Anzugs. Auf meine Bitte, nachzuzählen, blickte er mich erstaunt an: „Hast du gezählt oder nicht?" Die Ware würde eingepackt und morgen in mein Hotel geliefert werden wie üblich. Draußen ließ er für mich – "ya wallad" „hallo Junge" galant ein Taxi anhalten: „layla saida", „*schlaf gut*".

Am nächsten Morgen wurde ich vom Hotelportier gerufen. Khaled höchstpersönlich erwartete mich im Foyer. Verlegen lächelnd hielt er mir ein Bündel Geldscheine entgegen: „Das hast du gestern verloren, es lag unter dem Tisch", hob elegant die Hand zum Gruß und verschwand durch die gläserne Drehtür.

[1] Reinrassiges Umgangs-Ägyptisch: "Wallah wallah ana a'ul al ha'i'a" = Wallah wallah ana aqul al haqiqa, „*Bei Gott, ich erzähle die Wahrheit*". Die Ägypter verschlucken den Buchstaben „k", ähnlich wie die Franzosen das „h"

Schisch Kebab – *auf Holzkohle gegrillte Fleischspießchen vom Lamm*
d e r „Snack" vieler Garküchen auf der Straße

500 g Lammfilet
4 El Olivenöl
Saft einer Zitrone
2 Tl Oregano
4 Knoblauchzehen

4 mittlere Zwiebeln
2 Paprikaschoten oder 8 kleine Cocktail-Tomaten
4 Holzspieße (Schaschlikspieße)
Kreuzkümmel, Salz und Pfeffer

Das Filet in 2 cm große Würfel schneiden, in die Marinade aus dem Öl, fein gehacktem Knoblauch, Zitronensaft und Oregano einlegen und zugedeckt ca. 3 Std. im Kühlschrank ziehen lassen.

Die Fleischstücke im Wechsel mit Zwiebelvierteln, großen Paprikastücken oder Cocktail-Tomaten auf die Spieße stecken und ca. 15 Minuten auf dem Grill garen. Zwischendurch wenden und immer wieder mit der Marinade bestreichen. (Bei Zubereitung in der Pfanne: etwas Öl erhitzen und die Spieße von jeder Seite 2 Minuten braten). Erst nach dem Garen mit Salz und Kreuzkümmel würzen.

Schmeckt sehr gut mit einem Klecks Tsatsiki oder gebratenen Gemüsescheiben/ Zucchini oder Auberginen, grünem Salat und dem unverzichtbaren frischen Fladenbrot.

TIPP: Das Fleisch von jungen Milchlämmern ist wesentlich besser als das von ausgewachsenen Hammeln – am besten in einer Halal-Metzgerei einkaufen. Anstatt Lammfleisch kann natürlich auch Schwein oder Geflügel verwendet werden.

Und gebt volles Mass, wenn ihr messt, und wiegt mit der richtigen Waage, das ist vorteilhaft und das beste Ergebnis
Koran

KAUF-STRATEGIE IM BASAR

1. Zeit nehmen und genießen, „assabr tayyib", „*Geduld ist gut*". Betrachten Sie einen Handel als interessante Möglichkeit zur Kommunikation im fremden Land.

2. Preisorientierung: Vor den Kaufverhandlungen in Ruhe bei anderen Händlern die Preise mit ähnlicher Ware erfragen und vergleichen.

3. Einen sympathischen, gut gelaunten Händler aussuchen – Grundprinzip für einen freudvollen Handel.

4. Höchstens 40 Prozent bieten, die Hälfte bezahlen – sich vorher ein inneres Preislimit setzen.

5. Passendes Geld parat halten, genügend Kleingeld mitnehmen.

6. Feilschen mit Humor, Charme und Spaß an der Sache und auch Respekt für Händler und Ware.

7. Niemals das Gesicht verlieren durch entnervtes Herumschreien oder gar Schimpfen. Schlechtes Benehmen ist in den Augen der Orientalen sehr peinlich, das Geschäft wird vom Händler garantiert abgebrochen.

8. Doch zu viel bezahlt? Sollte Ihnen nach erfolgtem Kauf der mühsam erhandelte Gegenstand Ihres Begehrens drei Läden weiter billiger angeboten werden, ärgern Sie sich nicht, sondern schmunzeln Sie mit Respekt und Wertschätzung über das Verkaufsgeschick Ihres ehemaligen „Geschäfts-Partners". Es war sein Recht, seine Ware so gewinnbringend wie möglich zu veräußern. Sie hätten sich vorher besser orientieren müssen. Meist ist die Differenz sowieso nur ein für uns leicht zu verkraftender Betrag. Das Leben ist bunt! Leben und leben lassen!

Merksatz raqm arba*a*:
Kul sahib dschamäl yuhib sanatu
Jeder Kameltreiber liebt sein Handwerk

t*a*ale wa schuf/m   schufi/f   huna kullu rachis
komm und schau!   hier alles billig
Komm und schau! Hier ist alles billig

la   schukran la   urid   aschteri schäy'   äg. haga = Sache
nein danke   nicht ich möchte kaufen   Sache/etwas
Nein danke, ich möchte nichts kaufen
Aussprache schäy' am Schluß mit Stimmverschluß, leichten Rachenrülpserer

ana <u>a</u>sifa, alyum urid   bass aschuf
ich bedaure, heute ich möchte nur   schauen
Es tut mir leid, heute möchte ich nur schauen

kam   *th*aman ha*th*a? oder auch: **kam**   oder: **bi kam**
wie/wieviel Preis   dieses   wieviel   mit wieviel
Wieviel kostet das?

ana musch fahimt,   uktub a*th*aman min fadlik
ich nicht   verstanden, schreib den Preis bitte
Ich habe nicht verstanden, schreib den Preis bitte auf

Antwort auf den Preis in jedem Fall:
ya saläm!   wallah wallah   walla<u>h</u>i   ya ra<u>bb</u>
Ja du lieber Himmel! Oh Gott oh Gott! Oh mein Gott! Oh Herr!

ha*th*a *gh*ali dschiddan, musch *a*indi   felus ketir
dies   teuer sehr   nicht ich habe Geld viel
Das ist zu teuer, ich habe nicht so viel Geld

ana musch adf*a* aktar
ich nicht   zahle mehr
Ich bezahle nicht mehr

mäschi, bismi<u>l</u>ah
gut, o.k. in Gottes Namen (ich nehme es)

"Gottes ist der Orient!

Gottes ist der Okzident!

Nord- und suedliches Gelaende

Ruht im Frieden seiner Haende."

Goethe

5. Straßencafé

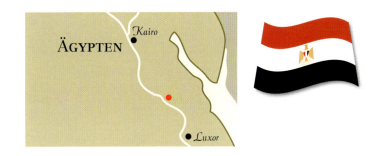

Wieder einmal saß ich als stille Beobachterin im Straßencafé und verfolgte mit großem Vergnügen das Kommen und Gehen um mich. Die Bestuhlung reichte bis weit in den kleinen Platz hinein, aber abgeschirmt durch einen kleinen eisernen Tisch als Barriere zum lebhaften Treiben, genoss ich das Straßenspektakel und die milde Wärme der Wintersonne, die schon schräg über den Dächern hing. Vor mir dampfte ein Glas Sahlab, die heiße, dickflüssige Mandelmilch, die in den kühlen Monaten serviert wird und die locker eine kleine Mahlzeit ersetzen kann.

Die Kellner tänzelten durch den eng gesteckten Parcours der Tische und Stühle, balancierten über ihren Köpfen riesige Tabletts mit goldrandigen Gläsern, aus denen saftig-grüne Minzbüschel herausragten. Andere zogen einen Duftschwall von Kaffee und Kardamom hinter sich her oder den Geruch der Schischas nach Holzkohle und Tabak mit Apfel- oder Mangoaroma. Noch beim Servieren sogen die Ober an den perlenverzierten Schläuchen und pafften hastig ein paar Züge, bis das Wasser im gläsernen Behälter glucksend aufsprudelte und die Glut im Pfeifenkopf knisternd Funken warf. Diensteifrig wurde das Mundstück für den Gast gewechselt, „bi saha", *„wohl bekomm's"*. In Windeseile zauberten die Kellner eine Tafel aus einer Reihe von Tischen für eine Gruppe Neuankömmlinge, die es galt, mit scherzendem Geplänkel und einladenden Bewegungen bei Laune zu halten, bevor sie sich abwenden und bei der Konkurrenz Platz nehmen würde. Stühle wanderten über Köpfe, die flinken Schläge eines Tuches fegten Krümel und Fliegen fort, ein kurzes bellendes Wort verscheuchte einen mageren Hund - alles zum Wohle der neuen Gäste.

„One pound[1]", eine kleine braune Hand hielt mir eine Packung Papiertaschentücher hin. Der Junge in der schmutzstarren Galabiya[2] mochte etwa neun Jahre alt sein, sein Blick ähnlich dem des Hundes, der soeben in die Flucht geschlagen worden war. Ein Straßenstreuner, ein verkappter Bettler, der zur Tarnung Ware zum Verkauf anbot in der Hoffnung auf Almosen. In mir brodelte der Konflikt: Gab ich ihm Geld, würde er sich wiederum bestätigt fühlen, dass ein Dasein als „Geschäftsmann" lukrativer war, als die Zeit in der Schule zu verplempern. Schickte ich ihn weg, würden mich seine Augen noch im Traum verfolgen. Abenteuerliche Bilder drängten sich mir, die ich gepflegt und wohlgenährt im Café sitzen konnte, auf. Vielleicht hatte der Vater die Familie im Stich gelassen und er als

Erstgeborener musste nun die Mutter und seine sieben Geschwister versorgen!
„Bismillah", „im Namen Gottes" kaufte ich mich frei mit einem der Scheine, die ich für Bettler, Blinde und Verkrüppelte immer griffbereit parat hielt und ließ dem kleinen Kaufmann seine „Ware".

Ein anderer Business-Mann überquerte zielstrebig den Platz zu seiner Stammkundschaft. Auf ein leises Signal hin stellten die Männer wortlos einen Fuß auf die kleine Plattform seines tragbaren Schuhputzladens mit den goldfunkelnden Messingbeschlägen und fuhren mit ihren Debatten unbekümmert fort, lasen Zeitung oder sahen unbeteiligt den Kringeln ihrer Schischas nach, während es ihrem Schuh ans Leder ging. So wie Kinder ihr Spiel nicht unterbrechen und es stoisch über sich ergehen lassen, wenn lästige Mütter ihnen mit Taschentüchern in den Gesichtern herumfummeln, so ignorierten auch diese Café-Besucher den Mann, der zu ihren Füßen kauerte und ein Feuerwerk an Putzeifer an den Tag legte. Fasziniert verfolgte ich die Show der fliegenden Lappen und das Schauspiel, wie anschließend beidhändig in rasendem Rhythmus die Bürsten um das Leder sausten und zwischendurch, als artistische Zugabe, elegant die Seiten wechselten wie fliegende Körper in der Zirkuskuppel. Das Resultat der Performance waren blitzblanke Schuhe, dem spiegelnden Parkett eines Fred Astaire würdig und eine lässig hingereichte Münze für den Bürstenjongleur.

„Ya sayyid, fi Hammam?" „Habt ihr hier eine Toilette?" Oh je, das hatte ich befürchtet. Bedauernd schüttelte der Ober den Kopf, winkte aber einen Burschen heran, der mit langen Beinen herumsprang, um rundum mit einer Zange glimmende Holzkohlebröckchen auf die tönernen Köpfe der Wasserpfeifen nachzulegen, der mit vorgehaltener Hand die Glut anfachte, wieselflink Gläser und Geschirr abräumte und zwischendurch mit fliegender Hand aus einem Eimerchen Wasser auf den Asphalt sprengte gegen den Straßenstaub.

Erfreut über die Abwechslung und wohl auch in der Hoffnung auf ein Trinkgeld, tauschte er das Kohlebecken gegen einen riesigen Petrusschlüssel und eilte mir voran durch die hinteren Räume des Cafés. Der Bursche legte ein gewaltiges Tempo vor. Mit Riesenschritten durchquerten wir einen vollgestopften Innenhof, passierten einen lichtlosen Gang, stiegen eine Treppe hinauf, ein paar Stufen hinunter, zweigten ab zu einem Korridor und so ging es weiter in affenartigem Tempo. Schweißgebadet trachtete ich, meinen Führer nicht aus den Augen zu verlieren. Mein gekeuchtes „bischweya ya walladi", „langsamer, mein Junge", quittierte er jeweils mit einem fröhlichen „yes yes, madam" über die Schulter hinweg. Wieder verschwand sein Lockenkopf um eine Ecke – sollte ich den Marathonlauf einfach abbrechen und bockig stehenbleiben? Nach meinem Empfinden hatte ich auf Schleichwegen die halbe Medina[3] umrundet. Das Objekt meiner Begierde, die Toilette, konnte nun nicht mehr fern sein. Im Stechschritt bog ich um die Kurve des Korridors und wäre beinahe auf ihn geprallt. Freudestrahlend schloss er eine Türe auf, „yes yes, madam". „Iftah ya Simsim", „Sesam, öffne dich" – ohne zu fackeln stürzte ich hinein. Wie wenig braucht doch der Mensch, um glücklich zu sein!

Durch das schmale Fenster fielen ein paar schwache Lichtstreifen in den schmalen Raum. Der zitternde Schatten eines Spinnennetzes, das hier seit Jahrzehnten hängen mochte, warf ein bizarr verzerrtes Muster auf die weiß gekalkte Wand. „Allahu akbar[4]…". Mit langgezogenen Vokalen erhob sich der Ruf des Muezzin zum Abendgebet von ganz nah. Ich konnte das Rauschen und Knacken des Lautsprechers hören. Die Moschee musste in unmittelbarer Nachbarschaft sein.

Mein Begleiter war nicht mehr da. Mir fiel ein, dass ich im Café meine Zeche noch nicht beglichen hatte und der Petrusschlüssel wog schwer in meiner Hand, also musste ich wieder zurück. Gott steh mir bei! Ich hätte heimlich, wie einst Theseus[5] im Labyrinth des Daidalos, ein Wollknäuel abrollen sollen, um am Faden wieder zurückzufinden. In der Hetze unseres flotten Marsches hatte ich ganz versäumt, mir prägnante Punkte einzuprägen zur Orientierung für den Rückweg.

„Haya ala ssalah, … haya alal falah …", *„Kommt her zum Gebet …!"* Begleitet von der mahnenden Stimme aus dem Minarett[6] hoch über mir, irrte ich eine Weile durch das Hintertreppen- und Korridorlabyrinth und fand dann doch einen Ausschlupf hinaus auf eine Gasse. „Al hamdulillah", *„Gott sei's gedankt"*, erleichtert atmete ich auf, die Welt hatte mich wieder. Hinter mir hörte ich die Tür ins Schloss schnappen.

Welch seltsamer Anblick! Eine Hügellandschaft gebeugter Rücken tat sich vor mir auf. Die Gasse hinauf und hinunter knieten in geschlossenen Reihen unzählige Männer Schulter an Schulter und berührten mit der Stirn den Boden. Unter dem Stoffgewirr der Galabiyas und Kaftane[7] sah ich die ganze Bandbreite nackter Fußsohlen einer Arbeiter- und Händlerschicht. Nur vereinzelt leuchtete ein rosiges Fersenpaar zwischen den Barfüßlern. Den meisten Sohlen jedoch hafteten hornhäutige Schrundenlandschaften an mit verzweigten Ziselierungen wie eingebrannter Asphalt aus den Zeiten des Pyramidenbaus.

Unbehagen kroch in mir hoch, während ich unauffällig versuchte, mir einen festen Stand zu erobern zwischen den Haufen abgestellter Schuhe, Pantoffeln, Riemchenschlappen aus Plastik und den groben Profilen der „Dunlop-Bereifung" – die geniale Wiederverwertung gebrauchter Autoreifen zu unverwüstlichen Gummisandalen. Ich Unglücksrabe war mitten in eine Gebetsversammlung geplatzt.

In einer ungleichmäßig aufsteigenden Welle richteten die Oberkörper sich auf. Die Gläubigen verharrten eine Weile auf den Knien, neigten sich noch einmal und erhoben sich. Dann begannen die vorgeschriebenen Bewegungsabläufe von vorne. Mit lautlosen Lippen murmelnd verneigten sich die Männer und warfen sich wiederum nieder in Demut vor ihrem Gott. Respektvoll bemüht, die Andacht nicht zu stören, drückte ich mich in eine Mauernische und schloss die Augen, um mich unsichtbar zu machen. Die Peinlichkeit meiner Anwesenheit trieb mir den Schweiß aus den Poren. Warum diese frommen Männer hier auf offener Strasse ihre Gebete verrichteten, war mir ein Rätsel. Eines jedoch war sicher: mich durfte es hier nicht geben!

Mein Herz schlug wie ein rasendes Tambourin gegen meine Brust, die ich tunlichst unter meinem Tuch zu verbergen suchte. „Wallahi!", *„Oh mein Gott!"*. An ein unauffälliges Davonschleichen war nicht zu denken. Die Gebetsteppiche und Matten, ab und zu auch eine ausgebreitete Zeitung, bedeckten Saum an Saum die ganze Breite der Gasse. Unmöglich, sich daran vorbeizumogeln, ohne die Aufmerksamkeit auf mich zu ziehen. In meiner Not fiel mir Kadija ein, in deren Haus ich ein Zimmer bewohnte. Wie oft griff sie nach ihrer Gebetskette[8] und murmelte bei jeder Kugel „Allah, Mo-

> **Psalm 121**
>
> *Reisesegen aus dem Alten Testament, Verfasser unbekannt. Auf ihrer Wallfahrt nach Jerusalem baten die Pilger vor 3000 Jahren beim Aufstieg in das judäische Bergland um Gottes Segen. Auszug: „…Er wird deinen Fuß nicht gleiten lassen, und der dich behütet, schläft nicht. Siehe, der Hüter schläft und schlummert nicht. Der Herr behüte dich, der Herr ist dein Schatten über deiner rechten Hand. Dass dich des Tages die Sonne nicht steche noch der Mond des Nachts, der Herr behüte dich vor allem Übel …"*

hammed, Jesus und Moses, Allah Mohammed, Allah Mohammed…" und fiel dabei in einen Zustand wohliger Entspannung. Unauffällig zupfte ich mein Tuch noch mehr über das Haar und verschmolz mit der Hauswand: „Allah, Mohammed… Jesus, Maria und Josef….. und der dich behütet, schläft nicht", mixte ich zur Sicherheit noch die Erinnerungsfetzen eines Psalms aus dem Alten Testament hinzu.

In diesem Moment psychischer Schwäche konnte es einem übermütigen Dschinn gelingen, meinen Sinnen ein ketzerisches Bild einzuspuken. Was würde geschehen, wenn ich jetzt meinen langen Rock schürzte und mit nackten Waden und vorsichtig suchenden Storchenschritten - bemüht, niemandem auf die Finger zu treten – durch die Reihen der frommen Männer hindurchstakste bis zum Ende der Gasse? Vor 2000 Jahren wäre Maria Magdalena[9] beinahe wegen unzüchtigen Verhaltens vom aufgebrachten Volk gesteinigt worden. Wer von denen hier würde wohl den ersten Schlappschuh nach mir werfen?

Die Frage erledigte sich alsbald von selbst. Die Gläubigen wandten ihre Köpfe zu ihren Nachbarn und den verborgenen Engeln rechts und links: „Assalamu alaikum wa rahmatu'llah", *„Friede sei mit euch und die Barmherzigkeit"*, saßen noch einen Augenblick auf ihren Fersen und erhoben sich. Schon im Gehen, rollten sie ihre Gebetsteppiche zusammen und zerstreuten sich schnell. Jeder eilte wieder seinen Geschäften zu, die er für die Dauer des Gebetes hatte ruhen lassen.

Auch ich beeilte mich, mein Café wieder zu finden. Nur zwei Ecken weiter, in der nächsten Parallelstraße, sah ich im dämmrigen Licht der hereinbrechenden Nacht den hochgewachsenen Lockenkopf in seiner gewohnten Gangart herumflitzen. Wie einen guten Stammgast begrüßte mich mein neuer Freund mit breitem Grinsen und beifälligem „Yes yes, Madam". Froh wie einst Odysseus[10] nach glücklich überstandenen Abenteuern ließ ich mich nieder und bestellte sogleich einen Dämmertrunk, ein Glas Sahlab mit herrlich cremigem Schaum.

[1] **one Pound** – ein ägypt. Pfund, damals ca. 20 Pfennige.
[2] **Galabiya** – langes Gewand für Männer und Frauen in Ägypten.
[3] **Medina** – Altstadt.
[4] **Allahu akbar** – Allah ist größer (als alles andere) Anfang des Gebetsrufs der Muslime, wird auch im Alltag häufig gebraucht; kabir = groß, die Steigerung größer = akbar.
[5] **Theseus** – Figur aus der griechischen Mythologie: Ariadne, die Tochter des kretischen Königs

Minos, schenkte Theseus aus Liebe ein Wollknäuel, damit er nach Tötung des Minotauros am abgewickelten Faden den Rückweg aus dem Labyrinth zurückfindet – Ariadnefaden.

[6] **Minarett** – Turm der Moschee, von dem der Muezzin zum Gebet ruft.

[7] **Kaftan** – langes Gewand für Männer und Frauen.

[8] **Gebetskette** – „Misbah", meist mit 99 Perlen aus Holz oder Kunststoff , die die 99 Namen Allahs symbolisieren. Es gibt drei Abteilungen zu je 33 Perlen, zu denen andächtig rezitiert wird, um die Seele zu reinigen und den Dämon fernzuhalten. Gebetsketten, ähnlich wie der Rosenkranz der Christen, kommen in fast allen Religionen vor und gleiten beim Murmeln der Gebetsformeln durch die Finger als Hilfsmittel für die Anzahl der bereits verrichteten Gebete.

[9] **Maria Magdalena** – Frauengestalt aus der Bibel im Umkreis von Jesus. Die Identität mit der stadtbekannten Sünderin und Ehebrecherin mit Maria aus Magdala ist jedoch kirchenge-schichtlich nicht belegt (Joh. 8).

[10] **Odysseus** – Held aus dem Epos von Homer „Ilias und Odyssee" (8.Jd. v. Chr.). Geschildert werden die Abenteuer auf der zehnjährigen Irrfahrt des Königs Odysseus auf der Heimfahrt nach Ithaka aus dem Trojanischen Krieg.

Karkade
Hibiskusblütentee – das Lieblingsgetränk der Ägypter

1 – 2 EL getrocknete Hibiskusblüten mit 1 Liter kochend heißem Wasser überbrühen und 10 bis 15 Minuten ziehen lassen. Das Wasser färbt sich scharlachrot und nimmt den typischen süß-sauren, erfrischenden Geschmack an. Zucker nach Geschmack. In Kanne oder Krug abseihen, entweder heiß trinken oder kaltstellen.

Hibiskus wird – neben Knoblauch – in der afrikanischen Volksheilkunde verwen-det als blutdrucksenkendes Heilmittel. Königin Kleopatra pflegte in Karkade zu baden, um ihrer Haut einen schönen kupferbraunen Ton zu verleihen.

Karkade/Hibiskusblüten schmecken am besten aus Assuan oder Luxor. Ägypten-fahrer zu bitten, einen großen Packen davon mitzubringen, ist keine Zumutung. Er wiegt wenig und zeitaufwändiges Handeln lohnt sich nicht – Preise aber doch vorher vergleichen!

Sahlab – heißes ägyptisches Milchgetränk

1 l Milch	1/2 TL gemahlener Zimt
4 EL Maisstärke	gemahlene Mandeln
3 – 4 EL Zucker	Pistazien und/oder Kokosraspeln

Die Maisstärke in 1 Tasse kalter Milch anrühren. Die restliche Milch erhitzen, Stär-kemischung und Zucker zugeben. Unter ständigem Rühren zum Kochen bringen, bis es leicht andickt, Zimt zugeben. Das puddingartige Getränk in Gläser (Was-serglas-Größe) füllen, 1 TL gemahlene Mandeln pro Glas einrühren, kleingehackte Pistazien und Kokosraspeln zur Verzierung darüberstreuen. Wird sehr heiß und mit Löffel serviert – Vorsicht, nicht den Mund verbrennen!

Dhikr

nennt man intensive, an Allah gerichtete Gedanken. Damit sind kurze Anrufungen oder Sätze gemeint, die man in vielen Wiederholungen rezitiert. Dhikr werden gesprochen gegen Unheil und Sorgen, zur Sündenvergebung und als gutes Werk für den Eingang in den Himmel - ähnlich wie das Beten des Rosenkranzes in der katholischen Kirche - denn der Koran ermahnt die Gläubigen „Gedenket Gottes oft" (Sure 33,41).

Annemarie Schimmel, Islamwissenschaftlerin, beschreibt in ihrem wunderbaren Buch „Meine Seele ist eine Frau – das Weibliche im Islam" Dhikr mit Gottgedenken als vieltausendfache Wiederholung eines Gottesnamens oder einer religiösen Formel, laut oder unhörbar.

Weiterhin schreibt sie:
„Das ständige Gottgedenken, das leise Murmeln der Gottesnamen oder einer religiösen Formel ließ sich mit dem Summen des Spinnrades vergleichen, und genau wie das Garn durch ständiges Spinnen immer feiner wird, so wird auch das Menschenherz durch ständiges Gottgedenken immer mehr geläutert.

Jeder Mensch webt aus seinen Gedanken, Worten und Taten ein Gewand für seine Seele."

Ein altes Spinnlied aus Bidschapur/Pakistan berichtet über alle Aspekte des Spinnens:

„Wenn du die Baumwolle nimmst, sollst du dhikr-i dschali üben"! *(Gottes mit lauter Stimme gedenken).*

„Wenn du den Faden aufspulst, sollst du dhikr-i aini üben!" *(dein ganzes Wesen soll im Gottgedenken versunken sein).*

„Die Fäden des Atems sollen einer nach dem anderen gezählt werden, Schwester!" *(denn jeder Atemzug soll den Namen Gottes enthalten. Die Regeln für das Gottgedenken mit Atemkontrolle sind genau ausgearbeitet).*

Gebetsritual

Jedes rituelle Gebet (assalat) beginnt stehend, die Hände vorne, die Rechte liegt über der Linken, mit der Rezitation der Eröffnungssure AL-FATIHA, der ersten Sure des Korans.

Diese sieben Verse bringen das Lob Gottes zum Ausdruck und die Suche nach der Zuflucht bei Gott. Es folgen, neben anderen Gebetsformeln, selbst gewählte Verse aus dem Koran, bevor sich der Betende verbeugt und niederwirft. Die Abläufe und Gebetsrezitationen wiederholen sich – je nach Tageszeit – mehrfach.

Die einzelnen Bewegungen im Gebet gleichen den arabischen Buchstaben

alif ا = **Stehen**

dal د = **Verbeugung**

mim م = **Niederwerfung** (kniend, die Stirn berührt den Boden)

Diese Buchstaben ergeben aneinandergereiht den Namen des ersten islamischen Propheten Adam ادم

Voraussetzungen zum Gebet

Gebetsteppich als Unterlage, wenigstens sauberes/reines Kleidungsstück oder zur Not eine Zeitung.

Rituelle Reinheit/Waschung: Kopf, Arme, Füße, ersatzweise für Wasser: mit Sand abreiben.

Die gute Absicht.

Gebetsrichtung nach Mekka.

Moschee

Da der Anblick einer knienden Frau in der Position der Niederwerfung die Konzentration der Männer auf das Gebet unmöglich machen würde, beten diese in der Moschee vorne, die Frauen im hinteren Teil, oft noch durch einen Vorhang getrennt oder auf einer Empore.

Beim großen Freitagsgebet, das in der Moschee stattfindet, sind Frauen ausgeschlossen. Diese Tradition stammt noch aus den Zeiten der arabischen Kriege, da damals nach dem Freitagsgebet in der Moschee den Männern militärische Unterweisungen erteilt wurden.

Merksatz raqm chamsa:

Li kulli muschkilla hall

Für jedes Problem gibt es eine Lösung

ha*th*a kursi fadi?
dieser Stuhl frei?
Ist dieser Stuhl frei?

ya ssayyidi   oder: **ya achi**   oder: **ya wallad** (muss aber sehr jung sein)
oh mein Herr   *mein Bruder*   *hallo Junge*
hallo Herr Ober

ma*th*a turidi (turid/m)   **ma taschrab** (taschrabi/f) (ma = Umgangsspr. für ma*th*a)
Was   willst du?/**f**   was trinkst du?/m

qahua bi schuweya sukkar wa li schaay bi na'na
Kaffee mit wenig Zucker und für mich Tee Pfefferminz
Einen Kaffee mit wenig Zucker und für mich einen Pfefferminztee

al qahua bi halib au qahwa suda?
Der Kaffee mit Milch oder Kaffee schwarz

nurid talata *a*sir burtuqal läkin bidun *th*elsch
Wir möchten drei Orangensaft aber ohne Eis

ahder sudschadscha maya ma*a*dinia läkin maqfula
bring Flasche Wasser Mineral aber geschlossen
Bring eine Flasche Mineral-Wasser, aber geschlossen

min fadlik schischa lana
bitte Wasserpfeife für uns
Bitte eine Wasserpfeife für uns

urid adf*a* min fadlik – kam?
Ich möchte zahlen bitte wieviel macht es?

schukran al baqi lak
danke der Rest für dich
Danke, der Rest ist für dich – stimmt so.

Was ich hoerte, meine Freunde, war
Musik. Ich vernahm sie, als wuerde meine
Geliebte bald seufzen, bald laecheln, als wuerde
sie ihre Worte bald zoegernd, bald fliessend
aneinander reihen oder in Andeutungen
sprechen.
Ich sah mit den Augen meines Gehoers in
das Herz meiner Geliebten, und mehr als den
Inhalt ihrer Rede vernahm ich die Stimme
ihrer Seele, in der ihre innersten Gefuehle
zum Ausdruck kamen.

Gibran Khalil

6. Restaurant

Ägypten hat den Nil, die Pyramiden und Umm Kalthum. Bereits zu Lebzeiten war die große Sängerin zur Ikone geworden, wurde verehrt von Königen und Staatsoberhäuptern und vom Volk nahezu vergöttert. Nur wer erlebt hat, mit welcher Leidenschaft ihre Lieder heute noch vorgetragen, mit welcher Inbrunst diese gefeiert werden und welche Emotionen sie auslösen, kann ermessen, wie sehr ihr musikalisches Erbe in den Herzen der Bevölkerung fortlebt.

Es war ein kleines, elegantes Restaurant außerhalb Kairos. Das Publikum in der teuren Lokalität war handverlesen. Durch meine Bekanntschaft mit einem ägyptischen Regisseur war ich in diese vornehme Gesellschaft geraten. Ein mehrgängiges Menü erwartete uns, im Hintergrund fünf Musiker und ein bewegungsloses Standbild von Sängerin, in tiefschwarze Stoffkaskaden gehüllt, aus deren Masse zwei winzige runde Hände herausleuchteten und ein schneeweißes Mondgesicht mit tadellosem Make-up.

Zum Empfang und beim Auftragen der Mezze[1] spielte die Gruppe zur Untermalung Musikstücke aus dem Repertoire klassischer Komponisten wie Abdel Wahab, Halim Hafez, Farid Al-Atrach und natürlich dem Liedergut von Umm Kalthum, flankiert von einer Sängerin, die als stummer schwarzer Rabe den Musikern zur Seite stand. Die Gäste plauderten in lockerem Ton und tunkten Fladenbrot und Gemüsestreifen in die vielen Vorspeisenschüsselchen.

Dann jedoch geschah etwas, als hätte ein unsichtbares Wesen mit dem Zauberstab Anweisung erteilt, die Atmosphäre des Raumes zu verwandeln.

Die kleinen Hände der Sängerin lösten sich aus den Faltengebirgen ihres dunklen Ornates und flatterten wie aufgescheuchte Unschuldstäubchen in bedeutungsvoller Geste nach oben, verharrten mit geöffneten Handflächen, als würden sie um etwas bitten und schufen so das Podium für ihre Stimme, die sich vorsichtig tastend, mit einem leisen, langsam anschwellenden Ton in das musikalische Gefüge einschlich. Wie die lange zurückgehaltene Eruption eines Vulkans brach dann aus ihrem mächtigen Resonanzkörper der Gesang mit einer solchen Inbrunst und verzweifelten Leidenschaft, als wären soeben die eigenen Kinder bei einer Feuersbrunst ums Leben gekommen.

In kunstvollen Variationen und Schnörkeln ringelte sich die Stimme der Interpretin in zahlreichen Wiederholungen um das musikalische Motiv, umwarb im verhaltenen

> "Ich bin die Floete, aber dein ist die Musik"
> *Rumi*

73

> Wer nie liebte, nie den Duft der Blumen suchte und nie beim Klang der Musik erbebte, ist kein Mensch, sondern ein Esel

Schlängeln der Melodie eine kurze Passage, um dann in gedämpftem Tremolo auf einer einzigen Silbe auszuruhen. Dann wieder schlug das Stimmungsbarometer der Sängerin unvermittelt um. Sie scherte, wie ein ungezogenes Kind, aus dem musikalischen Motiv aus und galoppierte, Komponist und Musikern ein Schnippchen schlagend, in übermütiger Improvisationslust zur nächsten Textzeile.

Vom Blattschuss getroffen hörte der Saal auf zu atmen. Längst hatten die Damen und Herren ihr Fladenbrot fallen lassen und ließen sich, dem Wechselbad ihrer Emotionen preisgegeben, von einer Gefühlslage in die andere katapultieren. Die Gemüter unter den teuren Garderoben schmolzen dahin wie das Eis zwischen den angerichteten Avocado- und Melonenscheiben.

„Hier lernt man die Araber verstehen, diese Menschen halb von Samt und Perlen, halb von Stahl und Erz. Ein jeder Duft ist wie eine Liebesflechte ...", schwärmte einstmals ein andalusischer Poet aus der Zeit der maurischen Belagerung.

Irgendwann waren die Textzeilen des Liedes in vielen Wiederholungen ausgeschöpft. Die Interpretin betupfte ihr weißes Gesicht mit einem noch weißeren Spitzentüchlein und gewährte sich und ihrem Samt- und Perlenpublikum eine Verschnaufpause. Sogleich legten dieselben Menschen, die sich vor wenigen Augenblicken noch im Fahrwasser elementarster Gefühlsebenen gesuhlt hatten, den Hebel um und wandten sich wieder ganz profan dem exzellenten Essen zu.

Den Gästen jedoch war nur eine kurze Spanne der Erholung gegönnt.

Bereits nach den ersten Tönen der zitternden Saiten des Kanuun[2] wussten alle, was kommen würde: „Inta omri", *„Du bist mein Leben"*, eines der schönsten Liebeslieder Umm Kalthums, von Abdel Wahab eigens für sie komponiert. Etlichen Kehlen entrangen sich inbrünstige Allah-Anrufungen und in wohliger Bereitschaft öffneten die Zuhörer Herz, Gemüt und Ohren, um sich der Poesie der uralten und ewig neuen Geschichte von Liebesglück, Trennung und Leid hinzugeben: „...ya habibi", *„mein Liebling ..."*, „sieh mich an, damit meine Augen in deiner Welt versinken können ... ya habibi ...*komm, wir haben schon genug Zeit verpasst ...* hülle mich in deine Zärtlichkeit... nimm mich weit weg vom Dasein... weit weg, du und ich, ganz allein ..." Mit auf- und abschwellendem Busen beteuerte die Interpretin viele Musikzeilen lang, sie hätte die schönsten Nächte, all ihre Sehnsucht und Liebe in ihrem Herzen allein für ihn aufbewahrt, während ihre vibrierende Stimme verschmolz mit dem Tremolo der Oud[3] und dem Schluchzen der Geige „...inta omriii...".

Da konnte ein Efendi[4] am Nebentisch nicht länger an sich halten. Kurz vor dem Bersten, warf der beleibte Herr im dunklen Anzug seine Serviette auf das Tischtuch, erhob sich und schrie mit weit ausladenden Armen und hervorquellenden Augen seine Begeisterung hinaus, als hätte seine Mannschaft soeben den entscheidenden Elfmeter geschossen, lobte den Gesang, pries Allah und die Propheten. Die Musiker, emotionsgeladene Zwischenrufe gewohnt, fuhren mit dem Thema fort und der Efendi ließ es sich nicht nehmen, mit zitterndem Bärtchen und Blitze werfenden Manschettenknöpfen einige Passagen zu singen, mit der ganzen Leidenschaft, derer seine ägyptische Männerseele fähig war.

„Bus … schuf … Ahmed tamel eh … bus … schuf … Ahmed … tamel eh …", „*sieh, schau, Ahmed, was er macht…*" skandierte der tosende Sprechgesang der Gäste und eine Woge der Sympathie schwappte hinüber zu Ahmed, der sich schließlich erschöpft auf seinen Stuhl fallen ließ, als hätte die Wirkung eines Vitaminstoßes nachgelassen. Von seiner inneren Spannung befreit, wischte der elegante Mann mit seinem Einstecktuch die Schweißperlen von der Stirn und war nun wieder in der Lage, sich gesittet seinem Teller zu widmen. Mit gutem Appetit machte er sich über seine Lammkeule her und nichts deutete darauf hin, dass soeben noch in seiner Blutbahn Gefühlsexplosionen von gewaltigem Ausmaß gewütet hatten.

Wenig später erlitt eine ältere Dame im schicken Schneiderkostüm und strenger Knotenfrisur denselben Notstand. Sie allerdings begann fingerschnalzend, den Stuhl in den Kniekehlen, an ihrem Platz zu tanzen. „Yalla habibi[5] …ya ayni… aiwa aiwa", „*Los, auf geht's, meine Liebe… du mein Auge… ja ja…*" Vom schnell entflammbaren Publikum unterstützt, feierten ihre safranfarbigen Damasthüften in dem beengten Radius ein beschwingtes Freudenfest. Nie werde ich das Leuchten im Gesicht dieser Frau vergessen, wie sie in strahlender Selbstvergessenheit stolz ihren Kopf in den Nacken warf, und auch die Blitze spontanen Glücks, die sie versprühte, haben sich in meine Seele eingegraben.

Als würde unter jedem der gepolsterten Stühle die Glut eines geheimen Schwelbrandes glimmen, kam es nach und nach an allen Ecken und Enden zu ähnlichen Explosionen. Immer wieder musste jemand, dessen Zündschnur gerade durchbrannte, zwischen zwei Bissen aufspringen und unter den Beifallssalven der ehrenwerten Gesellschaft aus der Haut fahren.

Auch ich schlängelte mich irgendwann auf dem Weg zur Toilette mit wogendem Leib und zuckenden Schultern durch die Stuhlreihen: „Yalla habibi …aiwa aiwa ……" Ya salām!

Zur Hochzeit seines Sohnes engagiert ein Elternpaar Musiker und einen Sänger, der aber leider furchtbar schlecht singt, es ist kaum zu ertragen. Am nächsten Tag trifft dieser Sänger einen der Gäste und fragt neugierig, wie das Publikum auf seinen Gesang reagiert habe. „Die Meinungen waren zwiespältig." „Wieso?" „Die eine Partei wollte die Mutter des Bräutigams erwürgen, die andere den Vater."

---

[1]**Mezze** – in mehreren Schälchen servierte Vorspeisen, mindestens sieben, die mit Fladenbrot oder in Streifen geschnittenen Karotten und Gurken oder Chicorèe-Blättern gelöffelt werden: Humus – s. Rezept, Baba*gh*anusch – s. Rezept, Tabuleh – s. Rezept, gebratene Gemüse wie Auberginen, Paprika, Zucchini, Falafel – s. Rezept Kap. 2, Tahina – s. Rezept Kap. 8, Joghurt mit Gurke – eine Art Tsatsiki, gefüllte Weinblätter, mit Schafskäse gefüllte Blätterteigröllchen, Briks/gefüllte Teigtaschen – s. Rezept Kap. 8.

Kanuun

[2]**Kanuun** – Trapezförmiges Instrument aus Holz mit 63 bis 84 Saiten, ähnlich unserer Zither oder Hackbrett. Wird gespielt mit kleinen Zupfplektren an beiden Zeigefingern.
[3]**Oud** – fünfsaitige Kurzhalslaute der klassischen arabischen Musik, im Unterschied zur Laute hat sie keine Bünde.
[4]**Efendi** – vornehmer Herr.
[5]**habibi** – mein Liebling, wird in der Begeisterung und als wohlwollende Anrede im Alltag oft verwendet für Männer und Frauen im Sinne von „mein/e Liebe/r". Aber Vorsicht: es ist keine offizielle Form der Anrede.
Korrekt übersetzt ist mit „habibi" die männliche Form gemeint. Grammatikalisch richtig müsste man für eine Frau „habibati" verwenden.

Die Bedeutung des Gesanges in der arabischen Welt

„Musik ist seit jeher für die Araber gesungene Poesie, die die Bedeutung der Worte in Töne umsetzt. Jede angesehene Familie hatte in vorislamischer Zeit in ihrem Haus eine Gesangssklavin. Die Schönheit eines Gedichtes, dessen ausdrucksstarke Interpretation und die kunstvolle Gesangstechnik des „*ughanni*", des Sängers, stehen noch heute im Vordergrund. Der wörtliche Sinngehalt des Textes spielt dabei eine Nebenrolle. Vom arabischen Interpreten klassischer Musikstücke wird erwartet, die jeweilige Gefühlsstimmung, die der Textzeile unterliegt, zum Ausdruck zu bringen. Tarab nennt der Araber die positiven Stimmungs- und Gefühlsnuancen, die beim Hören von Musik entstehen, die der Sänger oder der Musiker durch seinen kunstvollen Vortrag erzeugt".

Auszüge und sinngemäße Wiedergabe aus dem Buch „Umm Kulthum" von Stefanie Gsell

Oud

Besetzung klassischer Orchester

Kanoun, s. Anmerkung 2
Oud/Kurzhalslaute, s. Anmerkung 3
Geigen
Nai/Längsflöte, ursprünglich aus Schilfrohr ohne Mundstück
Akkordeon
Darabuka / Tabla, trichterförmige Trommel aus Ton oder Metall, siehe Kap. 18
Riq, Rahmentrommel mit fünf Schellen/Tamburin
Daff/Rahmentrommel
Zimbeln, im Orchester handtellergroß
Trompete und **Saxophon** seit neuerer Zeit

Weitere wichtige Vertreter der klassischen arabischen Musik des 20. Jahrhunderts

Feyruz, 1935 geboren, aus dem Libanon, sehr populäre und beliebte Sängerin und Filmschauspielerin, berühmt wegen ihrer arabisch-andalusischen Balladen, singt auch arabische Klassik und Dabke/Folkloretänze aus dem Libanon, Syrien und Jordanien, mit großen Orchestern.
Mohammed Abdel Wahab, 1907 – 1990. In den Dreißigerjahren als Sänger, Filmschauspieler und Komponist d e r Musikstar Ägyptens. Er integrierte moderne Instrumente ins klassische Orchester, komponierte für Umm Kalthum zehn ihrer schönsten Lieder.

Abdel Halim Hafez, 1929 – 1977, war von den Fünfzigerjahren an unter Nasser einer der beliebtesten Sänger und Filmschauspieler Ägyptens.
Farid al-Atrache, 1915 – 1974, syrisch-ägyptischer Komponist, Sänger und Filmschauspieler, gehört zu den großen Vertretern der klassischen Musik. König Faruk liebte seine Musik und seinen Gesang ganz besonders.
Fatme Serhan, „Queen of Balady" - zeitgenössische ägyptische Sängerin der ländlichen, traditionellen Musik.

UMM KALTHUM (1904 -1975)
Der Stern des Ostens

Sie war die bedeutendste und populärste Sängerin des arabischen Sprachraums. Ihre Liebeslieder, auch religiöse und patriotische, zählen zum ägyptischen Kulturgut. Bereits 1936 sang sie anlässlich der Krönungsfeierlichkeiten von König Faruk, 1957 zur Eröffnung des neuen Parlaments von Abd al Nasser und wurde vergöttert vom Volk.

Ihre größte Popularität erlangte sie während der Regentschaft König Faruks zwischen 1940 und 1950, dem „Goldenen Zeitalter" des Gesangs. Bereits ab 1937 übertrug der ägyptische Rundfunk jeden ersten Donnerstag im Monat ein Live-Konzert Umm Kalthums in alle angrenzenden Länder, dabei wurde jeweils ein neues Lied vorgestellt. Während der Übertragungszeit dieser Sendung kam das öffentliche Leben zum Erliegen. Die Straßen waren wie ausgestorben, wenn ihre Liebesballaden mit den kunstvollen Improvisationen und den vielen Wiederholungen einzelner Passagen über den Äther gesendet wurden. Freunde und Familien versammelten sich an den Rundfunk-Empfängern und hörten ihre Lieder, die von großen klassischen Orchestern begleitet wurden.

Durch ihre ausdrucksstarke Vortragsweise gelang es ihr, die empfindsamsten Winkel des menschlichen Gemütes aller Generationen zu erreichen.

Umm Kalthum bewahrte das ägyptische Liedgut vor westlicher Überfremdung, zumal sie bei dem ägyptischen Lyriker Ahmad Ramy, von dem die meisten ihrer Texte stammen, Gedichte in ägyptischem Dialekt in Auftrag gab. So erreichte sie mit ihrem Gesang die Herzen aller Bevölkerungsschichten: Poesie als Brot für die Seele. Wegen der Lieder von Umm Kalthum wird Ägyptisch-Arabisch in allen arabisch sprechenden Ländern verstanden - nicht zuletzt auch wegen der aufstrebenden Filmindustrie in Ägypten (der bekannte äg. Filmregisseur Youssef Chahine entdeckte 1954 Omar Sharif). Umm Kalthum wirkte auch in einigen Filmen mit, machte mehrere Konzert-Tourneen und reiste mit Diplomatenpass, blieb jedoch zeitlebens bescheiden und war eine gläubige Muslima.

Als die große charismatische Diva 1975 starb, ging ein Aufschrei durch die gesamte arabische Welt. Wildfremde Menschen zwischen Casablanca und Damaskus, New York und Paris fielen sich auf offener Straße weinend in die Arme – vereint in ihrer Trauer um die verehrte Interpretin. Ihr Sarg wurde den offiziellen Trägern abgenommen und vom Volk drei Stunden lang in vielen Windungen durch die Straßen Kairos getragen, gefolgt von einem Trauerzug, der 15 km lang war.

Schlagersänger moderner arabischer Popmusik:

Hakim, Amr Diab, Moustafa Amar, Mohamed Mounir, um nur einige zu nennen:
Diese fetzigen Schlager, mit arabischen Instrumenten und Rhythmen unterlegt, mit orientalischen und oft spanischen Musikelementen, erklingen heute überall auf den Straßen, in Taxis, Läden und Discos. Der Tanz der Jugend ist jedoch auch zu dieser modernen Musik nicht westlich, sondern immer noch von klassischen Bauchtanzbewegungen geprägt („Raqs Sharqi" *Tanz des Ostens*).

Cheb Khaled, Cheb Mami, Bellemou sind u.a. die bekanntesten Vertreter der in Algerien entstandenen Rai-Musik, einer Mischung aus politischem Protestsong und Rap, ab 1980 bekannt gewordene Musik mit ganz eigenständigen Rhythmen und modernen Arrangements. Rai-Musiker leben heute zum großen Teil im französischen Exil, hauptsächlich in Paris.

Najat Aatabu singt moderne Texte zu Berberrhythmen, begleitet von arabischen Instrumenten.

Unverzichtbar für die Mezze / Vorspeisen

Humus / Püree aus Kichererbsen und Sesam-Mus

200 g getrocknete Kichererbsen
oder: 1 Dose Kichererbsen (400 g Inhalt) aus
dem Türkenladen
3 EL Sesampaste (Tahina)
Saft von 2 Zitronen

3 Knoblauchzehen
4 EL Olivenöl
1 TL gemahlener Kreuzkümmel, Salz
In manchen Gegenden nimmt man noch
2 EL Joghurt dazu

Zubereitung

Traditionelle Art:

Die getrockneten Kichererbsen im Sieb waschen und mit reichlich Wasser oder Gemüsebrühe vom Suppenwürfel über Nacht einweichen (ihr Volumen verdoppelt sich). Am nächsten Morgen ca. 1 Std. mit dem Einweichwasser weichkochen. Sie müssen stets mit Wasser bedeckt sein. Die Kichererbsen durch ein Sieb abgießen, ein wenig Brühe auffangen.

Schnellversion (schmeckt ebenso gut):

Mit Büchsenöffner die Kichererbsendose öffnen, durch ein Sieb abgießen, ein wenig Brühe auffangen.

Die weichen Kichererbsen in der Küchenmaschine oder mit Pürierstab zerkleinern, zusammen mit Sesampaste, Zitronensaft, dem durchgepressten Knoblauch, Olivenöl, Kreuzkümmel und Salz vermixen. Es muss eine glatte Paste entstehen. Bei Bedarf etwas von der aufgefangenen Brühe dazugeben, damit der Erbsenbrei geschmeidig und cremig wird - aber keine Suppe! Abschmecken, ob das Salz passt.
Die Paste auf 4 Schüsselchen verteilen, in die Mitte eine Mulde drücken und ein wenig Olivenöl oder zerlassene Butter einträufeln.

Tabouleh / Petersiliensalat

200 g fein geschroteter Bulgur (gibt's im
Orientladen)
2 große Bund Petersilie (ca. 600 g)
1/2 kg Tomaten
1 Bund Frühlingszwiebeln
1 Gurke

evtl. 1 rote und 1 grüne Paprikaschote
2 Knoblauchzehen
2 große Zitronen
6 EL Olivenöl, Salz und Pfeffer
1 TL getr. Pfefferminz, Basilikum, Thymian

Bulgur mit lauwarmem Wasser bedeckt 20 Min. quellen lassen, Petersilienblätter fein hacken, das Gemüse in kleine Würfel schneiden. Bulgur im Sieb abtropfen lassen und zusammen mit den anderen Zutaten abschmecken – fertig.

Babaghanusch / *Auberginenpürre*

2 große Auberginen ca. 500g
3 EL Sesampaste (Tahina)
2 Knoblauchzehen
Saft von 1 Zitrone

3 EL Olivenöl
Salz und Pfeffer
1 TL Sesamsamen, Schnittlauch
oder Petersilie zum Anrichten

Auberginen nicht schälen, mit einer Gabel mehrmals einstechen, damit die Dämpfe entweichen können und die Frucht nicht im Backofen explodiert. Auf dem Backblech 30 Minuten backen, dabei häufig wenden. Die Schale wird fast schwarz. Auberginen abkühlen lassen. Noch lauwarm der Länge nach aufschneiden, das weiche Fruchtfleisch mit einem Löffel von der Haut abschaben. Zusammen mit Sesampaste, Zitronensaft, Olivenöl und den zerdrückten Knoblauchzehen in der Küchenmaschine gut durchmixen, mit Salz und Pfeffer abschmecken.
Das Auberginen-Püree in kleine Schüsselchen füllen oder auf einem großen Teller in einer dicken Schicht anrichten. Zur Dekoration Sesamsamen und kleingehackten Schnittlauch oder Petersilie darüberstreuen.

TIPP: Das typisch rauchige Aroma bekommt Babaghanusch, wenn man die Auberginen nicht im Backofen, sondern bei schwacher Hitze auf dem Holzkohlegrill unter häufigem Wenden ca. 40 Minuten gart.

Ful – *Billiges und nahrhaftes Bohnengericht der einfachen Bevölkerung Nordafrikas Ful gehört nicht unbedingt zur klassischen Mezze*

400 g getrocknete Saubohnen (dicke Bohnen) oder 2 Dosen Faba-Bohnen aus dem Orientladen, damit spart man sich das Einweichen und das lange Kochen
3 große Zwiebeln
3 Tomaten
2 Knoblauchzehen

1 kleiner Bund Petersilie oder Schnittlauch
1 El gemahlener Kreuzkümmel
8 El Olivenöl
evtl. etwas Sesampaste/Tahina
Saft von 2 Zitronen
Salz und Pfeffer

Die getrockneten Bohnen über Nacht in Wasser quellen lassen, abgießen. Im Topf wasserbedeckt zum Kochen bringen, bei schwacher Hitze mindestens 2 - 3 Stunden köcheln lassen, bis sie weich sind und eine püreeartige, nicht zu dünne Masse entsteht. Dabei öfter umrühren und bei Bedarf etwas Wasser nachgießen.
Zwiebeln, Tomaten und Petersilie kleinschneiden und leicht andünsten, zerquetschte Knoblauchzehen, Kreuzkümmel, Olivenöl und die noch warme Bohnenmasse dazu.
Werden Dosenbohnen verwendet, die Bohnen im Sieb unter fließendem Wasser abspülen, abtropfen lassen, zur Zwiebel-Tomatenmasse zugeben und alles zusammen erwärmen.
Mit dem Kartoffelstampfer das Püree noch mal durchdrücken, evtl. mit etwas Sesampaste abrunden, mit Zitronensaft, Salz und Pfeffer abschmecken.

TIPP: Ful schmeckt am besten warm und wird mit frischem Fladenbrot, das als Löffel dient, aus kleinen Schüsselchen gegessen, oft auch zusammen mit Eiern als Füllung im aufgeklappten Brotfladen.

Arabischer Kaffee mit Kardamom

Zutaten pro Mokkatasse:
*Etwas mehr als eine Mokkatasse Wasser wegen der Verdunstung
1 TL gut gehäufter sehr fein gemahlener arabischer Kaffee – gibt's im Türkenladen (zur Not auch italienischer Espresso)
1 TL Zucker – evtl. etwas weniger, je nach Geschmack (qahua masbut = gerade recht, nicht zu süß und nicht zu wenig Zucker)
1 Messerspitze gemahlener Kardamom (beruhigende Wirkung auf Magen und Verdauungsorgane), evtl. auch Ingwer*

Das Wasser in einem Stielkännchen und mit den restlichen Zutaten unter Rühren zum Sieden bringen. Sobald die Mischung aufschäumt, kurz von der Feuerstelle nehmen, schwenken und Schaum absinken lassen. Diesen Vorgang dreimal wiederholen, beiseite stellen, mit einer Untertasse zudecken und kurz ziehen lassen, dann in die Tässchen gießen. Achtung, Schaum und Kaffeesatz gleichmäßig auf die einzelnen Tassen verteilen! Der Kaffeesatz setzt sich am Tassenboden ab (und erlaubt mit etwas Phantasie einen Blick in die Zukunft).

Kardamom – der betörende Duft des Orients

Allein der Klang des Wortes erinnert an 1001 Nacht – oder weckt Erinnerungen an die Kellner der Straßencafés, die Duftwolken von Kaffee und Kardamom hinter sich herziehen. Da das Aroma sehr schnell verfliegt, werden die Kardamomsamen erst kurz vor Bedarf aus der Kapsel ausgelöst und gemeinsam mit den Kaffeebohnen gemahlen. Dies verleiht dem Kaffee das typisch orientalische Aroma. Die Kardamomkapseln mit den dunklen, winzigen Samen wachsen an einer bis zu 2 m hohen Staude (Südindien, Sri Lanka und Südamerika).

Schon in der Antike schätzte man die stimmungsaufhellenden, motivierenden Substanzen der Kardamomsamen als Gehirnnahrung und die heilsame Wirkung seines ätherischen Öls gegen Verdauungs- und Magenbeschwerden. In der Küche findet Kardamom Verwendung in Geflügelgerichten und, zusammen mit Nelken, Zimt und Ingwer, auch in Backwaren.

Merksatz raqm sitta:

Nachud sudschadscha chamr wa nakubuha fi a-tabbach

Man nehme eine Flasche Wein und fülle sie in den Koch

fih   mat'*a*m   basit   wa qarib?
gibt es Restaurant einfach und nah?
Gibt es in der Nähe ein einfaches Restaurant?

nahtadsch   taola kabira lana
wir brauchen Tisch   groß   für uns
Wir brauchen einen großen Tisch für uns

nurid   naaqul schäy', ma*th*a *a*indakum?   äg.: eh   aindakum?
Wir möchten essen   etwas,   was   habt ihr?   was habt ihr?

ana urid   samäk maschwi
ich   möchte Fisch   gegrillt
Ich möchte gegrillten Fisch

hua yurid lahm   charuf bi rus
er   möchte Fleisch Hammel mit Reis
Er möchte Hammelfleisch mit Reis

hia turid   bass chodar bidun lahm
Sie   möchte nur   Gemüse ohne   Fleisch

mumkin an tuhder   schuweya chobs?
möglich   dass du bringst etwas   Brot
Kannst du etwas Brot bringen?

schukran, al   akl   kän kwayes wa ledid
danke   das Essen war gut   und schmackhaft
Danke, das Essen war gut und wohlschmeckend

al hißab   min fadlik
Die Rechnung bitte

Es gleichet die Narzisse

des Liebchens Augen hold.

Gleicht - sagt man - Silberschalen,

die ganz gefuellt mit Gold.

Jedoch in meinen Augen ist's

Gold und Silber nicht:

Sechs Weissbrot-Scheiben sind es

um ein Safrangericht

Abu Ishaq
Aus „Nimm eine Rose und nenne sie Lieder"
von Annemarie Schimmel

7. Speisekarte

Wie schon so oft war ich, um die Stadt zu erkunden, nach meiner altbewährten Sightseeing-Methode risikofreudig in den nächstbesten Bus gehüpft, der mir in die Quere kam, ohne zu wissen, wohin er fuhr. Irgendwann, wenn mein Gefühl mir sagte, die Tagesetappe für eine Fußwanderung zurück zum Stadtkern sei erreicht, stieg ich aus. Das Abenteuer eines langen, odysseischen Streifzuges durch unbekanntes Terrain konnte beginnen, bei dem ich mich nicht selten, entkräftet und pflastermüde, das letzte Stück von einem Taxi zurücktransportieren ließ. Mit hoher Trefferquote geriet ich bei meinen Wanderschaften ganz absichtslos auch auf ausgetretene Pfade und stand dann plötzlich freudig überrascht vor einer der großen Sehenswürdigkeiten aus dem Pflichtprogramm. Und zusätzlich gab es für mich, sobald ich wieder meinen Kurs änderte, viele Wunder am Wegesrand zu entdecken, die nicht im Reiseführer stehen.

In einem bescheidenen Umhängebeutel war mein Marschgepäck: das große Tuch für alle Fälle – zum züchtig Verhüllen, als Schutz vor Sonne, Wind und Sand, zum Draufsetzen, zum Zudecken, als Bündel für Eingekauftes, notfalls auch zum Hände abputzen oder Knöchel verbinden – ein Pulli, Leggings zum Drunterziehen – das Geheimnis unter dem Rock für kühle Abende, Wasserflasche und Bonbons als Geschenk für Kinder und auch mal für mich. Wichtigste und ständige Begleiter bei solchen Exkursionen waren jedoch Stadtplan und Reiseführer. Neugierig, wohin mich das Schicksal, zusammen mit dem städtischen Fahrverbund diesmal verschlagen hatte, suchte ich auf meinem Stadtplan meinen Standort. Cahira Qadima – Alt Kairo – ich war im Süden gelandet, im ältesten Stadtbezirk Kairos, dem christlichen Viertel der Kopten[1].

Als erstes zwängte ich mich die enge Wendeltreppe eines Kirchturms hinauf. Von oben sah ich in der Ferne die schlanken Pfeilspitzen der Minarette in den Himmel ragen. Unter mir lag das eng verwinkelte Häuser- und Gassengewirr dieses urchristlichen Viertels mit seinen vielen Kirchen, Kuppeln und Glockentürmen. Was für ein Ort! Ägypten war das erste christliche Land dieser Erde gewesen. Der Evangelist Markus fand hier mit der neuen Erlösungsreligion offene Ohren bei den unterdrückten ägyptischen Bauern, die unter dem Joch der römischen Besatzung und den hohen Steuerlasten an Rom zu leiden hatten, das die „Kornkammer" Ägypten und seine Bevölkerung ausbeutete.

Ich stieg hinab in die Krypta unter der St. Sergius-Kirche, in der im Jahre Null unserer Zeitrechnung Maria und Josef mit dem Säugling Jesus auf der Flucht vor den Häschern des Herodes für ein paar Wochen Zuflucht gefunden haben sollen. In manchen Chroniken heißt es sogar, Josef habe hier für kurze Zeit im römischen Castell Arbeit gefunden. War das Gold der Könige aus dem Morgenland bis dahin schon aufgebraucht, waren die kostbaren Geschenke Weihrauch und Myrrhe schon eingetauscht gegen Naturalien? Die Ikonostase[2] mit den wunderschönen Holz- und Elfenbeinschnitzereien erinnerte mich an das Kloster des Märtyrers in Malula in Syrien, das wie ein Wespennest am Felsen klebt und in dem heute noch Aramäisch, die Sprache Jesu, gesprochen wird. Als Offizier der römischen Truppen hatte sich Sergius heimlich zum Christentum bekehrt und wurde 303 n. Chr. auf bestialische Weise getötet. Als abschreckendes Beispiel für seine Truppen musste er mit Sandalen, deren Sohlen innen mit Nägeln gespickt waren, hinter seinem Streitwagen herlaufen, bevor man ihn vor den Augen seiner Soldaten köpfte. Welche Ironie! Nur zehn Jahre später konnten sich die Christen unter dem neuen römischen Kaiser Konstantin gefahrlos zu ihrem Glauben bekennen und ab 391 wurde das Christentum Staatsreligion.

Wie ein führerloses Segelboot ließ ich mich treiben im Winkelwerk der alten Bauwerke, erhaschte ab und zu einen Blick in den rechteckigen Innenhof eines Wohnhauses, stromerte im planlosen Zickzack durch die Gassen der alten Festung Babylon und folgte den vielen Windungen des alten Pflasters, vorbei an unzähligen Heiligenfiguren und Marienstatuen, die streng von ihren Mauernischen und Simsen der Häuser auf mich herabblickten. Im Koptischen Museum vergaß ich die Zeit, erschauerte vor Ehrfurcht beim Betrachten der ältesten gebundenen Handschrift der Welt mit Psalmen Davids. Bei jeder Gelegenheit, die sich bot, leistete ich mir ein Gläschen Tee, schäkerte mit redseligen Frauen, sprach mit bärtigen Priestern, flirtete mit Kindern und freundlichen Katzen. Hier aß ich aus der Hand etwas Gegrilltes am Brutzelstand, dort einen Sesam-Kringel und ließ mir aus Zuckerrohrstangen und Granatäpfeln frischen Saft pressen.

Einer der flinken Saftverkäufer, dessen gusseiserne Handpresse am laufenden Band wie eine blutverschmierte Guillotine ihr Maul für die Granatapfelhälften auf- und zuklappte, hatte aus der Rückwand seiner Bretterbude einen Schrein gestaltet aus Heiligenbildern, Psalmen und Segensbotschaften, umflort von Engelein und umringelt von Blumengirlanden, die nie verwelken. Die Mitte seiner „Ikonostase" nahm ein kleines Marienbild mit Jesuskind ein, das ganz besonders liebevoll herausgeputzt war, mit einem Lilienbouquet aus Krepppapier. Huldvoll neigte Maria auf der Darstellung ihr Haupt hinab zu dem göttlichen Kind, das selbstbewusst auf dem mütterlichen Arm saß. Diesen Farbdruck musste es weltweit in Millionenauflage geben. Genau dieselbe Madonna hatte meine ganze Kindheit hindurch im elterlichen Hausflur ihren segensreichen Blick auf die Aus- und Eingehenden geworfen, dem niemand hatte entgehen können. Einer plötzlichen Eingebung folgend trat ich näher heran. Wie sich die Bilder glichen! Fast das gleiche Mutter-Kind-Arrangement war mir vor kurzem als Relief im Wandelgang des Tempelheiligtums von Edfu[3] begegnet: Isis mit dem göttlichen Kind,

dem Horusknaben, in einer langen Reihe von Szenen aus dem Osiris-Mythos, in dem sich auch der Auferstehungsgedanke fand. Maria als Beschützerin und mütterliche Bewahrerin – ein Relikt aus dem Isis-Kult der altägyptischen Religion?

„Tuhibi Maria?" *„Du liebst Maria?"* „Tabaan, aui aui", *„Natürlich, sehr"*. Der fromme Mann in seinem Saftladen hatte meine versunkene Betrachtung als Zeichen meiner innigen Marienverehrung gedeutet und noch bevor ich es verhindern konnte, plünderte er seinen Glorienschrein, nahm Maria mit Kind vom Nagel und überreichte mir die Liebesgabe mit dem Gesicht eines Kindes, das sein schönstes Bastelwerk als Geschenk darbietet. Gerührt nahm ich das Bildchen entgegen.

Inzwischen zog ich bereits einen langen Schatten hinter mir her und immer noch bewegte ich mich im engen Radius von Alt Kairo. In meinem Kopf surrte das Erlebte, die vielen Kunstschätze aus frühchristlicher Zeit, die alten Manuskripte und Tafelbilder. Es würde wohl vernünftig sein, jetzt zum nahen Nilufer zu bummeln, mit dem Linienboot zur Gezira-Insel überzusetzen, um dort in den ausgedehnten Grünanlagen die vielen Märtyrerschicksale und Heiligen zu verdauen und mich im Teegarten des Kairo-Turms zu erholen.

Eigentlich hatte ich nur den kürzesten Weg zur Bootsanlegestelle heraussuchen wollen, da sprangen mich aus dem Stadtplan drei Punkte an, das Symbol für antike Ruinenstätten – ganz in der Nähe: FUSTAT[4]. Richtig! Erst vor kurzem hatte ich einen Historienroman gelesen, in dem ich hautnah den Kampf des arabischen Heerführers Amr ibn al-As gegen die Römer miterlebt hatte, wie er wenige Jahre nach dem Tod des Propheten Mohammed mit nur 4000 Mann und viel religiösem Eifer in das christliche Ägypten eingefallen war und dann, nach erfolgreicher Eroberung, das Heerlager Fustat errichtet hatte. Dank meines 600-Seiten-Schinkens war ich über das Lagerleben der Soldaten in ihrer Zeltstadt bestens informiert. Hatte ich doch über viele hundert Seiten mitgelitten mit dem Hauptprotagonisten, einem Soldaten, der sein Beduinenleben in der Wüste der arabischen Halbinsel aufgegeben hatte, um in glühender Verehrung für den Propheten den Wahren Glauben weiter zu verbreiten. Und wie hatte ich gehofft, seine unglückliche Liebe zu einer frommen, bildschönen Koptin würde doch noch ihre Erfüllung finden. Jedoch – es konnte kein Happyend geben, weil die junge Christin nicht übertreten wollte zum Islam. Mit gebrochenem Herzen musste sie aus der Ferne beobachten, wie sich binnen kurzer Zeit das Soldatencamp zur prächtigen Stadt mit riesigen Ausmaßen entwickelte, da immer mehr arabische Zuwanderer kamen, die Land zugewiesen bekamen und sich ansiedelten. Ihr Liebster erlebte, trotz seines verwundeten Herzens, eine glanzvolle Karriere im neuen Verwaltungszentrum, betrieb erfolgreiche Handelsbeziehungen zu Damaskus und ließ sich einen vierstöckigen Palast errichten, während die standhafte Koptin – keusch und rein – im schattigen Innenhof ihres bescheidenen Hauses Waisenkinder im christlichen Glauben unterwies bis an ihr Lebensende. Der Islam war inzwischen Staatsreligion geworden. Um der Ungläubigensteuer zu entgehen, „bekehrten" sich die meisten Ägypter freiwillig und vermischten sich mit den Arabern. Der Siegeszug des Islam durch die Saharaländer bis hinein nach Andalusien konnte beginnen.

Haha – nix mit Nilinsel und Grünanlagen. Auf nach Fustat! Die Ruinen der einst so

Mächtigen und Prächtigen lockten viel mehr als der geschniegelte Teegarten am Nil. Schon setzte mein beflügelter Geist die Motorik meiner müden Knochen in Gang und meine Gedanken eilten voraus, den drei magischen Punkten auf dem Stadtplan und dem literarischen Spielfeld meiner Romanfiguren entgegen. Selbst wenn ich keinen einzigen Stein mehr auf dem anderen vorfinden würde – ich wollte mit meinen Füßen diesen historischen Boden berühren. Ich wollte erfahren, wie es sich anfühlt, auf Erdschichten zu stehen, in denen zwei grundverschiedene Kulturen übereinander lagern und wo ein entscheidender Abschnitt der Weltgeschichte seinen Anfang nahm.

Und wie fühlte der Ort sich dann wirklich an? Trostlos. In grober Gleichgültigkeit breitete sich ein seelenloses Geröllfeld vor mir aus – verbrannte Erde im wahrsten Sinne des Wortes, wären da nicht das Gedächtnis der Geschichte und die Erinnerung an meinen Roman gewesen. Um der Zerstörungswut christlicher Kreuzfahrer vor der drohenden Niederlage zuvorzukommen, zündeten die Bewohner von Fustat ihre Stadt, die prächtiger war als Damaskus und Bagdad, die fünfstöckige Häuser gehabt haben soll, prunkvolle Bäder, Wasserleitungen und Kanalisation, selbst an. Vierzig Tage lang loderten die Flammen und hinterließen nur noch Schutt und Asche. Fustat wurde nie wieder aufgebaut. Der Platz war jetzt tot. Nichts und niemand aus der Erde sprach zu mir, nicht einmal eine Eidechse oder ein Käfer aus einem der Löcher im Geröll.

„Allahu akbar…", bruchstückhaft wehten die Muezzinrufe zum Nachmittagsgebet aus dem islamischen Viertel herüber: „Aschhadu an la ilaha illa'llah …wa aschhadu ana Mohammadan rasulu'llah…" Wie eine Klage tönte es in verschiedenen Stimmlagen über die steinige Halde „…haiya ala ssalah … haya alal falah …", weinte es in Fetzen über das öde Brachland „Allahu akbar …la ilaha illa l'allah!", glitt es über die toten Quadersteine und verhakte sich im dürren Geäst der Büsche. Der Ruf des Muezzin hat die Zeiten überdauert und bestimmt seit dreizehn Jahrhunderten den Tagesablauf der Völker über die große Wüste hinweg bis hinüber zum anderen Meeresufer, wo damals die Welt noch zu Ende war – Finisterre.

Über mir brannte ein glühender Himmel, unten brannten meine Füße – ich wollte weg von diesem tristen Ort und den Zeugen der Vergänglichkeit menschlichen Machwerks. Ich wollte wieder zurück zu den Lebendigen und trottete mit der Ausdauer eines Mulis vorwärts, Richtung Norden. Im Westen tauchte das hoch aufragende Minarett der Amr Moschee auf. Genau auf diesem Platz war für die Garnison des Zeltlagers die erste Moschee der Welt auf afrikanischem Boden errichtet und nach der Zerstörung auf den alten Grundmauern im 15. Jahrhundert wieder aufgebaut worden. Ich musste die Moschee mit ihren 150 antiken Säulen und einem Brunnenhaus aus dem neunten Jahrhundert links liegen lassen. Es wäre eine Sünde gewesen, solch ein Juwel mit den übersättigten Sinnen des heutigen Tages abzuhaken. Im Vorbeigehen sah ich aus den Fensterlöchern des Minaretts Tauben fliegen. Eine Anekdote berichtet von Heerführer Amr ibn al-As, dem streitbaren Sieger des Dschihad, seines Heiligen Krieges, dass er, als er einmal nach Alexandria aufbrechen musste, sein Zelt nicht abbauen ließ, da er ein Taubenpaar nicht stören wollte, das darauf nistete. „…diese Menschen halb von Samt und Perlen, halb von Stahl und Erz…".

Zuerst führte mich mein Weg durch ein Gebiet mit unzähligen Töpfereien und Gipsfabrikationen. Dann führte mich mein innerer Kompass endlos lange Straßen entlang nach Nord-Osten, Richtung Zitadelle. In der Hoffnung, abzukürzen, verirrte ich mich in Sackgassen, drehte zwischen Trümmerfeldern eine sinnlose Ehrenrunde, kämpfte mich genervt die öde Strecke an der Mauer eines Friedhofs entlang und sank, als ich mich in einer belebteren Gegend wiederfand, erschöpft auf einen der Stühle vor einer winzigen Teestube – al hamdulillah.

Die Luft hing heiß und stickig in der Gasse. Alles hier schien um eine Nummer reduziert zu sein. Die Häuser waren niedrig, ihr Putz war bröselig im Auflösen, die Kinder um einiges struppiger und ihre Nasen rotziger als in anderen Vierteln der Stadt. Sogar der höllische Straßenlärm Kairos versickerte hier in der Enge der Häuserreihen. Wo waren der laute Übermut der Metropole von drüben an den großen Plätzen und jene spontane Leichtigkeit der allzeit zum Scherzen aufgelegten Ägypter? Selbst das Funkeln der Glitzerborten an den Säumen der Frauenkleider fiel magerer aus. Ein Hund verteidigte seinen Anspruch auf einen Haufen Abfalltüten, die sich, wie überall in Kairo üblich, fliegenumsurrt an den Hauswänden stapelten. Geschickt zerfledderte er die Plastikfolie und verstreute den Müll über das Pflaster auf der Suche nach Essbarem. Es roch nach Staub, Abfall und Armut.

Ein Einheimischer saß am Ende der Stuhlreihe. Ich hörte das Wasser blubbern, wenn er an der primitiv gebastelten Wasserpfeife sog, deren durchsichtiger Kunststoffschlauch durch den Korpus einer Blechdose führte, auf der Oliven abgebildet waren. So wie er sahen die Männer aus, die auf dem Kopf die Lasten zu den Magazinen trugen, die Handkarren zogen, eine Schaufel in der Hand hielten – oder einen Besen. Das bunte Käppi leuchtete über der dunklen Haut und den grau durchwirkten Stoppeln eines Dreitage-Bartes – ein Gesicht, so verbraucht wie der Stoff seiner Galabiya. Aus der offenen Knopfreihe lugte ein verwaschenes Unterhemd und ich sah, dass er seine Schuhe an den Fersen zu Pantoffeln heruntergelatscht hatte – vielleicht waren sie ihm zu klein, oder er wollte sich zum Anziehen nicht mehr bücken. Der Mann nahm keine Notiz von mir, blickte durch die wenigen Passanten hindurch mit der ausdruckslosen Mimik eines Braunbären, von dem man nicht weiß, was er denkt. Von Zeit zu Zeit nuckelte er an seiner Schischa und als seine Arbeiterhand nach dem Teeglas griff, sah ich am Handgelenk die Tätowierung des gleichschenkeligen koptischen Kreuzes. Er wird den glorreichen Namen eines Evangelisten tragen oder eines Erzengels – Michael oder Gabriel vielleicht. In dieser Gegend hieß man nicht Ali oder Mohammed.

Auf dem winzigen, genial zusammengeschweißten Tischchen aus Eisenblech mit den ungeschönten Arbeitsspuren eines pragmatischen Handwerkers breitete ich wie ein überdimensionales Tischtuch meinen Stadtplan aus, um mich zu orientieren, wo genau ich hingeraten war.

Da kam ein Zabbalin[5] mit seinem Gespann und lenkte mich von meinem Vorhaben ab. Der Mann sammelte die vollen Mülltüten vom Straßenrand ein und reichte sie hinauf auf den Wagen, wo der stinkende Plunder von zwei schmutzstarrenden Kindern entgegengenommen, sofort oberflächlich nach Brauchbarem durchwühlt und in große Säcke gefüllt wurde. Als sie an mir vorbeifuhren, zog ich die Füße ein und rückte noch mehr an die Wand, um den Abstand zu vergrößern zu dem räudigen Maulesel mit den nackten Stellen im Fell und der unappetitlichen, schwankenden Rumpelkarre. Eine Woge aus Moder und säuerlicher Fäulnis verpestete die Luft und ich begegnete dem stump-

fen Blick des Mannes in seiner Lumpenkleidung. Der Geruch der Armut versengte mein Herz. Ich schämte mich für meinen Ekel und dafür, so reich zu sein.

Ob der Mann und die Kinder diesen Geruch je wieder loswerden würden? Ihre Fuhre würde im Viertel enden, in das keine Busse fahren, im Slum der Zabbalin am Moqattam-Hügel, der sich hinter der Zitadelle erhebt. Vor ihren Hütten sitzen dort die Frauen und Kinder auf den Abfallbergen und sortieren den Müll nach Verwertbarem: Plastik, Glas, Eisen, Lumpen und organische Reste, die sie an ihre Schweine verfüttern. Aber hier, in diesem Wohnviertel, warf bestimmt niemand etwas Brauchbares weg. Hier behielt jeder verrostete Nagel seinen Wert und die Ausbeute der heutigen Fuhre würde nicht sehr ergiebig sein für den Zabbalin. Ich versuchte, den schalen Geschmack in meinem Mund und den Kloß in meiner Brust hinunterzuspülen, aber selbst der Tee schmeckte bitter.

Ein ganz anderes Gespann kam mir in den Sinn. Jahrelang fiel mir, immer wenn ich nach Kairo kam, im Schatten der Pyramiden ein verwittertes Männlein auf, das sich mit seinem letzten Rest an Kraft und Würde in grotesker Beduinen-Maskerade auf dem Rücken seines Esels hielt. Auch dem Tier hatte man eine prächtige Satteldecke übergeworfen und die Touristen waren ganz versessen auf das „attraktive" Fotomotiv. Der Greis warf gegen Bakschisch am laufenden Band sein verhutzeltes Lächeln in die Kameras aller Nationen und ließ mit wettergegerbter Hand das Geld, das reichlich floss, unter seinem Faschings-Burnus verschwinden. Bei Sonnenuntergang verschluckte ihn der Erdboden und spuckte ihn am nächsten Morgen, pünktlich mit den Touristenbussen, mitsamt Parade-Esel wieder aus. Irgendwann jedoch war er nicht mehr da. Der Verlust des kostbaren Opas muss ein schwerer Schlag gewesen sein für den Familienclan. Der Namenlose aber lebt, zusammen mit den Pyramiden und dem Andenken an den Pharao, weiter in unzähligen Fotoalben rund um den Globus – ganz anders als dieser Zabbalin hier.

Weiter unten in der Gasse musste eine Backstube sein. Wie von einem Sog angezogen, gingen halbwüchsige Mädchen in königlicher Haltung an mir vorbei, alle in dieselbe Richtung. Über ihren Köpfen schwebten, manchmal mit leichter Hand dirigiert, die großen, flachen Bretter für den Brottransport. Unter den Küchentüchern verbargen sich die Teigrohlinge, von den Hausfrauen fertig vorbereitet für den Backofen – das tägliche Brot für die kommende Mahlzeit. In jedem Wohnviertel gibt es eine Bäckerei, in der das Feuer von morgens bis abends geschürt wird. Gegen eine geringe Gebühr, die man am Monatsende abrechnet, werden die rohen Fladen der verschiedenen Haushalte in den heißen Ofen geschoben und mitgebacken.

Mein Auftauchen brachte unverhoffte Abwechslung in das Viertel. Einige der Tablett-Trägerinnen riskierten eine neugierige Wendung des Kopfes, einen gazellenäugigen Blick, um mich zu mustern, dann eine winzige Gegenbewegung des schlanken Halses und die riesigen Bretter kamen wieder ins Lot im Rhythmus der schlendernden Schritte und locker schwingenden Arme. Diese schlanken Gestalten gehören zum Orient wie die Spitzen der Minarette und die Majolika-Fliesen im Hammam. Vor jeder Mahlzeit tauchen diese Mädchen im Straßenbild auf, in ihren einfachen, knöchellangen Kleidern, mit aufrechtem Gang und wiegenden Hälsen, auf dem Kopf das locker gewun-

90

dene Nest aus farbenfrohen Tüchern, darüber die schwankende Last. Auch die Zutaten für den Teig sind vom Atlantik bis zum Euphrat dieselben und ebenfalls die verführerischen Duftfahnen, die sie auf dem Heimweg hinter sich herziehen.

Wie oft wurden ähnliche Motive von den Sujetmalern ausgeschlachtet, zur Zierde westlicher Wohnzimmerwände. „Mädchen auf dem Weg zum Brunnen" – im Hinterland heute noch das tägliche Ereignis dörflicher Teenies, um den häuslichen Lehmwänden zu entrinnen, eine armselige Chance für einen flüchtigen Blick zum Horizont, vielleicht ein bescheidenes Geplänkel mit der Dorfjugend, um den Kreislauf in Schwung zu bringen und die Hormone durcheinander. Der Weg zum Bäcker – das städtische Gegenstück zum ländlichen Brunnenflirt? Galt die eiserne Klammer aus Tradition und Moralkodex im Dunstkreis der Minarette auch für die koptischen Frauen? Das Kopftuch jedenfalls war dasselbe.

Ich hatte ihn schon lange beobachtet, als er die Gasse herunterzockelte mit seiner viel zu kurzen Galabiya und seinem Gestell auf dem geschorenen Kopf, das er mit beiden Händen festhielt. Einmal war er schon hingefallen mit seiner Bürde. Schnell hatte der Knabe seine Brotfladen wieder aufgesammelt, sauber abgeklopft, den schlimmsten Dreck an seinem Hemd abgewischt und alles wieder aufgeladen. Dann war er mit seinem Brett auf dem Kopf weitergewackelt. Mit mühevoller Miene kam der kleine Mann auf mich zu und kämpfte den Titanenkampf eines Atlas, als trüge er die ganze Last des Himmelsgewölbes durch die Gasse.

Gerade als er an einem friedlichen Esel vorbeiging, der am Straßenrand abgestellt war, da passierte es wieder: er fiel zum zweiten Mal. Die frisch gebackenen Fladen stoben in alle Richtungen davon. Mit Bocksprüngen kullerten sie über das schmutzige Pflaster und flogen, wie es sonst nur noch im Schlaraffenland die gebratenen Tauben tun, dem Esel direkt ins Maul. Das Grautier war begeistert über die unverhoffte Gabe und machte sich eifrig über die Köstlichkeiten her, die der Himmel ihm bescherte.

Nur einen Wimpernschlag lang blieb der Knirps am Boden liegen. Als er aus seiner Perspektive sah, wie seine Felle davonschwammen, kam Leben in den kleinen Kerl. Mit dem Mut der Verzweiflung versuchte er, einen Fladen, der noch zur Hälfte, wie eine bleckende Zunge, aus dem Maul des Esels heraushing, zu retten. Schreiend klammerte er sich an das Brot und zog aus Leibeskräften daran, bevor es für immer verschwinden würde. Der Esel biss die Zähne zusammen, leistete schnaubend Widerstand, verlor den Kampf aber dann doch. Der tapfere Knabe konnte seinen Sieg nicht genießen. Entgeistert starrte er auf die zerknautschte Trophäe in seiner Hand, das lädierte Fragment eines Brotes, von dem wie eine große Träne ein silbriger Faden Eselsspucke in den Staub tropfte. Da erst drang das ganze Ausmaß der Katastrophe in sein Bewusstsein und die Schleusen öffneten sich. Er fing zu weinen an. Der Verlierer indessen kaute mit ungerührtem Eselsgesicht an seiner Sonderration und schnappte sich ein anderes Stück aus der Gosse.

Der Schwund durch den Unfall war beträchtlich. Etliche Fladen waren unter die Räder gekommen und bildeten nur noch matschige Flecken im Straßenstaub, ein paar waren in Esels Bauch, einige total verschollen. Apokalypse now! Passanten blieben stehen, redeten begütigend auf den Unglücksraben ein, aber niemand hatte ein handfestes

Hilfsprogramm parat.

Als ich ihn ansprach, war er immer noch untröstlich. Gemeinsam gingen wir zurück zur Backstube, beseelt vom Glauben, dass man dort neues Brot backen würde für ihn. Unter den einen Arm klemmte er das leere Tablett mit dem mehlstaubigen Tuch und unter der anderen Achsel zerquetschte er in eiserner Klammer die restlichen Fladen, die er noch in der Gasse hatte aufsammeln können. Schnell war das Elend behoben. Schmunzelnd füllte der Bäcker eine große Plastiktüte mit frischem Brot – er kannte die Familie und deren Tagesbedarf gut – ich legte eine lächerlich geringe Summe auf die Ladentheke – das Stück kostete nur einige Piaster – und konnte so Geld zu Glück verwandeln. Während wir noch gute Ratschläge und Grüße an „Abu Samir", „*Vater von Samir*[6], mit auf den Weg bekamen, hüpfte der Kleine schon voraus und redete jetzt, da wir gute Freunde waren, sprudelnd auf mich ein. Das dampfende Brot ließ er mich tragen.

„Maama!" Eine schmale Frau kam uns entgegen, die nach dem Verbleib von Kind und Brot Ausschau hielt. „Ya ruh Mama" „*Oh du Mama's Seele*" rief sie erleichtert zurück. Von weitem schon schrie mein neuer Freund sein Abenteuer hinaus und packte besitzergreifend meinen Zeigefinger. Die Mama bedankte sich zurückhaltend, fasste mich dann aber sanft am Ellenbogen, „taali, taschrabi schaay aindi", „*komm, trink einen Tee bei mir*". Na gut, der Blick hinter eine der verschlossenen Haustüren war immer interessant.

Als ich dann registrierte, in welche „Wohngegend" ich geführt wurde, war es bereits zu spät, um erschrocken zu reagieren. Normalerweise klingelten bei mir sofort die Alarmglocken, wenn etwas aus der Norm geriet. Diesmal klingelte nichts – keine Gefahr im Anzug. Zudem schlug bei jedem Schritt durch den Stoff meines Tragebeutels eine spitze Ecke des Marienbildes hart an meine Hüfte. „Allah beschützt die, die das Gnadenbild Mariens in ihrer Tasche mit sich tragen", teilte ich meinem Nervenkostüm mit. War nicht der Prophet selbst, neben anderen, auch mit einer blutjungen Koptin verheiratet gewesen, die ebenfalls Maria hieß? Meine aufgestellten Warnsensoren taten keinen Mucks, als wir das Tor zum Friedhof hinter uns ließen und zwischen Schutthalden eine ungeteerte Straße entlangmarschierten, vorbei an einer Reihe von Gräbern mit einfachen, steinernen Abdeckungen. Immer weiter ging es durch ein geometrisch angelegtes Wegenetz, zwischen kleineren Mausoleen und Kuppelgräbern hindurch, in das Labyrinth der Totenstadt[7] hinein. Und ich ging mit im Urvertrauen in die Ordnung der Welt und auch ein wenig in der Sicherheit des „Baraka"[8], der Segenskraft der Madonna im blechernen Rahmen, dem Geschenk aus reinem Herzen.

Bald folgten, dicht aneinander gebaut, Grabmäler mit Flachdächern und Innenhöfen, zwischen denen Wäsche an den Leinen hing, Hühner pickten, Kinder um die Grabsteine herum Fangen spielten und mit Büchsen Fußballtore schossen. Ein junger Mann, umringt von amtsmüden Fahrradteilen – aus zwei mach eins – benutzte das bankähnliche Gemäuer einer Mastaba[9] als Werkbank für seine Schraubenschlüssel und Muttern, von irgendwoher drang das heisere Rattern einer Nähmaschine. Durch die Türöffnungen der zur Seite geschlagenen Vorhänge sah ich Fernsehapparate auf mit Suren verzierten Sarkophagen stehen, woanders schnippelten Frauen darauf ihr Gemüse. Wie

Der Bäcker hat aus höflicher Zurückhaltung Grüße an den „Abu" ausrichten lassen. Es wäre sehr unschicklich gewesen, Grüße an die Ehefrau oder gar an die Töchter mit auf den Weg zu geben, obwohl er mit den Frauen der Familie durch sein Geschäft bestimmt mehr Kontakt hatte als zum Familienoberhaupt.

Man erkundigt sich bei einem Ehemann auch nicht direkt nach dem Befinden der Gattin, sondern fragt höflich nach der Familie, den Kindern, der Sippe, dem Haus.

Grüße, die der Mann ausrichten soll, richten sich niemals an die Ehefrau direkt, sondern lauten dann:

„Salam lil usra"
„*Grüße an die Familie*",
„Salam lil ahl"
„*Grüße an die Sippe*",
„Salam lil bait"
„*Grüße an Zuhause*"

in einer friedlichen Schrebergartenkolonie saßen die Männer in Feierabendstimmung grüppchenweise mit ihren Brettspielen vor den Grabhäusern, die sie mit ihren Familien bewohnten.

Mein kleiner Freund führte mich vor wie ein Marktschreier seine seltene Ware und plärrte sein Abenteuer mit der Deutschen nach allen Seiten hinaus. „Ahlan wa sahlan", *„willkommen"* und auch „Beckenbauer kwayes", *„Beckenbauer gut"*, winkten die Männer zurück. Für heute war mein Kleiner der Held einer Superstory - dank mir, seiner exotischen Eroberung, die er heimführen durfte. Es konnte mir gerade recht sein, dass er so viel Aufhebens machte. Je mehr Spuren ich hinterließ, umso weniger konnte ich verloren gehen. Die vielen Augen würden über mich wachen.

So kam es dazu, dass ich im Kreise einer Familie zu Abend aß, die auf dem Friedhof in einem der Gräber wohnte. Der Viereckraum des kleinen Mausoleums war unmöbliert bis auf eine plüschige Couch, die in hemmungsloser Farbenpracht aus dem Halbdunkel herausleuchtete wie ein Palastdiwan. Eine Türe verriet, dass es noch einen Nebenraum gab, wahrscheinlich Schlafraum und Küche.

Normalerweise verscharren die Muslime ihre Toten ohne großen Aufwand in der Erde, markieren den niedrigen Hügel mit einem einfachen, namenlosen Stein und bewahren das Andenken in ihren Herzen. Die Ägypter jedoch setzten die Tradition ihres 4000jährigen Totenkultes fort und bestatten, hauptsächlich in Kairo, heute noch ihre Verstorbenen in gemauerten, unterirdischen Grabkammern. Darüber werden mehr oder weniger aufwändige Mausoleen errichtet.

Aus der Not heraus begannen in Kairo die Obdachlosen und die vielen arbeitslosen Zuwanderer, um ein Dach über dem Kopf zu haben, diese oberirdischen Bauten zu besetzen. Mittlerweile wohnen auf den Friedhöfen Kairos mehr als 150 000 Menschen, so dass die Stadt sich genötigt sah, Strom und Wasser dorthin zu verlegen. Ich getraute mich nicht, indiskrete Fragen zu stellen, aber meine Gastfamilie redete freiwillig und sehr unbefangen über die Gepflogenheiten in ihrer „Stadt", deren Alltagsleben sich angeblich von anderen Bezirken kaum unterschied. Der Clan stammte ursprünglich aus dem Delta und wohnte nun schon seit den 50ern in dem gemauerten Gebäude über der Grabstelle einer Kaufmannsfamilie aus Zamalek[10]. Meine Gastgeber waren hier geboren und aufgewachsen, es war ihr Zuhause. Stillschweigend war das „Wohnrecht" von den Eltern auf sie übergegangen und gegen eine niedrige Miete wurden sie, wie die anderen Bewohner der Totenstadt auch, von den Grabbesitzern geduldet. Starb ein Familienmitglied der Grabinhaber, so quartierte man sich für die Dauer der Beerdigung um die Ecke bei Verwandten ein. Danach kehrten sie wieder zurück in ihr Heim im Bewusstsein, dass im Keller, unmittelbar unter ihrem Wohnraum, nur in ein Tuch gewickelt, mit dem Gesicht nach Mekka, ein zusätzlicher Toter lag und das Haus mit ihnen teilte. „Musch muschkilla", *„kein Problem"*, erklärte man mir lachend, die Mitbewohner seien ruhig und friedlich. Nach der Beerdigung war der Treppenabgang zur Gruft mit genau der steinernen Bodenplatte wieder abgedeckt worden, auf der jetzt eine große, unschuldsweiße Emailleschüssel dampfte mit dem Abendessen, darum herum das viele Brot – angerichtet wie auf einem Altar. Als hätten die Götter das Speiseopfer gnädig angenommen, kräuselte sich heller Rauch empor zu dem funseligen

Wir kamen weinend in diese Welt, und alle um uns herum waren glücklich. Wir sollten diese Welt glücklich verlassen, mit denen um uns herum, die weinen.

> Angebotenes Essen darf ein Gast auf keinen Fall ohne zwingenden Grund ablehnen, etwa weil ihm das Gericht oder die Umstände nicht gefallen. Diese Geste wäre sehr beleidigend.
>
> „Entsprechend den Gesetzen der Gastfreundschaft steht ein Fremder unter deinem Dach unter deinem Schutz. Aber wenn er ablehnt zu essen, lehnt er deine Gastfreundschaft ab und hält sich selbst frei von allen Bindungen zwischen Gast und Gastgeber". Yusuf Ali

Licht einer Glühbirne, die am nackten Kabel von der Decke hing. Der würzige Geruch nach Koriander und Kardamom stieg mir in die Nase und erweckte die Illusion eines feudalen Mahles und mein Magen schämte sich nicht, trotz des makabren Ortes seinen Appetit anzumelden.

Vier Generationen hockten gut gelaunt auf verschlissenen Strohmatten um die rechteckige steinerne Tafel, als säße eine fröhliche Großfamilie nach dem Kanonenschuss zum Fastenbrechen[11] auf dem Meydan el Hussein[12]. „Bismillah", „*im Namen Gottes*", der Hausherr verteilte das Brot. Jeder rupfte von seinem Fladen mundgerechte Stücke ab und zog sie – mit der Rechten natürlich – durch die heiße Brühe, in der verloren ein paar Gemüsebrocken, Kichererbsen und Scheiben eingelegter Zitronen schwammen. Bescheidene Fettäugelchen in der Schüssel erwiderten schüchtern die Blicke eines ganzen Dutzends hungriger Augenpaare, die in die Suppe hineinsahen. Auf dem Weg zum Mund schlug man noch einen kurzen Haken für einen Stupfer in eines der Tellerchen mit Ras al Hanut[13], dem Trost aller Köche, jener wohlschmeckenden Mischung aus bis zu zwanzig verschiedenen Gewürzen, die jeder Händler individuell komponiert und dessen Rezeptur er wie ein Staatsgeheimnis hütet. In atemberaubendem Tempo schmolz der Fladenberg dahin und bald stießen wir mit unseren Brotfetzen auf emaillierten Grund.

Ob denn dort, wo ich herkam, auch schon mal ein Kind mit dem ganzen Brot hingefallen sei und ob dann ein Esel die Fladen gefressen hätte, wollte mein „Hans im Glück" von mir wissen. Die Sorge um sein Prestige rumorte hinter der Kinderstirn. Obwohl er mich erbeutet hatte, nagte sein Ego immer noch an der Schmach seines erlittenen Schiffbruchs. Ich beobachtete meinen kleinen Freund, mit welchem Heißhunger er aß. Der absurde Zweikampf mit dem Esel fiel mir ein. Jetzt erst begriff ich das katastrophale Ausmaß seines Desasters, die verzweifelte Tapferkeit des kleinen Helden und mit welcher Begierde er siegen und leben wollte. Ein Stück eingeweichtes Brot machte sich aus seinen Fingern selbstständig, riss ab und tropfte auf die Grabplatte. Geschmeidig beugte er sich vor und schleckte, wie ein Bambi am Salzstein in der Futterkrippe, den kostbaren Klecks von dem Granit, der uns trennte von der Gruft und seinen stillen Mitbewohnern. Es war ihm egal, dass darunter die Toten lagen. Allen schien es egal zu sein.

Es wurde viel gelacht und geschäkert, die Familie ging liebevoll miteinander um. Die Kinder verhielten sich den Älteren gegenüber mit großem Respekt, aber selbst die Kleinsten durften dann und wann den Mund aufmachen. Ganz anders als in den „besseren Kreisen" arabischer Familien gab es hier keine Geschlechtertrennung beim Essen. Welcher Groll hatte mich oft gepackt, wenn ich in meiner Sonderstellung als Ausländerin – zwar kein Mann, aber auch keine richtige Frau – in die indifferente Kategorie bunter Hund eingeordnet worden war und in der Gemeinschaft der Männer essen musste, während die Frauen und Kinder, bei denen ich mich viel lieber aufgehalten hätte, separat in einem Nebenraum ihr Mahl einnahmen.

Aus der Unterhaltung konnte ich herausfiltern, dass der Vater ein „Businessman" war, er redete von Stammkundschaft und guten Geschäftsbeziehungen, „Allah, der Allmächtige – gepriesen sei sein Name – lässt uns gut leben." Ya wallahi, *Du meine*

Güte, warum hockten wir dann auf dem nackten Boden einer Grabkammer und aßen uns mit eingeweichtem Brot satt in einem Gebräu, das wahrscheinlich erst wieder am Jüngsten Tag ein Fetzelchen von einem Hühnerbein erblicken würde? Das Geheimnis lüftete sich bald. Der „Businessman" und drei der älteren Söhne durchstreiften schon frühmorgens mit frischen Schmalzkringeln die Geschäftsviertel, die die Mutter mit den Töchtern im schwimmenden Fett buk. Im Morgengrauen gingen sie mit ihrem Schmalztopf und den vorbereiteten Teiglaibchen zu den Zabbalin, die aus ihren Abfällen Feuerstellen schüren und billig vermieten. So florierte das Familienunternehmen, das selbstständig produzierte, gleichzeitig die Ware vertrieb und absetzte – alles mit einem Minimum an Kapitaleinsatz. Hut ab!

"Sympathie wird deinen Gast mehr erquicken als gute Speise"
Hazrat Inayat Khan
Mystiker 1882 – 1927

Dem Hausherrn oblag es, nach dem Essen „al hamdulillah", *„Gott sei's gedankt"*, in einer Zeremonie den Tee zuzubereiten. Im stolzen Bewusstsein seiner Würde führte er die schon so oft erlebte und immer wieder faszinierende Nummer vor, die alle Gastgeber der Zelte, Lehmhäuser und Paläste bravourös beherrschen und ließ aus seiner Kanne von weit oben mit auf- und abschwenkender Geste die bernsteinfarbene Flüssigkeit herunterstrudeln. Und so, wie der Tee aus der Höhe haargenau in unsere Gläschen plätscherte, so flossen auch Wohlbehagen und gute Laune durch unsere Adern.

Nach dem traditionellen Tee ließ ich dezent meinen Bonbonvorrat auf meinem Platz liegen und verabschiedete mich. Bei aller Toleranz, mit der hier die Lebenden mit den Toten zusammenlebten, wollte ich denn doch nicht spät nachts durch die finsteren Wege einer vom Mondlicht mystisch illuminierten Friedhofslandschaft wandern. Damit mir auch die Lebenden nichts anhaben konnten, geleitete mich mein Gastgeber mit den Kindern aus der Stille ihrer Enklave hinaus in das andere Kairo, in dem es von Menschen und Autos nur so wimmelte. Der hämmernde Puls der Stadt mit seinem Lärm und Mief schlug mit voller Wucht über meinem Kopf zusammen.

[1]**Kopten** – Ägyptische Christen. Die Bezeichnung „Kopte" leitet sich ab von „aigyptos", dem griech. Namen für Ägypten, später von den Arabern verkürzt zu „qubti". Ägypten war das erste christliche Land ab dem 1. Jd. (Abspaltung von Rom im 5. Jd wegen Glaubensdifferenzen um die Göttlichkeit Jesu). Die Kopten haben sich nie mit den Arabern vermischt. Sie begreifen sich als reinrassige und direkte Nachfahren der alten pharaonischen Ägypter, mit eigener Kultur und Tradition. Heute sind ca. 10 % der ägyptischen Bevölkerung koptische Christen. Sie feiern ihre Liturgie heute noch in Koptisch, einer Form der antiken, altägyptischen Sprache. Die koptische Schrift besteht aus 30 Buchstaben, die meisten aus dem griechischen Alphabet. Die Struktur der Zeichen ist verwandt mit den Hieroglyphen, deren Entzifferung 1822 durch Champollion ohne die koptische Schrift nicht möglich gewesen wäre.

CHRISTENVERFOLGUNG:
In den ersten frühchristlichen Jahrhunderten gab es viele Märtyrer, die unter den Römern aufgrund ihres Glaubens hingerichtet wurden.
Beruhigung der Christenverfolgung unter dem röm. Kaiser Konstantin, 313 – 337 n.Chr..
Im Jahre 391 n. Chr. wird das Christentum Staatsreligion des römischen Reiches.
632 n. Chr. Tod des Propheten Mohammed in Medina.
641 Einfall des Heeres von Amr ibn al-As aus der arabischen Halbinsel und Eroberung Ägyp-

tens durch die Araber. Arabisch wurde die Landessprache, der Islam Staatsreligion.
Nach der Gründung des Heerlagers Fustat gab es eine muslimische Dreiklassengesellschaft: Rechtgläubige (Muslime), Schriftbesitzer (Christen, Juden) und Ungläubige. Um der „Kopfsteuer" – einer Art „Ungläubigensteuer" zu entgehen, konvertierten zu Anfang viele Kopten zum Islam und vermischten sich mit den Arabern.

[2]**Ikonostase** – Mit Ikonen bestückte Bilderwand in der koptischen und orthodoxen Kirche, die den Altar vom übrigen Kirchenraum abtrennt.

[3]**Edfu** – Sehr gut erhaltener Horus-Tempel 100 km südlich von Luxor.

[4]**Fustat** – War die erste Ansiedlung der Araber auf afrikanischem Boden, nach dem Sieg von Amr ibn al-As über die Römer, 643 n. Chr. gegründet. Ursprünglich Heerlager der arabischen Eroberer, dann mächtige Stadt. Fustat wurde Verwaltungszentrum der arabischen Provinz Ägypten.

 (Davor war Ägypten, seit Kleopatra, 60 v. Chr., Teil des römischen Imperiums gewesen mit der ostböm. Hauptstadt „Babylon" am Nilufer des jetzigen Alt Kairo, nicht zu verwechseln mit dem mesopotamischen Babylon der Antike).

Erst im Jahre 969 n. Chr. wurde nördlich des koptischen Viertels die Stadt Kairo gegründet, durch die Fatimiden.

[5]**Zabbalin** – Die Müllmenschen Kairos, ebenfalls Kopten, die mit ihren Eselskarren den Abfall einsammeln und nach Moqattam, dem Müllberg, bringen. Von den Moslems verachtet, da sie Schweine halten und ihr Fleisch essen. Im Grunde ein geniales Recycling- und Mülltrennungs-System. In neuester Zeit gibt es Unternehmen, die mit Lastwagen den Müll entsorgen. Dennoch sind die Zabbalin unentbehrlich.

[6]**Abu** – Auf arabisch: Vater. In den meisten arabischen Ländern nennt sich ein Mann ab der Geburt seines ersten Sohnes Vater von … z.B. Samir „Abu Samir". Die Mutter nennt sich ebenfalls von da an „Umm Samir", Mutter von Samir, auch, wenn sie noch weitere Söhne zur Welt bringt.

[7]**Totenstadt** – Schon immer wurden in Kairo von den Grabinhabern gegen Entgelt Wächter beauftragt, das Grabgebäude – gemeint ist damit der Überbau der unterirdischen Krypta – zu pflegen und zu bewachen. Der Einfachheit halber zogen die meisten dieser „Hausmeister", „Bawabs", mit ihren Familien in die Grabhäuser und wohnten dort. Seit den 50ern siedelten sich zusätzlich die Ärmsten der Armen in „herrenlosen" Grabhäusern an, oder sie werden billig vermietet.

[8]**Baraka** – Segenswirkung der Heiligen im moslemischen Glauben.

[9]**Mastaba** – Arabisches Wort für „Steinbank", die schon in der altägyptischen Kultur über ein Grab gebaut wurde.

[10]**Zamalek** – Vornehmer Stadtteil von Kairo.

[11]**Kanonenschuss zum Fastenbrechen** – Während des Fastenmonats Ramadan gibt nach Einbruch der Nacht ein Schuss von der Zitadelle das Zeichen, dass das Fasten gebrochen werden darf.

[12]**Meydan el Hussein** – Großer Platz in Kairo mit vielen Restaurants

[13]**Ras al Hanut** – „Krönung des Ladens" ist eine Mischung aus bis zu 20 verschiedenen Gewürzen, das Geheimnis des Ladenbesitzers. Jeder Händler schwört auf sein eigenes Rezept. Heute gibt es allerdings bereits fertig gemischte Packungen im Supermarkt.

Einige der möglichen Zutaten: Fenchelsamen, Ingwer, Kardamom, Koriander, Kreuzkümmel, Kurkuma, Lavendel, Muskatnuss, Muskatblüte, gemahlene Nelken, Oregano, diverse Pfeffersorten, Piment, zerstoßene Rosenblätter, Rosmarin, Veilchenwurzel, Zimt.

Und was kam nach Fustat? Im Sauseschritt durch die ägyptische Geschichte

Unter der Kalifendynastie der Omaijaden (661–750) war Fustat Karawanenlager und Handels-Stützpunkt für Damaskus und Bagdad. Diese verloren ihre Macht wegen ihrer Verschwendungssucht und ihres Sittenverfalls. Sie wurden gestürzt von den

Abbassiden (750–870) mit Sitz in Bagdad. Kunst und Handel blühten. Berühmt aus der Zeit Kalif Harun al Raschid aus Bagdad durch Sheherazades „1001 Nacht-Geschichten" und seine Freundschaft mit Karl dem Großen.

969 Gründung der Stadt Kairo, „die Siegreiche", durch die von Tunesien einfallenden Fatimiden 969–1171, arabische Herrscherdynastie, deren Angehörige sich als Nachfahren von Fatima, der Tochter des Propheten betrachteten. Eine Zeit des Friedens und Wohlstands begann. Gründung der Azhar-Moschee und der Universität. Kairo rückte ins Zentrum der islamischen Gelehrsamkeit, wurde bedeutendes Wirtschafts- und Kulturzentrum.

Kalif El Hakim (996–1021) – Tyrannischer Herrscher, der in der Zeit kultureller Blüte Christen und Juden verfolgte. Er zerstörte in Jerusalem die erste Grabeskirche.

In einem Dekret untersagte er sogar die Herstellung von Schuhen für Frauen, damit diese das Haus nicht mehr verlassen konnten.

Einfall der Kreuzritter, Fustat verschwand vom Erdboden. Der edle Saladin, der größte Held der muslimischen Welt (Widersacher von Richard Löwenherz während der Kreuzzüge) baute 1171 die Zitadelle in Kairo.

Mamelukken-Herrschaft (1250–1517)

Osmanen (1517–1798)

Franzosen/Napoleon (1798–1801)

Mohammed Ali, osmanischer Pascha und Vizekönig von Ägypten (1805-1848), baute die Alabaster-Moschee in Kairo und führte Ägypten in die Industrialisierung.

Eröffnung des Suez-Kanals 1869

Britisches Protektorat (formell ab 1882, offiziell ab 1914–1922).

Königreich, Fuad I. und Faruk I. (1922–1952).

Staatsstreich unter wesentlicher Mitwirkung von Oberst Gamal Abdel Nasser 1952, Ägypten wurde unabhängige Republik, Nasser 1954 Präsident.

Baubeginn Assuan Staudamm 1960.

Eingelegte Salz-Zitronen
– Die würzige Beigabe zu Suppen, Fleisch und Tajin –

Möglichst unbehandelte Zitronen heiß waschen, jede der Länge nach 4 mal ca. 1 cm tief einschneiden. In die Kerben Salz füllen, fest zusammendrücken und in ein hohes Einweckglas schichten. Dazwischen immer wieder mit Salz bestreuen. Zum Schluss den Saft von zwei ausgepressten Zitronen und nochmal Salz darüber. Mit kochendem Wasser auffüllen und 4 Wochen im kühlen Raum ziehen lassen.

Die Zitronen haben dann ihre Säure verloren, aber einen unverkennbaren Eigengeschmack - unverzichtbar z.B. bei Zitronen-Hühnchen in der marokkanischen Tajin.

KORAN
Sure 5, Vers 3:

„Verboten ist fuer euch das Gestorbene und das Blut und das Fleisch des Schweines und das, wofuer anderes als Allah angerufen wurde, und das Erstickte und das Erschlagene und das Heruntergestuerzte und das durch Hörnerstoss Getoetete und was das Raubtier angefressen hat - außer was ihr regelrecht geschlachtet habt…"

Merksatz raqm saba*a*:

Eh fi al maqla hamra dschänib a-tabak?
Was ist in der roten Pfanne neben der Schüssel?

schorba	Suppe
lahm baqar	Rindfleisch
bi tamatim wa *th*um	mit Tomaten und Knoblauch
dadschadsch bi ßalata	Huhn mit Salat
	(Salat als Tourist besser nicht essen)
eßkalop bi batata	Schnitzel mit Kartoffeln
wa baßal	und Zwiebeln
kibda maschwi	Leber gegrillt
maschwi	Grillfleisch vom Spieß/Lamm oder Hammel
tajin	Gemüse und Fleischstücke gedünstet im Spitztopf aus Ton/Marokko

matbuch/gekocht, **maschwi**/gegrillt, **makli**/gebraten in der Pfanne,
mohammar/im Ofen gebacken

melh wa filfil = Salz + Pfeffer, **chall wa sait** = Essig + Öl,
laimun = Zitrone, **harissa** = scharfe Paste

fih   helwa au   fäkiha tariya?
gibt es Süßes   oder Obst   frisch
Habt ihr süßen Nachtisch oder frisches Obst?

schahiya tayyiba oder: **bil hana wa schiffa** oft auch: **bismillah**
Appetit   gut   mit Ruhe und Gesundheit   im Namen Gottes
Guten Appetit   wohl bekomm's   Guten Appetit

bi saha/zu einer Person **bi sahatikum**/zu mehreren Personen
Gesundheit **(Guten Appetit, Prost, beim Niesen)**

بِسْمِ اللّٰهِ الرَّحْمٰنِ الرَّحِيمِ

BASAR-ARABISCH   7. *Speisekarte*

Man muss von Zeit zu Zeit

die Zelte abbrechen,

damit man den Himmel

wieder sieht

8. Unterwegs

Algerien

Ich hatte eine beschwerliche Sahara-Tour über die Hoggar-Piste[1] aus dem algerischen Tamanrasset[2] hinter mir, voller Entbehrungen und Strapazen. Nun, da das Schlimmste überstanden war, wollte ich meine Reise bis zum tunesischen Grenzgebiet fortsetzen mit dem bequemsten Verkehrsmittel, das zur Verfügung stehen würde.

Ich hatte Glück. Bereits am nächsten Morgen würde ich dem durchfahrenden Express-Bus zusteigen können. Ich freute mich auf eine erholsame Weiterreise, auf den Luxus der problemlosen Fortbewegung, den Komfort einer gepolsterten Sitzbank, Rastplätze mit fließendem Wasser und Märkte mit frischem Obst.

Tatsächlich tauchte dann am nächsten Tag um die Mittagszeit aus einer Dunstglocke aus Staub und Abgasen wie ein Phantombild der Express-Bus auf. Auf seinem Dach trug er eine abenteuerlich verschnürte Haube aus Säcken, sperrigen Gütern, Bauholz und eine Beton-Mischmaschine mit weit aufgerissenem Maul. Obenauf, im Wust seiner Ladung, thronte, als Hüter dieser Kostbarkeiten, die verschränkten Arme in den Falten seiner Gandura[3] vergraben, ein Targi[4] in hoheitsvoller Würde wie Alexander der Große auf seinem Streitelefanten beim Einzug in Persepolis. Das Indigoblau seines Litham[5], dessen Stoffgewirr nur einen schmalen Augenschlitz frei ließ, konnte man unter dem gelblich-grauen Sandschleier, der alles Farbige wie ein Weichzeichner verschluckte, nur noch erahnen.

Da es die einzige Möglichkeit war, von hier fortzukommen und da niemand mir zumutete, ebenfalls auf dem Dach zu reisen, stieg ich ein. Mein Express-Bus stoppte auf seiner Route, wann immer jemand am Straßenrand die Hand hoch hielt. Mensch, Tier und Ware, jeder und alles, was transportiert werden wollte, fand Aufnahme in unserer schwankenden Arche, deren Fassungsvermögen unerschöpflich schien. Tapfer driftete das Gefährt über Schotter- und Rüttelpisten, schlingerte ächzend durch den Slalomparcours der schlaglochperforierten Asphaltstraße wie ein überladenes Frachtschiff bei hohem Seegang.

Das Lokalkolorit entfaltete sich in seiner ganzen Pracht und Härte. Auf dem Platz hinter dem Fahrer türmte sich in einem chaotischen Haufen das Reisegepäck: Pakete, Taschen, Säcke, Kartons mit Luftlöchern, aus denen es piepste, zu Rollen Verschnürtes, zu Bündeln Gepacktes, über etliche Kilometer hinweg eine offene Ladung Krautköpfe,

dazwischen Körbe, aus denen die Büschel frischer Minze und Karotten nickten. Für eine kurze Weile, als Ergebnis einer gelungenen Transaktion auf dem Wochenmarkt, lag obenauf ein prächtiger gefesselter Hahn, der empört aufschreckte, wenn in kurzen Stopps der Postsack eingeladen wurde und dem dann der Besitzer begütigend Trost zusprach.

Mit dem Gleichmut derer, die gläubigen Herzens sind und alles Geschehen so hinnehmen, wie es ist, fügten die Passagiere sich in friedlicher Koexistenz in die beengte Situation und jeder fand sein mehr oder weniger unbequemes Plätzchen.

Mich hatte man wohlweislich – um den männlichen Mitreisenden die Peinlichkeit zu ersparen, mit dem fremden weiblichen Wesen in Körperkontakt zu geraten - auf eine Sitzbank zwischen die massige Weichheit zweier Frauen platziert, deren bronzefarbene Gesichter unter den abenteuerlich aufgetürmten Turbanen sich aufhellten, als wäre ihnen eine Sonderration Unterhaltung zugeteilt worden. An der Art ihres Kopfputzes, den verwegen geschlungenen Stoffpyramiden, den schwarz glänzenden Zopfgirlanden und am Schmuck konnte ich unschwer erkennen, dass es Tuareg-Frauen[6] waren aus den Gebirgsregionen des Tassili, woher ich soeben kam.

Von Tekerakit, der vornehmen Zurückhaltung und Reserviertheit der Männer des Stammes, die sofort ihren Tagelmust[7], das Ende ihres sechs Meter langen Turbantuches, über den Mund zogen, wenn ich mich näherte, war hier nichts zu spüren. Nur kurz war die angemessene Anstandsfrist, dann fielen die beiden Schönen, der eintönigen Wüstenlandschaft längst überdrüssig, begeistert über mich her. Als sie sicher waren, dass ich von ihrem Tamashek[8] bestimmt kein Wort verstand, schnatterten sie in arglosem Selbstverständnis über mich hinweg und zogen kichernd über mich her. Dabei tauchten sie ihre überquellende Leibesfülle von links und rechts in meine Rippen und suchten ungeniert, mit kräftig zupackenden Händen, im kurvigen Hin und Her der Fahrt Halt an einem unserer sechs Schenkel, während unsere zusammengepferchten Leiber im Treibhausklima des Busses langsam ineinander verschmolzen und im Wasserbad des gemeinsamen Schweißes gesotten wurden.

Die Sprachbarriere war ein wahrer Segen für mich. Wie oft schon hatte ich in ähnlichen Situationen neben einem erfundenen Ehemann und drei noch erfundeneren Kindern, haarsträubende Märchen auftischen müssen, um den „tragischen Umstand" zu erklären, warum ich mich alleine, ohne jeglichen Begleitschutz, den Strapazen des Reisens aussetzte.

> Die groesste Tugend eines Mannes ist seine Beredsamkeit – die groesste Tugend einer Frau ist ihre Fuelle

Ich ahnte aber, was kommen würde. Vorsorglich kramte ich in meinem Rucksack nach meinem gezinkten „Familienfoto", das mich im Sonntagskleid zeigte, ein sattes Lächeln auf den Lippen und auf dem Schoß ein blondes, engelhaftes Wesen im Spitzenkleidchen, flankiert vom stattlichen Leih-Ehemann und zwei Söhnen, ebenfalls Leihgaben aus dem Bekanntenkreis. Da stupfte auch schon der ausgestreckte Zeigefinger einer meiner samthäutigen Nachbarinnen sehr direkt auf meine Brust „baby, baby?" Und alle Augen, auch die der Sitzreihen vor uns, richteten sich erwartungsvoll auf mich.

Nein, die Schmach und das Unglück, dass ich bisher erst ein Kind geboren hatte, obendrein „nur" eine Tochter – konnte ich nicht preisgeben. Die Reaktion steckte mir noch in den Knochen, als ich früher einmal in einer ähnlichen Situation treuherzig die Wahrheit gesagt hatte. Als hätte ich mitgeteilt, meine ganze Sippe sei von einem Tiger zerfetzt worden, schlug mir damals eine Welle des Mitgefühls entgegen und eine Frau streichelte sogar über meine Wange und fragte: „Hat er dich geschlagen, hat er dich fortgeschickt?" Und weiter werden sie gedacht haben, dass ich deshalb auf den Straßen ihres Landes so sinnlos herumirrte.

Ihre Anteilnahme konnten diese hier sich sparen. Stolz hielt ich mit blitzendem Pseudo-Ehering drei verlogene Finger in die Höhe und zückte protzig das Foto meiner Prachtfamilie. Bis das Beweisstück, das drei Sitzreihen vor und zurück herumgereicht wurde, wieder mit einem fettigen Daumenabdruck bei mir landete, war mein Prestige gerettet, meine Daseinsberechtigung legitimiert. Meine beiden Nachbarinnen, deren persönliches Eigentum ich war, strahlten triumphierend, als ich die Prüfung bestanden und sie nicht blamiert hatte. „Maria" wiederholten sie ganz angetan meinen Namen für die anderen, denn „Hildegard die Unaussprechliche" konnte ich ihnen nicht zumuten.

Eine ältere Frau – bestimmt Mutter vieler Söhne, sonst hätte ihr Ehemann nicht in die teuren Goldkronen ihrer Schneidezähne investiert – nickte mit einem „Willkommen-im-Club-Blick" zu mir herüber. Man brauchte kein Hellseher zu sein, um zu erraten, was hinter ihrer Stirn vorging: dem christlichen Namen nach hatte die Fremde also doch einen Gott – wenn auch den falschen – aber immerhin einen anständigen Ehemann und Kinder.

Die neugierigen Gemüter waren besänftigt. Umgehend erlosch das Interesse an mir und eine allgemeine Müdigkeit machte sich breit. Man lehnte sich zurück und richtete sich ein für ein Schläfchen. Von der Rückwand des Vordersitzes hing ein abgerissener Fetzen der Plastikverkleidung herunter und wippte wie ein Reklamefähnchen im Rhythmus der schlingernden Kurven und Schlaglöcher auf und nieder. Durch eine Lücke schräg vor mir sah ich einen weißbärtigen alten Mann mit zurückgeneigtem Kopf, der mit offenem Mund leise Schnarchtöne von sich gab. Eine mitreisende Fliege setzte sich haarscharf an den Abgrund seiner Unterlippe und widmete sich seelenruhig mit eifrig putzenden Vorderbeinen einer intensiven Körperpflege. Ein gefährlicher Landeplatz! Beim geringsten Anlass konnte der Mund gnadenlos zuschnappen. Und im Falle, dass sie ihre lebensgefährliche Aktion überlebte: woher wusste die abenteuerlustige Nomadin, wann sie an ihrem Ziel angelangt war – oder reiste sie etwa auch nur aus Jux und Tollerei, so wie ich? Scheinheilig und in Demut schloss ich ebenfalls die Augen und behielt mein schreckliches Geheimnis für mich, dass ich aus reiner Lust am Reisen unterwegs war und ohne Sinn und erkennbaren Nährwert durch die Gegend gondelte. Niemandem konnte man zumuten, das zu verstehen.

Trotz meiner gefestigten Position im Sozialgefüge der Busgemeinschaft war mir auf der Sitzbank zwischen den beiden füllligen Schönheiten nur ein sehr eng bemessener Lebensraum gegönnt. In einem Anfall von Platzangst bemühte ich mich – wie manche Tiere in Notsituationen es tun – meine Körperfunktionen auf ein Minimum herunterzuschrauben und stellte mich tot. Langsam wichen auch die anfänglichen Temperamentsausbrüche meiner Nachbarinnen dem lethargischen Zustand schläfrigen Dahindämmerns, traulich eingelullt im gemeinsamen Schaukeln unserer innig verschweißten

> Es ist unmoeglich, die Fackel der Wahrheit durch ein Gedraenge zu tragen, ohne jemandem den Bart zu versengen.

> Geschieht nicht, was du willst, dann wolle, was geschieht.

Dreieinigkeit. Mein Tagtraum entführte mich auf den Rummelplatz. Im Wagen einer spinnenartigen Krake wurde ich in rasenden Kreisen herumgeschleudert und bewegungsunfähig in meinen Sitz gepresst. Wie gelähmt fühlte ich, wie der Schweiß aus meinen Poren rann und suchte verzweifelt nach einem Halt.

Ihr schönes Gesicht mit der goldbraun schimmernden Haut und dem dünnen Schweißfilm auf der glatten Stirn war ganz nah über mir, als ich aufschreckte. Der Turm ihres Kopftuches gab ein Stück des kunstvollen Kranzgebildes aus feinen Haarflechten preis, deren Enden in Zöpfen herunterhingen. Ihr silbernes Gri-Gri[9] an dem geflochtenen Lederband streifte mein Handgelenk und ihr kholumrandeter Blick war besorgt auf mich gerichtet. Ich sah den leichten Indigoschimmer[10] des abfärbenden Tuches an ihren Schläfen, die Abgrenzung der dunkelblau geschminkten Lippen und dann das entzückende Rosa ihres Zahnfleisches, als sie mich anlächelte. Zwei strahlend gesunde Zahnreihen blitzten auf und sie befreite sanft ihren Arm aus meinem Klammergriff.

Ganz plötzlich beschlossen die Damen: jetzt war Essenszeit. Als hätten sie nur auf den Startschuss gewartet, brach auf unserer Sitzbank eine überfallartige Hektik aus. Die Armreifenkolonnen aus schwerem Silber mit den eingravierten magischen Tuareg-Zeichen und Karneolsteinen gegen böse Blicke und anderes Unheil schlugen gegen die bunten Glaskettchen in einer aufgeregten Ouvertüre aneinander und an den Ohrläppchen der Schönen vollführten die riesigen Kreolen mit den pyramidenförmigen Verdickungen die kühnen Schwünge entfesselter Schiffschaukeln.

Beim letzten Stopp, als ich meine Essensvorräte auffüllen musste, hatte sich das Lebensmittelangebot auf dem Markt in einem Berg frischer Zwiebelchen, Brot und zehnerlei Sorten von Datteln erschöpft. Dementsprechend war jetzt auch mein Reiseproviant. Meine dynamischen Nachbarinnen gaben mir – al hamdulillah – gar keine Gelegenheit, mein armseliges Menü aus dem Rucksack zwischen meinen Beinen herauszuangeln, da warfen sie schon ihre Handtücher über den Dreierpack unseres gemeinsamen Schoßes.

Ya salām, was die beiden da aus dem versteckten Magazin unter den Zelten ihrer Wickelröcke hervorzauberten! Aus einem Einschlagtuch lachten mir gebackene Gemüseküchlein entgegen und – wie die Erfüllung eines Trugbildes – ein Haufen goldgelber Briks[11], die dreieckigen Teigtaschen, kartoffel-, ei- oder spinatgefüllt. Als hätte ich die Sahara zu Fuß durchquert, löffelte ich den frischen Joghurt in mich hinein und ließ mein Brot vollsaugen in dem triefenden Fett gegrillter Gemüsestreifen. Jede Pore meines Körpers lechzte nach den mageren, dürren Tagen danach, von innen und außen in Öl gebadet und gesalbt zu werden.

Vor mir, in der Tahinaschüssel[12], die resolut zwischen meine Knie geklemmt worden war und in die jede ihr Fladenbrot tunkte, trafen zwei Welten zusammen. Hier, in der Mitte, das armselige dünne Händchen, dessen Sommersprossen-Besprenkelung aus der hellen Haut herausstach wie Fliegendreck auf einer hell erleuchteten Glühbirne, das war meines. Im krassen Kontrast dazu, voller Saft und Kraft, die runden Zupackerhände meiner Begleiterinnen. Der warmbraune Ton ihrer matt glänzenden

Haut über dem prallen Bindegewebe erinnerte mich an Kardamom- und Mokkaduft aus weißen Tässchen, an Nougat, das zart auf der Zunge zergeht, an den nussigen Geschmack von Arganöl. „Und ihre Haut ist so zart durch die Milch der Ziegen…", schwärmte einmal ein verliebter Targi in einem Gedicht.

Seit Urzeiten haben solche Frauenhände geschickt die Zeltbahnen aus Tierhäuten hergestellt, das Gerüst aus Ästen aufgebaut und mit einem Stein die Pflöcke der runden Zelte eingeschlagen. Abends jedoch haben sie beim Ahal[13], dem Minnehof der Unverheirateten, mit zarter Hand die Saite der Imzad[14] angeschlagen und die alt überlieferten Lieder begleitet mit den wunderschönen poetischen Texten.

Welch hoher Stellenwert, wie viel Achtung und Respekt den Frauen im Gesellschaftssystem der Tuareg eingeräumt wird, veranschaulicht eine „Behandlungsanleitung" für die Braut, wenn sich das frisch verheiratete Paar in die eigene Hütte zurückzieht: „In der ersten Nacht behandle deine junge Ehefrau wie eine Mutter, in der zweiten wie eine jüngere Schwester und erst in der dritten wie ein Ehemann". Die Frauen genießen im Sozialgefüge hohes Ansehen, haben Macht und sind die Herrscherinnen der Zelte, denn das frauenfreundliche Stammesrecht der Tuareg steht über den Geboten des Korans. So richtet sich auch der soziale Status eines Targi nach dem seiner Ehefrau. Obwohl islamischen Glaubens, bleiben die Kinder, das Vieh und das Zelt immer Eigentum der Frauen. Sie sind die Kulturträger, die Hüterinnen der Poesie, beherrschen und lehren die Schrift, das Tifinagh, erzählen überlieferte Geschichten über die alten Tage und tragen das Wissen und die Traditionen ihres Volkes weiter. So jedenfalls war die Einteilung, als das Nomadenleben in der Wüste noch „in Ordnung war".

Das Drama der Tuareg ist ein weiterer dunkler Punkt in einer langen, grausamen Kette der unrühmlichen Geschichten weißer Eroberer. Seit über tausend Jahren waren die Tuareg-Nomaden mit ihren Herden durch die Berge, Täler und Ebenen der Wüste gezogen, ihrem angestammten Lebensraum und ererbten Besitz. Die französischen Kolonialherren sprachen ihnen, deren Name mit „die Freien, die Unabhängigen", übersetzt wird, die Rechte über ihr Weideland ab und zogen von heute auf morgen unsichtbare politische Grenzen durch die Sahara. Die Wege zu den Wasserstellen und den alten Karawanenrouten waren plötzlich abgeschnitten und so versiegte auch die Einnahmequelle der „ehrbaren Überfälle", des Wegezolls. Als man die Tuareg-Stämme zwingen wollte, sesshaft zu werden und ihre Kinder in die Schule zu schicken, sandten sie, die von der fremden Kultur, die ihnen übergestülpt werden sollte, natürlich nichts hielten, die Kinder der Iklan, ihrer Sklaven. Dieser Schachzug war vielleicht doch nicht so genial. Wie sollten die Herren der Wüste damals ahnen, dass noch ein zweiter tödlicher Feind auftreten und ihre Existenzgrundlage als Viehzüchter vollends zerstören würde, dass sie sich irgendwann an die fremde Macht anpassen

> „Ich habe die, deren Mund so süß ist wie die Geige, im letzten Drittel der Nacht verlassen. Sie blieb noch dort, beim Ahal, dem Flirt mit anderen jungen Edlen. Als ich in meinem Lager ankam, wurde ich fast ohnmächtig und musste mich auf meine Lanze stützen."
>
> *So lauten die Zeilen eines Liedes aus dem Hoggar, die ein betörter Targi singt und dessen Herz übergeht.*
>
> Aus „Heiße Sonne kalter Mond" von Désirée v. Trotha

Gri Gri

Butterzubereitung

müssten. Katastrophale, nie da gewesene Dürrekatastrophen vernichteten ihre Herden, zumal ihnen der grenzüberschreitende Zugang zu entfernteren Wasserstellen verwehrt war und viele verarmten über Nacht. Einige wenige Stämme haben sich in höher gelegene Bergregionen zurückgezogen, wo immer noch Gras wächst. Aber der Großteil ist, um zu überleben, nach und nach sesshaft geworden im Süden von Algerien und Libyen. Dort leben sie heute als ethnische Minderheit in Siedlungen am Rande der Gesellschaft. Die Edlen, denen ihr Adelskodex vorschreibt, dass sie keine manuelle Arbeit verrichten dürfen, es sei denn, das Zusammenbinden der Vorderbeine eines Kameles, damit es sich beim Weiden nicht allzu weit entfernt – diese Edlen arbeiten jetzt im Straßenbau oder in den Blei- und Phosphatminen in Mali und im Niger und wohnen in den Slums von Agades und Timbuktu.

Meine Nachbarinnen jedenfalls hatten mit der arabischen oder gar einer anderen Sprache nichts am Hut. Dennoch plätscherte zwischen uns die Tischkonversation mit fließenden Zungen dahin wie bei Kleinkindern im Sandkasten, die, der Sprache noch nicht mächtig, dennoch flüssig miteinander brabbeln und sich gut verstehen.

Als wäre unser Festgelage auf dem Rücken eines Kameles mit unregelmäßigem Schluckauf aufgebaut, schaukelte das „Tischlein deck dich" auf unseren Knien in einem abenteuerlichen Balanceakt eine weite Strecke durch die Dünenausläufer des Grand Erg, der großen Sandwüste und holperte über „Wellblechpisten" auf Tunesien zu. Von Zeit zu Zeit flimmerten über dem Horizont Palmenhaine und hell schimmernde Wasserflächen – die Trugbilder von Fatamorganas[15]. Manchmal kam ein Trans-Sahara-Lastwagen entgegen. Dann verschwand die Landschaft für eine Weile hinter den aufgewirbelten Staubwolken.

Borj el Khadra – ein gottverlassenes Nest am Ländereieck Algerien, Libyen und Tunesien – meine beiden Reisegefährtinnen waren an ihrem Ziel angelangt. Nach dem Gesetz der Wüste haben sie mit mir, der Fremden, ihr Essen geteilt, wir hatten gemeinsam gelacht und geschwitzt und nun verabschiedeten sie sich mit der Leichtigkeit derer, die es gewohnt sind, ihre Zelte abzubrechen, wenn es an der Zeit ist. Sie räumten das Warenlager unter ihren Sitzen leer, verschnürten alles zu zwei großen Ballen und stiegen aus, obwohl es dort nichts gab, als eine Tankstelle, ein paar trostlose Häuser und Baracken. Auf meine pantomimische Frage, was sie hier wollten, verstand ich „Pipeline". Sie werden – vielleicht nur zu einem kurzen Besuch – mit ihren Ehemännern zusammentreffen. Die stolzen Adeligen, die „edlen Söhne der Winde und Wolken" und ihre Vasallen, oftmals romantisch verklärt in Romanen und Filmen, verdingen sich jetzt als Gastarbeiter bei den Erdölgesellschaften, deren Bohrtürme aus dem Boden schießen am Rande der Sahara.

„Wüsten-Autobahn"

Ihre schwankenden Bündel auf dem Kopf gingen die beiden Frauen mit wiegenden Hüften auf die barackenartigen Häuser zu. Jeder Schritt ließ ihre prächtige Fülle unter den Stoffen nach einer geheimen Melodie erzittern. In dieser tristen Umgebung wirkten sie wie stolze Paradiesvögel.

[1]**Hoggar** – Gebirge im Süden Algeriens vulkanischen Ursprungs, beeindruckend durch seine Basaltlandschaften und bizarren Fels- und Erosionsformationen, höchster Berg, der Tahat 3003 m, berühmte, über 10.000 Jahre alte Felszeichnungen und Gravuren. Die Hoggar-Piste ist eine bestimmte Route.

[2]**Tamanrasset** – Oasenstadt im Süden Algeriens, Tuareg-Hochburg.

[3]**Gandura** – Bodenlanges Gewand, für Männer aus kräftigem Stoff, für Frauen einfaches hemdartiges Hauskleid mit Stickerei am Ausschnitt.

[4]**Targi** – Einzahl von „die Tuareg", Targia – eine Tuareg-Frau.

[5]**Litham** – Gesichtsschleier der Tuareg nur für Männer.

[6]**Tuareg** – Sie gehören zu den Berberstämmen und lebten ursprünglich im fruchtbaren Norden. Vor rund 1000 Jahren sind sie vor den einwandernden Arabern in die Wüste ausgewichen und lebten bis zur Kolonialisierung der Sahara-Gebiete als Nomaden, als „Die Freien" von Viehzucht, Salzhandel und der Beherrschung des Karawanenhandels (Wegezölle und Raubzüge). Die Tuareg haben eine eigene Kultur, Sprache, Schrift, Musik, Traditionen und Wertvorstellungen. Sie sind zwar Moslems, halten aber gleichzeitig an alten Stammestraditionen fest.

Die Frauen sind unverschleiert und haben viel Freiheit und einen hohen Stellenwert im Sozialgefüge. Unverheiratete haben völlige sexuelle Freiheit. In den Zelten hat die Ehefrau das Sagen. Die Kinder, das Vieh, das Zelt sind Eigentum der Frau. Der soziale Stand der Frau geht auf den Ehemann über.

Die Männer sind verschleiert. Eine mögliche Erklärung dafür könnte – außer, dass der Schleier vor Sonne und Sand schützt – folgende sein: Da sie auf ihren Raubzügen und mit dem Vieh viel unterwegs sind und den Dschinnen mehr ausgesetzt sind als die Frauen, schützen sie sich, indem sie ihren Mund verhüllen, da die bösen Geister vornehmlich durch die Körperöffnungen, besonders den Mund, eindringen und vom Körper Besitz ergreifen könnten.

Das Sozialsystem beruht auf einer Feudalgesellschaft:

Adelige – mit auffallend heller Hautfarbe, zuständig für die Kontrolle der Karawanen und das Kriegshandwerk, und Besitzer der Viehherden. Mit ihren Kamelen bringen sie Salz und Datteln zu den Märkten und kaufen dafür Stoff, Tee, Zucker und Getreide.

Vasallen – die für die Adeligen die Viehzucht betreiben und verantwortlich sind für deren Kamel- und Rinderherden.

Iklan – ehemalige Sklaven aus Schwarzafrika, die für die Hausarbeit zuständig sind. Seit der Verarmung der Adeligen wurden viele Iklan in die Freiheit entlassen. Die meisten aber leben und arbeiten freiwillig weiterhin bei den Tuareg.

Schmiede – Hersteller von Schmuckstücken, Amuletten und Talismanen als Schutzfunktion und Glücksbringer aus Silber, Kupfer und Messing. Als „Beherrscher des Feuers" und der Verwandlung von Metallen tragen sie den Nimbus der Magie.

[7]**Tagelmust** – 6 m langer Stoffschal der Tuareg-Männer, der als Turban in sorgsamen Falten um den Kopf geschlungen wird. Das Ende – „Tagelmust" - bildet den Schleier, der das Gesicht der Männer verhüllt. Viele dieser Stoffe haben einen metallig-blauen Effekt, der entsteht, indem das Gewebe nach dem Färben mit Holzprügeln geschlagen wird.

[8]**Tamashek** – Sprache der Tuareg in südlichen Regionen, gehört zur Gruppe der Berberdialekte, Tamahak wird in der nördlichen Sahara gesprochen.

[9]**GriGri** – Glücksamulett, Talisman - viereckige Metallhülle aus Silber mit Kupfer und Messingbeschlägen, in denen kleine Zettel aufbewahrt werden, auf die Schutzsuren aus dem Koran oder heilige Schutzverse und Zauberformeln eines Marabout/Heiligen oder Medizinmannes geschrieben sind, oft auch eingenäht in Lederbeutelchen. Das GriGri bietet Schutz vor Unglück und bösen Geistern. (Kleinkinder tragen oft Irokesen-Haartracht, so dass man das Kind an den

> Im Alltag tragen die Targia das „Afar", ein großes schwarzes, manchmal auch besticktes Tuch, das, lose über den Kopf gelegt, den ganzen Körper einhüllt als Symbol ihrer Würde als erwachsene Frau. Damit das „Afar" nicht verrutscht, wird hinten zum Beschweren ein schwerer Schlüsselbund befestigt.

Haaren dem Dschinn entreißen kann, sollte die Kraft des GriGri einmal versagen).

[10] **Indigo** – Blauer Farbstoff von der Indigopflanze, mit dem die Tuareg hauptsächlich ihre Bekleidung einfärben. Die Farbe hinterlässt auf der Haut einen leichten Blauschimmer, der sehr erwünscht ist.

[11] **Briks** – Kleine gefüllte Teigtaschen – typisch für Tunesien – siehe Rezept.

[12] **Tahina** – Dickflüssige Paste aus Sesamsamen, wird mit Zitronensaft und Wasser etwas verdünnt, wichtiger Bestandteil der Mezze, aber auch als Soße zu Fisch- und Fleischgerichten.

[13] **Ahal** – Zwanglose, freizügige Zusammentreffen der unverheirateten Männer und Frauen zum Flirten und Erfahrungen sammeln, an dem die Mädchen ab dem 13. Lebensjahr teilnehmen dürfen. Die Frauen spielen die Imzad, die Männer zitieren oder singen poetische Verse, um ihre Angebetete zu beeindrucken.

[14] **Imzad** – Einsaitige Violine, die im Schoß gehalten wird. Sie zu spielen, ist einzig den Frauen vorbehalten. Der Hohlkörper besteht meist aus einer Kalebasse und wird mit einer Gazellenhaut bespannt, die Saite aus Pferdehaar gezwirbelt. Die Imzad wird begleitet durch Gesang mit poetischen Versen.

[15] **Fatamorgana** – Trügerische Luftspiegelung, ein physikalisches Phänomen, das entsteht durch unterschiedliche Luftschichten. Es muss Windstille herrschen und Temperaturen von mindestens 35 Grad Celsius haben.

Tuareg-Poesie

HYMNE AN BUDA

Buda ist schöner
als eine im Schatten schlafende Gazelle.
Buda ist besser
als ein Wadi, das Wasser führt.
Sie ist lieblicher
als eine fruchtbare Weide,
eine Weide,
auf der die Blume Neglah wächst.
Sie ist mir kostbarer
als alle Kamele,
die auf guter Weide stehen,
erregender als Trommeln
bei festlichem Ahal.

aus „Tuareg Poesie" von Heike Miethe Sommer

„Willkommen Fremder ...

für drei Tage gewähre ich dir unter meinem Dach Schutz, Wasser und Essen. Deine Sicherheit verteidige ich mit meinem Leben. Einzige Gegenleistung: du musst unterhalten, musst erzählen von der Welt da draussen. Unterhaltung ist das höchste Gut.
Doch hüte Dich, Fremder, wenn du uns verlässt, bin ich meiner Pflicht enthoben. Dann bist du nur so lange sicher vor mir, wie das Salz, das du bei mir gegessen hast, in deinem Magen bleibt."

Worte eines Targi/Verfasser unbekannt

TEETRINKEN bei den Tuareg

Der Gast trinkt der Sitte nach drei Gläschen Tee. Es werden drei unterschiedliche Aufgüsse unterschieden:

Das 1. Glas schmeckt bitter wie das Leben.
Ab jetzt steht er unter dem Gastrecht, d.h., der Gastgeber ist verantwortlich für das Leben und Eigentum seines Gastes.

Das 2. Glas schmeckt süß wie die Liebe.
Das ist das Zeichen, dass der Gast die Gastfreundschaft annimmt und sich wohl fühlt.

Das 3. Glas schmeckt sanft wie der Tod.
Der Gast steht zwar unter dem Schutz seines Gastgebers, gleichzeitig aber drückt der Besucher auch seine Solidarität aus. Im Falle eines Überfalls muss er seinem Gastgeber mit dem Schwert zur Seite stehen. Deshalb ist es – bis heute – undenkbar, das 3. Glas abzulehnen. Ein viertes Schälchen lehnt man aus Höflichkeit entschieden ab.

Fremdherrschaften der Saharaländer im 19. und 20. Jd.

1847–1962 Algerien	französische Kolonie
1881–1956 Tunesien	französische Kolonie
1884–1976 Westsahara/Marokko	spanische Kolonie
1911–1956 Marokko	französische Kolonie
1882–1922 Ägypten	englische Kolonie
1911–1943 Libyen	italienische Kolonie

Briks – gefüllte Teigtaschen

Gibt es in Form von Dreieck oder Viereck, Füllung: Tomate, Spinat, Käse, Kartoffeln, Ei, selten Fleischfüllung. Briks werden kalt gegessen.

10 Yufka-Teigblätter aus dem Türkenladen, eine Art Strudelteig aus der türkischen und arabischen Küche, bestehend aus Mehl, Wasser und Salz (auch Filo oder Malzouka genannt)
Öl zum Bestreichen der Teigblätter und für Backblech oder Pfanne

Die Teigblätter in ca. 6 cm breite Streifen schneiden, jeweils ein Ende abschrägen und mit Öl bestreichen. In die Mitte ein Häufchen Füllung setzen und dann einwickeln, dass ein Dreieck entsteht: erst eine untere Teigecke über die Füllung legen, dann die andere Ecke darüberschlagen und so weiter, die Endenspitze andrücken.

Entweder im Backofen:

Die Briks auf das gefettete Backblech im vorgeheizten Backofen bei 180 Grad ca. 12 Minuten backen, bis sie schön goldbraun sind.

Oder in der Pfanne:

Die Bricks in viel heißem Öl von jeder Seite zwei Minuten frittieren. Aber Vorsicht, dass die Füllung nicht herausfällt!

TIPP: Briks in ungebackenem Zustand einfrieren – bei überraschendem Besuch unaufgetaut im Backofen aufbacken - ein schneller Imbiss.

Kartoffel/Ei-Füllung:

5 Kartoffeln roh	3 EL Olivenöl
1 Zwiebel	Salz, Pfeffer
2 Knoblauchzehen	3 hart gekochte Eier
Ein Händchen gehackte Petersilie	1 rohes Ei

Kartoffeln, Zwiebeln und Knoblauch klein schneiden, zusammen mit der gehackten Petersilie, Olivenöl, Salz und Pfeffer in wenig Wasser ca. 20 Minuten köcheln lassen. Die Masse darf nicht zu dünn sein. Mit der Gabel zerdrücken, die drei hart gekochten Eier würfeln und zusammen mit dem rohen Ei (als Bindemittel) daruntermischen – fertig.

Der Phantasie für die Füllung sind keine Grenzen gesetzt. Man kann anstatt Kartoffeln und Ei verschiedene Gemüse (Zucchini, Spinat usw.) verwenden, oder vorgebratenes Hackfleisch oder Hühnchen (zur Fleischfüllung passen gut geröstete Pinienkerne und ein Teelöffelchen Zimt).

Merksatz raqm tamaniya:

Asnan dscha<u>dd</u>ati mi<i>th</i>l a-nadschum – yachruschun fil massa

Die Zähne meiner Oma sind wie die Sterne – am Abend kommen sie heraus

aina maha<u>tt</u>at al qit<u>a</u>r / maukif   utobis   (**Umgangsspr.: wo = fin aus fi + aina**)

wo   Bahnhof   Haltestelle Bus

Wo ist der Bahnhof (Eisenbahn) / die Bus-Haltestelle?

ha<i>th</i>a al qit<u>a</u>r / al utobis ila   Luxor?   (**äg. nach = lil**)

dies   der Zug   der Bus   nach Luxor

Ist dies der Zug nach Luxor?

matta yar<u>uh</u> utobis al   k<u>a</u>dim ila   Qahira? (**äg. wann = imta**)

wann   fährt   Bus   der nächste   nach Kairo

Wann fährt der nächste Bus nach Kairo?

urid   tadkera li   Luxor

Ich möchte eine Fahrkarte nach Luxor

ay   raqm   utobis yar<u>uh</u> lil medina?

welche Nummer Bus   fährt   nach Medina

Welche Bus-Nummer fährt in die Medina/Altstadt?

fi ay   mah<u>att</u>a ana läsim ug<i>h</i>ayyer / ansil?

in welcher Station   ich muß   umsteigen / aussteigen

In welcher Station muß ich umsteigen / aussteigen?

ilal mat<u>a</u>r   / ila mahattat al qit<u>a</u>r / ila l-funduk AIDA

zum Flughafen / zum Bahnhof   / zum Hotel   AIDA

qif hunak min fadlik   (**äg.: halt, stopp = if**)

halt dort   bitte

Halten Sie dort bitte an

mumkin inta tastan<u>n</u>a huna, ardscha   qarib

*möglich   du / **m** wartest   hier   ich komme zurück bald / nah*

Kannst du hier warten, ich komme bald zurück

yalla – bis<u>ura</u>a min fadlik läsim   nassel   bi<i>th</i>abt

los   schnell   bitte   müssen wir ankommen pünktlich

Los, schnell bitte, wir müssen pünktlich ankommen.

"Jolifanto bambla o falli bambla

grossiga m'pfa habla horem

egiga goramen higo bloiko russula huja

hollaka hollala

Wulubu ssubudu uluwu ssubudu

tumba ba umpf"

„Karawane" von Hugo Ball (1917) Mitbegründer des Dadaismus

9. Ksar

Tunesien

Eine neue Busladung strömte herein zum Tor. Das Händlerschwadron ließ ab von den Touristen, die sich schon eine Weile im Innenhof des Ksars[1] befanden und die bereits bearbeitet waren, schwenkte um und überfiel die neuen Opfer. So wie Ameisen sich in geschlossener Formation ringförmig auf einen Marmeladen-Klecks auf dem Pflaster zubewegen, wurde das Grüppchen Neuankömmlinge eingekreist.

Die lehmgebauten Speicherburgen eines Ksars umschließen jeweils einen kreisförmigen Platz, zu dem es meistens nur einen Zugang gibt. Eine Zisterne in der Mitte garantierte das Überleben bei längerer Belagerung. Früher bewahrten die Berber in den wabenartig an- und übereinander gebauten Höhlen ihre Vorräte und Schätze auf zum Schutz vor räuberischen Übergriffen der Nachbarstämme. Zu Kriegszeiten wurden dorthin auch Frauen und Kinder in Sicherheit gebracht gegen Attacken von außen. Die meisten der ebenerdigen Speicherräume sind heute mit primitiven Regalen zu Geschäften umfunktioniert worden.

Heutzutage finden die Angriffe innerhalb der Ksours statt. Die Innenhöfe bieten strategisch optimale Voraussetzungen für Überfälle. Ist der Kulturreisende erst einmal durch das Tor getrieben worden, wird er vom Reiseleiter alleine gelassen und in die Obhut der Händler weitergereicht. Die Invasion stürzt sich dann im Überraschungsangriff auf die ahnungslosen und unschuldig Gefangenen. Man will an die Vorräte der Eindringlinge.

Mir war es gelungen, durch ein paar geeignete, gut sitzende Worte aus meinem arabischen Sprachfundus die geschäftstüchtigen jungen Männer zu überzeugen, dass ich nicht das passende Objekt für ihre Mühe war. Schnell erkannten sie, dass ich als potenzieller Kunde niemals in Frage käme und verschwendeten keine Sekunde mehr an mich.

In Ruhe gelassen verschanzte ich mich an einem schattigen Platz am Rande des Geschehens und ließ das Spektakel auf mich wirken. Nicht ohne Sympathie für die tunesischen Händler beobachtete ich, wie sie in der Schmach ihrer Armut mit wütendem Ehrgeiz versuchten, ein paar Brösel vom Reichtum der Touristen für sich abzuzweigen durch den Verkauf ihrer folkloristischen Artikel, Reisemitbringsel und anderem Tand.

Ein Halbwüchsiger fiel mir ins Auge. In Deutschland würde er jetzt die Schulbank

drücken, vielleicht missmutig eine Nachhilfestunde in Mathe über sich ergehen lassen oder seine Energie auf dem Fußballplatz verpulvern. Dieser hier lauerte wieselflink an allen Ecken und Enden, wo er sich dienstbar machen konnte, um einen Obolus zu verdienen. Ich sah ihn Waren aus- und einpacken, verschnüren und davonschleppen, fliegenden Schrittes den Platz überqueren, um aus einer unsichtbaren Quelle aus einem der Löcher Tee hervorzuzaubern für Kunden, die – al hamdulillah – sich hatten einspinnen lassen in einer der Händlerhöhlen. Ich winkte ihn heran und bestellte für mich einen qahua suda *schwarzen Kaffee*. Mein fürstliches Bakschisch ließ ihn erstrahlen und sooft er an meinem Standort vorbeistürmte, schenkte er mir sein jungenhaftes Lachen.

Die Touristen wurden in unberechenbarem Turnus angeschwemmt. Schubweise verwandelte sich dann der Platz in einen aufgeregten Bienenstock, dessen buntes Gewusel schlagartig verschwand, wenn wenig später alle Busse auf einmal abfuhren und Umtrieb und Hektik wie einen Spuk mit sich nahmen.

Dann lag das sandbedeckte große Rondell für eine Weile wie leergeblasen im gleißenden Sonnenlicht und brütete bewegungslos vor sich hin, um in der kurzen Atempause Kraft zu schöpfen für den nächsten Vorstoß. Die Händler aßen aus blechernen Behältern das, was ihre Frauen ihnen mitgegeben hatten, streckten sich in der Kühle ihrer Höhlen-Läden inmitten ihres Warenwirrwarrs auf schmalen Teppichen aus oder sie holten ihre Brettspiele hervor, um mit dem Nachbarkollegen eine Runde zu würfeln. Kaum aber drangen von der Straße die Bremsgeräusche eines Busses an ihre hellwachen Kaufmannsohren, wurde umgerüstet für einen würdigen und lukrativen Empfang. Dann war die Luft, ähnlich wie im Fußballstadion vor dem Anpfiff, adrenalingeschwängert und keiner aus der Mannschaft wusste, ob er diesmal einen Treffer würde landen können. Die Hoffnung auf eine neue Chance lag in der Luft.

Zwischen zwei Läden, auf den gekalkten Stufen eines steilen Treppchens, über das man die oberen Reihen der Speicherhöhlen erreichen konnte, hatte ich es mir bequem gemacht. Aus der Perspektive meines diskreten Beobachtungspostens heraus wollte ich mir das Wechselspiel zwischen Angebot und Nachfrage im dichten Nahkampf nicht entgehen lassen. Obwohl selbst Touristin und eigentlich aus der anderen Fakultät, schlug ich mich innerlich auf die Seite der Händler und Verkäufer, den Nachkommen eines stolzen und unabhängigen Agrarvolkes. In einer Gegend mit schlechter Infrastruktur, ohne Industrie und wenig Arbeitsmöglichkeiten war ihnen als Geldquelle wenigstens das kulturelle Erbe ihrer Geschichte geblieben und es war ihr Recht, dies gewinnbringend zu verwalten. Ihr Wunsch war nur zu verstehen, ein paar Dinare verdienen zu wollen an den „reichen" Fremden, die in ihren Augen alle aus Ländern kamen, in denen Milch und Honig floss im Übermaß. Und die alte Kaufmannsregel: billig einkaufen, teuer verkaufen – wird rund um den Globus beherzigt und ist legal.

Ich befand mich also direkt zwischen den Höhlen der Löwen und war neugierig auf den Ausgang der nächsten Runde.

Die Strategie war wie bei allen Streitkräften: An die vorderste Front wurden die kräftigen jungen Männer geschickt, gerüstet mit einer dekorativen Warenkollektion um Hälse und Ellenbogen für eine Attacke im ersten Durchgang. Touristen, denen es gelang, dem Maschennetz der fliegenden Händler zu entwischen, wurden dann bei ihrem Rundgang von der Nachhut, den sesshaften Ladeninhabern, in Empfang genommen.

Mein Nachbar, ein Händler mit üppiger Leibesfülle, lachte mir unter seinem mächtigen Schnauzer komplizenhaft zu und hielt die erhobenen Daumen seiner Fäuste in die Luft, die Geste, mit der einst römische Imperatoren den Sieger der Arena am Leben ließen. „Hadd said!", *„viel Glück!"*

Ein Touristenhäufchen näherte sich. Binnen Sekunden verwandelte sich das gemütliche Dickerchen zur imposanten Erscheinung. Die Galabiya nahm Haltung an, das Bäuchlein darunter straffte sich zu einem stattlichen Ballon. Die ganze Person erweckte nun den Eindruck, als hätte sie es beileibe nicht nötig, hier ein paar alberne Souvenirs zu verschachern. Schnell noch als letzten Energieschub ein Zwirbler für den Schnurrbart: bis in meine geschützte Ecke konnte ich das Knistern der ausgefahrenen Antennen hören. Trommelwirbel vor dem Salto mortale – Fanfaren – raus in die Arena und die Schlingen ausgeworfen!

Doch zunächst einmal musste ein Fischlein an einem der Köder schnuppern. Hatten seine Lungen erst etwas vom Aroma eines Artikels aufgenommen, musste im Herzen des Opfers pfeilschnell der Funke der Begehrlichkeit gezündet werden. Dies war der kritischste Moment jeder Operation und die nächsten Sekunden entschieden alles. Herr verleihe ihm Engelszungen! Ein gewitzter Spruch, das richtige Statement in der richtigen Sprache im rechten Moment konnte die Waage zum Kippen bringen und den Ausschlag geben, ob die Maschen des Netzes dicht genug waren oder ob die Chance ungenutzt verpuffen und der greifbare Fang sich wieder einschleusen würde in den Strom der Flanierenden, um fortzuschwimmen zu den ausgeworfenen Ködern der Konkurrenz.

Der alte Hase enttäuschte mich nicht.

Mit dem Gespür des Profis taxierte der gewitzte Wüstensohn mit trainiertem Röntgenblick das ankommende Menschenmaterial, stufte ein und legte zügig die weitere Verfahrenstechnik fest. Entweder stieg er dann mit einer Bravournummer als Clown ein, um den möglichen Kunden in seiner Arroganz des schnellen Schrittes zu stoppen, oder das begnadete Chamäleon begann mit Charme und der leisen Tücke eines schlitzohrigen Operettenbarons die spröden Fremden mit butterweichen Katerpfötchen einzuseifen und versäumte nicht, zwischendurch mit einem Anflug seriösen Gehabes Öl in die Mühle des Betriebssystems zu gießen.

Bravo! Vergnügliches Kino umsonst – für mich, die stille Hinterbänklerin, die sich die saustarke Vorstellung und noch etliche Kaffees und Tees genüsslich auf der Zunge zergehen ließ. Manchmal konnte ich mir meinen Beifall kaum verbeißen, wenn mein Schnurrbart-Freund nach einer umsatzflauen Phase endlich wieder den spröden Vertreter einer fernen Nation gewinnbringend einwickeln konnte und das so heiß umkämpfte Souvenir wenig später in das Zeitungspapier der gestrigen Nachrichten.

„Madame", erschrocken fuhr ich auf. Ich war in meinem schattigen Eckchen eingenickt. Soeben noch hatte ich in der Stirn unter meinem Hut im Traum erlebt, wie die wabenartigen Speicher um mich sich auffüllten mit Körben und Krügen voller Datteln, Oliven und Getreide und wie mein Schnurrbart-Dickerchen in einer strahlenden Rüstung auf einem Pferd saß und klimpernd die Dukaten in seine Satteltasche rieseln ließ. In Wahrheit aber stand er jetzt mit seinen ausgelatschten Sandalen vor mir, ließ seinen Schlüsselbund leise klimpernd wie eine Gebetskette durch die Finger laufen und verstellte mir mit seiner massigen Silhouette die letzten Strahlen der Sonne, die soeben im Begriff war, abzutauchen hinter den dunklen Konturen der Lehmbauten.

Feierabend. Auf dem Platz bewegten sich nur noch einige Händler, die ihre Köder-Ware von den Haken und Schnüren abnahmen, um sie in den Höhlenräumen zu lagern, bis sie am nächsten Tag wieder wie bunte Fahnen als Blickfang an den Türrahmen flattern würden. Mit der Miene eines müden Bernhardiners, der Migräne hat, nickte mir der Kaufmann zu, während er das Vorhängeschloss zuschnappen ließ, das den hölzernen Verschlag seines Geschäftes sicherte. Sein zuvor so energiegeladen wippender Schnauzer wirkte jetzt lahm und schachmatt.

Gleich würde man das große Eingangstor verschließen. Ich suchte meine Sachen zusammen und schickte mich auch zum Gehen an. Vor mir trug mit schweren Schritten mein Schnurrbart-Freund seinen Körper über den Platz.

Der kreative Elan des Mannes und der Glanz seiner Rüstung, die in meinem Traum noch so schön gefunkelt hatte, waren zusammen mit der untergehenden Sonne von der Bildfläche verschwunden. Die saubere Frische seiner Galabiya hatte sich im Laufe eines langen Tages verbraucht. Der graue Stoff hing jetzt schlaff wie ein verstaubter Lappen an ihm herunter. In den Falten der Baumwollfasern haftete der Tribut aller Kaufleute dieser Welt – der Schweiß und die Mühe eines langen Tages mit seinen unzähligen kleinen Niederlagen, aber auch mit kleinen Siegen und deren kurzem Triumph.

[1]**Ksar** – (Mz. Ksour) Festungsartig ummauerte Gemeinschafts-Speicherburg/Agadir aus Stampflehm und ungebrannten Lehmziegeln, hauptsächlich im Süden von Marokko, Tunesien, Algerien und Libyen, in denen die Berber ihre Lebensmittelvorräte, Saatgut usw. sicher lagerten. Jede Familie besaß eine abschließbare Zelle/*Ghorfa*. Zum Schutz vor Dieben entwickelte man kunstvolle Fallstiftschlösser aus Holz. Bunte Ornamente an den Türen hielten die Dschinn fern. Bei Einfällen räuberischer Nomadenstämme verschanzte man sich mit Frauen, Kindern und Tieren in diesen Fliehburgen.
Heutzutage finden innerhalb der Ksour häufig Folklore-Festivals mit Musik und Tanz statt.
[2]**Ghorfa** – Vorratsraum, höhlenartiges Zimmer in einem Ksar.

Merksatz raqm tis*a*a:
Lamma tet'hareb ma*a* far, fakkir dayman, ha*th*a fil
Wenn du mit einer Maus kämpfst, denk immer, es sei ein Elefant

schukran la   na*h*tadsch musa*a*da / murafek
danke   nicht wir brauchen Hilfe   /Führer/Begleiter
Danke wir brauchen keine Hilfe/Begleiter

ana *a*rif atariiq / ha*th*a l-makän
ich kenne den Weg /.diesen Platz
Ich kenne den Weg, diesen Ort – ich kenne mich hier aus

urid   aru*h* li wa*h*di
ich möchte gehen alleine
Ich möchte alleine gehen

imschi min fadlik inta tusaidsch
geh   bitte   du störst
Geh bitte, du störst

challas!   utru*k*ni! imschi!!
aus! Schluß! Lass mich! Geh, hau ab, verschwinde!
(mit entsprechend energischem Tonfall)

chalini bi ra*h*ti   au ana u*h*der bulis/schorta
Laß mir meine Ruhe oder ich hole   die Polizei

eh ha*th*a? inta maschnun (ägypt. Aussprache = magnun)
was das? du   verrückt /m
Was soll das? Spinnst Du, bist du verrückt?

musa*a*da!
Hilfe! (nur in äußerster Not rufen)

***a*ib!**
Schande! Schäm dich! Unverschämt! **(sagt man zum Täter bei schwerem Verstoß gegen Anstand und Sitte)** Ein laut gerufenes „*a*ib" ist die Aufforderung, sich anständig zu benehmen. Die Passanten werden reagieren und Ihnen beistehen. Niemals aus Spaß sagen – Ehrverletzung!

har*aa*m = Sünde / grober Verstoß nach Bibel, Koran und Gesetzgebung.
„ha*th*a har*aa*m" = „Das ist Unrecht" / „So etwas macht man nicht."

har*a*mi = Betrüger / Schwindler / Dieb
Alarm in äußerster Not. Dieses Wort laut rufen aber nur bei Überfall und tatsächlichen Angriffen. Die Passanten werden Ihnen sofort beistehen und sich um den Täter kümmern. Niemals aus Spaß rufen – große Ehrverletzung!

> Bitte die Schlagwörter dieser Lektion nur verwenden, wenn es die Situation wirklich erforderlich macht, sich vehement zu wehren. Wir sind Gäste in einem fremden Land, in dem Höflichkeit und Gastfreundschaft einen sehr hohen Stellenwert einnehmen. Ruppiges Benehmen, Herumschreien und Schimpfen ohne zwingenden Grund werden auf Unverständnis und Befremden stoßen.

BASAR-ARABISCH   9. Ksar / *Verteidigung*

Gott befiehlt dem Propheten:

Sage auch den glaeubigen Frauen, dass sie

ihre Augen niederschlagen und sich vor

Unkeuschheit bewahren sollen und dass sie

nicht ihre koerperlichen Reize, ausser was

notwendigerweise sichtbar sein muss,

entbloessen und dass sie ihren Busen mit dem

Schleier verhuellen sollen.

Sie sollen ihre koerperlichen Reize nur vor

ihren Ehemaennern zeigen

oder vor ihren Vaetern

oder vor den Vaetern ihrer Ehemaenner.

Koran Sure 24, Vers 31

10. Sound & Light

Als ich nach meinem energischen Endspurt verschwitzt und atemlos mein Fahrrad an dem eisernen Zaun hinter dem Kassenhäuschen ankettete, drang bereits aus dem Inneren der Tempelanlage ein gewaltiger Gongschlag an mein Ohr, dessen vibrierende Schallwellen über die hohen Stützmauern des Pylons[1] schwappten wie eine Brandung. So werden die Toten auferweckt am Tage des Gerichts, dachte ich bei mir, als ich mit fliegenden Fingern ein Ticket löste. In respektloser Eile hastete ich durch die mystisch illuminierte Sphinxenallee, deren Widderköpfe mit steinernen Blicken verfolgten, wie ich den Nachzüglern des Besucherstromes vor mir hinterherhechelte.

„IHR SEID HIER AM ANFANG DER ZEITEN …", kam es von oben herab. „IHR SEID ANGEKOMMEN, HIER IM HAUSE DES VATERS …". Ja – al hamdulillah – gerade noch rechtzeitig! Es war ein Wettlauf mit der untergehenden Sonne geworden. Die letzten Kilometer zurück nach Luxor hatte ich gegen die hereinbrechende Dämmerung anstrampeln und tüchtig in die Pedale treten müssen, um den Beginn der Sound & Light-Show[2] in deutscher Sprache in der Tempelanlage von Karnak[3] nicht zu verpassen.

Erhitzt und noch ganz außer Puste gesellte ich mich im großen Vorhof zu der dunklen Menschenmasse, die bereits eingetaucht war in eine dramatische Inszenierung aus Licht und Schatten. Riesige Lichtkegel wanderten über den Platz und holten in goldfarbenen Spots die Relikte einstiger Verehrung aus der Dunkelheit: kolossale Statuen, säulengesäumte Heiligtümer zur Verherrlichung der Götter-Triade Amun, Mut und Chons, steinerne Bildergeschichten und Hieroglyphen an Säulen und Wänden.

Wieder ein langgezogener Fanfarenstoß, sphärische Klänge vom unsichtbaren himmlischen Orchester und erneuter Psalmon von oben in der pathetischen Sprache, wie sie ein Hohepriester annehmen würde, wäre er denn geneigt, sich hinzuwenden zu den gewöhnlichen Sterblichen:

„DER VATER ÄHNELT EINEM ALTEN HIRTEN: IN SEINER RECHTEN HÄLT ER EINEN STAB, MIT WELCHEM ER IM STAUB DER STERNE HERUMTA-

Obelisk der Hatschepsut im Tempel von Karnak

STET …". Während Gott Amun im Relief über mir majestätisch im Sternenstaub herumstocherte, fing ich einfaches Menschenkind in der Abendkühle seiner zugigen Tempelanlage erbärmlich an zu frieren.

„SEINE LINKE LIEBKOST EINEN SCHEUEN WIDDER, WELCHER IHN AUF SCHRITT UND TRITT BEGLEITET…. DAS IST DER GOTT DES ERSTEN TAGES – AMUN GEHEISSEN….". Der Hauch der Ewigkeit wehte über die geweihte Stätte und streifte die Gemüter des Publikums. Ordnungsgemäß erschauerte das gemeine Volk trotz seiner molligen Anoraks angesichts der Herrlichkeit jenes hunderttorigen Thebens, dessen Ruhm die Jahrtausende überdauert hat. Und auch mir liefen kalte Schauer den Rücken rauf und runter, denn ich schlotterte vor Kälte in meinen nassen Sachen nach meiner schweißtreibenden Fahrrad-Rallye.

Wiederum ein markerschütternder Gongschlag, der die steinernen Bärte der Pharaonen erzittern ließ. Der Menschenpulk stolperte durch die Dunkelheit vorwärts über das antike Holperpflaster, über Stufen und andere Fallen hinweg, die Hauptachse der Anlage entlang, gelotst von Lichtkegeln und den leisen Lockrufen der Aufseher, deren Chechs[4] ab und zu im Schweinwerferlicht aufblitzten wie weiße Schmetterlinge. Mit der Gewissenhaftigkeit eifriger Hirtenhunde umrundeten die Wärter das Rudel der Touristen und trieben es voran durch den heiligen Hort.

Die erhabene Schönheit der Örtlichkeit jedoch drang nicht durch bis zu meinem höheren Selbst. Mein Geist kreiste nur noch um das saubere, trockene Reserve-T-Shirt in meinem Rucksack. Jetzt oder nie. Unauffällig seilte ich mich ab von der Menge, um mich im finstersten aller Tempelwinkel rasch umzuziehen, die salbungsvollen Lautsprecherworte wohl in meinem Ohr: „UND SO OFT SEIN NAME AUSGESPROCHEN WIRD, NEIGEN PRIESTER DAS HAUPT UND DER GEWÖHNLICHE STERBLICHE WIRFT SICH DEMÜTIG IN DEN STAUB …".

Ein Schwenk, Spot on! Hunderte von Watt waren plötzlich auf mich gerichtet und leuchteten meine finstere Ecke mit boshaften Drachenaugen messerscharf aus. Vom Glorienschein goldenen Lichtes übergossen, präsentierten die Scheinwerfer eine halbnackte Pechmarie, die sich im strahlenden Rampenlicht den Balg vom Leib zerrte, die Arme über dem Kopf im widerspenstigen Gewebe verheddert, ein zusammengeknülltes T-Shirt griffbereit zwischen den Knien eingeklemmt, wie eine lächerliche Beute.

Auf heimischem Boden wäre ein Mauseloch hilfreich gewesen. Hier „AN DER PFORTE, DIE ZU DEN GÖTTERN FÜHRT", konnte ich in der Schrecksekunde meiner Pein allenfalls auf einen Unterschlupf unter die gefiederten Schwingen einer Isis[5] hoffen, auf dass sie mich forttrüge aus meiner Schmach. Sofort wäre ich mitgeflogen, wohin auch immer. Jedoch die Unsterblichen ließ meine Blamage kalt. Keiner der Weltenlenker hatte mir rechtzeitig ein Erdbeben geschickt oder wenigstens mit einem Fingerschnipp die Stromleitung zum Scheinwerfer gekappt. Ungerührt verharrten die Allmächtigen in ihren starren Profilen, keiner löste sich aus dem Putz des Mauerwerks, um tröstend zu mir herabzusteigen. So rettete ich mich selbst durch einen Sprung in die Anonymität der Dunkelheit, verfolgt vom homerischen Gelächter[6] meines irdischen Publikums.

Dabei war der Nachmittag desselben Tages so erbaulich gewesen. Auf Nebenstraßen und schmalen Pfaden war mein Drahtesel mit mir kreuz und quer durch den Grüngürtel des Nilufers gefahren, wohin er gerade wollte. Schon wenige Kilometer hinter Luxor, abseits der asphaltierten Hauptverkehrsstraße, entfaltet sich der ganze Charme dieser ländlichen Gegend. Weit breiten sich zwischen den Bewässerungsgräben die Felder aus: Zuckerrohr, Weizen, Hirse, Gemüse, am Horizont die eleganten Büschel hoher Palmenalleen, im Schatten ausladender Akazien- und Granatapfelbäume angepflockte Rinder, hin und wieder die farbigen Tupfen bunter Kleider auf einem Acker, ab und zu eine Ansiedlung mit eng zusammengeduckten Häusern. Ich liebte es, in dieser stillen Landschaft meine Zeit zu vertrödeln.

Das Gezwitscher und Gekreische wie aus einer Voliere aufgekratzter Papageien lockte mich in eine bestimmte Richtung. Irgendwann konnte ich aus dem Geräuschpegel menschliche Stimmen heraushören. Und als ich näher kam, platzte ich an einer offenen Wasserstelle in die Idylle eines ländlichen Badeplatzes. Versteckt hinter dem Paravant einer lichtgrünen Vegetation, wimmelte es nur so von nackter Haut und unbedecktem Frauenfleisch. Die klassische Szene alter Klischeepostkarten, den verwegenen Phantasien einstiger Kolonialherren entsprungen!

„Das türkische Bad"
v. Ingres, gemalt 1856

Für laszive Sinnlichkeit war hier jedoch kein Raum. Tatkräftig machten sich in einer Art Auffangbecken Frauen und Mädchen mit Seife und wütenden Fäusten über ihre Wäscheberge her. Das dünne Gewebe der Hemdchen und Hauskleider klebte durchnässt an ihren Körperkonturen und offenbarte großzügig weibliche Geheimnisse und all das, was normalerweise niemals das ägyptische Sonnenlicht erblickt. Waschtag am Nil. Die Männer der Gegend wussten das anscheinend und hielten sich fern. Wie schwimmende Seerosen hockten im Genre schwülstiger Schlafzimmerbilder Nixen und Nymphen aller Hautschattierungen im seichten Wasser, rubbelten sich mit dem rauen Stein aus roter Erde die Haut vom Leib, kneteten, klopften und massierten gegenseitig ihre Rücken, tauchten unter wie glückliche Seehunde und kamen glucksend wieder zum Vorschein, das lange Haar wie einen glänzenden Mantel um ihre nackten Schultern und Busen. Und Gnade dem Kind, das sich zu nahe an eine der Mütter, Tanten oder großen Schwestern heranwagte. Mit dem eisernen Griff der *Gh*assala, der Badefrau im Hammam, wurde es gepackt und unter Gezeter abgeschrubbt, erbarmungslos geknuddelt und geküsst, bis es dem Opfer schließlich gelang, ans rettende Ufer zu entwischen, wo es sich sofort wieder in den Dreck warf.

Ein paar dieser übermütigen Ferkel versuchten, mich ins Wasser zu ziehen, aber vorsichtshalber widerstand ich den Badefreuden im Nil aus Angst vor Bilharziose[7]. Als ich ebenfalls meinen Bauch auswickelte für ein Sonnenbad, sah ich, zur Überraschung aller, auch nicht anders aus als sie. Die Frauen stürzten sich leutselig auf das An-

Horus

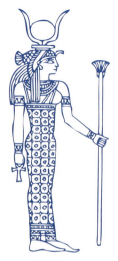
Hathor

Thot

schauungsobjekt vom anderen Stern. Wohlwollend registrierten sie meine Schwangerschaftsstreifen, über die ich zum ersten Mal richtig froh war und schier zu Tode konnten sie sich kichern über meine Sommersprossen, die ich an den unmöglichsten Stellen vorweisen konnte. Aus unzähligen Schüsselchen wurde ich gefüttert, mit pappsüßem Tee ertränkt und gründlich ausgefragt. Allerdings: um mein Image zu retten, das, wäre ich mit der Wahrheit herausgerückt, zerbröselt wäre wie ein Zuckerhutbrocken in der Teekanne, band ich den Damen dreist den Bären meiner zahlreichen Kinderschar, die ich nie geboren hatte, auf ihre unschuldigen nackten Schultern. Der Himmel vergebe mir meine Profiliersucht – aber wie sollte ich erklären, warum ich es bisher nur zu einem einzigen Kind gebracht hatte? Wie wäre ich denn dagestanden!

Mit einer Meute Nackedeis im Schlepptau verließ ich das romantische Hammam. Die Kinder rannten und plärrten, als ginge es um ihr Leben und ich betätigte zum fröhlichen Abschied ununterbrochen meine Klingel – das einzige Instrument meines Fahrzeugs, das tadellos funktionierte. Bald aber gewann mein Fahrrad das Rennen und die Knirpse blieben zurück. Lange noch verfolgte mich über die hoch stehenden Zuckerrohrstauden hinweg ihr Gelächter und Geschrei.

Über etliche Feldlängen hinweg konnte ich mir ein mitwisserisches Schmunzeln nicht verkneifen über diejenigen, die hinter dem Röhricht zusammen mit ihren Galabiyas auch ihre Zurückhaltung abgelegt hatten, deren Gestalten sonst wie geschlechtslose Wesen die Straßen bevölkern, oft mit niedergeschlagenen Augen und halbverborgenem Gesicht hinter vorgezogenem Schleier – allzeit bereit, dahinter in Deckung zu gehen wie ein scheues Wild, als würde ein dreister Männerblick ihre Haut versengen. „ …und dass sie ihren Schleier über ihren Busen schlagen und ihre Reize nur ihrem Ehegatten zeigen …".

Das Bewässerungssystem, das hier die Landschaft prägt, führte mich durch einen verzweigten Irrgarten von Kanälen, Dämmen und Nebenarmen. Manchmal verschlug es mich ganz an den Rand der fruchtbaren Peripherie, wo der Sand sich beinahe übergangslos in das Grün frisst. Aber irgendwann stieß ich wieder zum Ufer des großen Flusses. Ein hochmütiger Ibis kreuzte ohne Eile meinen Weg. Mit seinem langen, gebogenen Schnabel erinnerte er an Thot, den Gott der Schreiber. Lange noch sah ich sein helles Gefieder im Schilf aufblitzen, als er vornehm davonstelzte. An einer lauschigen Stelle mit Ausblick auf das Wasser hielt ich an. Wildenten schreckten zeternd auf und flatterten in pfeilartiger Formation zum Himmel. Dieses hübsche Bild war mir schon einmal begegnet, im Tempel von Luxor – da allerdings in Stein gemeißelt, im Fragment eines antiken Mauerwerks. „Dayman kif kif" *„immer das Gleiche"*[8] – die Natur verändert sich nicht. Tausende von Überschwemmungen sind über dieses Land hinweggegangen und ebenso viele Ernten sind eingebracht worden. Seit der Erbauung des Assuan-Staudammes kann nun dreimal jährlich geerntet werden. Der Nil entscheidet nicht mehr über Leben und Tod auf dem schmalen Streifen des ehemaligen Schwemmlandbereiches zwischen den Wüsten.

Eines der haushohen Kreuzfahrtschiffe fuhr vorbei. Seine Bugwelle schwappte auf das Ufer zu und zerschnitt die spiegelnde Wasseroberfläche, auf die das Sonnenlicht flimmernde Silberfunken warf. Durch die halbgeschlossenen Augen blinzelnd, konnte ich erahnen, wie in alten Zeiten die vorbeifahrende königliche Barke des Pharao ein wenig Prunk in den Alltag der Bauern brachte. Ich konnte mir gut vorstellen, wie sie damals Harke und Ackergeräte fallen ließen und zu den Ufern eilten, um der Majestät zuzujubeln.

Hier zog auch alljährlich in einer feierlichen Prozession die Götterstatue des Horus vorbei, von den Priestern auch auf der Reise beweihräuchert, gesalbt und gefüttert. Jedes Jahr stattete die Gottheit aus der südlichen Tempelanlage Edfu seiner Gemahlin Hathor, der die Kultstätte in Dendera geweiht war, seinen rituellen Besuch ab. Wie mag das einfache Volk sich gefühlt haben, als es diesen Uferstreifen hier säumte, um einen Blick auf die glanzvolle Barke zu werfen und dem Gott zu huldigen. Nur wenige Monate später neigten die Menschen rechts und links des Nils abermals in Ehrfurcht das Haupt, wenn in einem ebenso pompösen Triumphzug das Götzenbild der Hathor, die rotglänzende Sonnenscheibe zwischen den Hörnern, vorbeiglitt, unterwegs zum Gegenbesuch zu ihrem Gatten nach Edfu.

Ein Eselsrempler brachte mich unsanft in die Gegenwart zurück. Mit seiner weit ausladenden Last und dem Mann obenauf nahm das Tier die ganze Breite des schmalen Pfades ein. Der Esel würdigte mich keines Blickes, der Reiter hob seine Hand zu einem knappen Gruß und die beiden verschwanden hinter einer Oleanderrabatte, die in üppiger Verschwendung am Wegesrand blühte.

Auch in der jüngeren Neuzeit hatte es eine Situation gegeben, in der die Bewohner Oberägyptens sich an diesem Ufer aufreihten, um einer ebenso bedeutsamen Fracht ihre Ehrerbietung zu erweisen. 1881 zogen hier an die 40 königliche Mumien vorbei auf dem Weg zur archäologischen Sammlung nach Kairo. Die kostbare Ladung des Schiffes war offiziell mit „Trockenfisch" deklariert worden, um die Sache geheimzuhalten. Als aber dann doch die Wahrheit durchsickerte, verabschiedete die Bevölkerung ihre Pharaonen mit würdevollem Zeremoniell. Frauen in Trauerkleidung bewarfen ihre Häupter mit Staub, schickten ihre Youyou-Rufe hinüber zur königlichen Fracht und die Männer begleiteten die Mumien mit Salutschüssen auf ihrer letzten Reise.

Eigentlich war es eine Ziege der Familie Rasul, einfache Bauern aus el-Qurna, gewesen, die 1875 die „Cachette"[9], eine abgelegene, schmucklose Höhle im Deir el-Bahri[10], entdeckte, in der sich die 40 Mumien befanden. Da ein Weiterleben nach dem Tod nur garantiert war, wenn der Körper des Verstorbenen vollständig erhalten im jenseitigen Reich der Götter ankam, hatte eine treue Priesterschaft etwa 900 v. Chr. die einbalsamierten Körper der bedeutendsten Pharaonen des Neuen Reiches in einer geheimen Aktion aus ihren kostbaren Sarkophagen im Tal der Könige in das karge Sammelgrab umgebettet, um sie vor weiterem Vandalismus und Entweihung durch Grabräuber zu schützen. Planlos waren die einbalsamierten Körper in ihrem Versteck, mit Namensschildern versehen, auf dem Boden deponiert worden. Es ist gut möglich, dass dort zwei verhasste Widersacher einer Dynastie dicht nebeneinander zu liegen kamen – Rivalen, die sich zu Lebzeiten befeindet hatten in der Gier nach dem Thron, die erbittert gebuhlt hatten um ihre eigene Unsterblichkeit. Einer hatte vielleicht das

133

Gesicht des anderen aus dessen Statuen herauskratzen und seine Kartusche in der königlichen Liste zerstören lassen, damit Name und Ruhm des Vorgängers für immer in Vergessenheit geraten mögen. Und dann mussten die mumifizierten Kontrahenten mit verdorrter Haut und gut erkennbarer Physiognomie jahrtausendelang Seite an Seite nebeneinander liegen, in lächerlicher Armseligkeit vereint. Welch Ironie des Schicksals!

Froh um die Unkompliziertheit meiner gemeinen Geburt und die Freiheit meines Hier und Jetzt machte ich mich auf den Rückweg. Es war höchste Zeit, ich wollte ja pünktlich in Karnak sein, zur Sound- & Light-Show.

Am nächsten Tag unternahm ich einen Streifzug durch das Wohngebiet, das sich auf dem Hügel über dem Basar hinzieht. Einer der Halbwüchsigen, die sich als Führer aufdrängen wollten, war so gewitzt, dass ich mit ihm amüsiert zu schäkern anfing und ihn neben mir herlaufen ließ. So hatte ich wenigstens meine Ruhe vor den anderen Bewerbern. Sollte er doch ein bisschen was verdienen, solange er nicht allzu lästig wurde. Das Kerlchen war zwölf Jahre alt, hieß Ahmed und war nach eigenen Worten als ortskundiger Führer unschlagbar. Er teilte mir diensteifrig mit, in der Nähe finde ein gewaltiges „Hafla", *„ein Fest"*, statt, so was hätte ich in Luxor noch nicht gesehen und er als bester Reiseleiter zwischen Nil und Mississipi wisse Bescheid. Oh ja, auf solche Gelegenheiten hofft man als Fremder immer, welch Glücksfall. Vielleicht gab es ein Beschneidungsfest oder es wurde Verlobung gefeiert oder gar ein Hennaabend oder eine Hochzeit. Eine abenteuerliche Schnitzeljagd begann: ich folgte Ahmed durch gewundene Häuserreihen, Schutthalden und Baustellen, über Mäuerchen hinweg, durch Löcher hindurch. Der größte aller Führer tröstete mich: gleich wären wir da. Aber ich hörte noch lange keine Trommelschläge, die das Fest verkündet hätten. Als ich mich wieder einmal an einer Schmalstelle, an der das Mauerwerk brüchig herunterrieselte, hindurchgezwängt hatte, tat sich das Wunder vor mir auf: Im Staub eines kleinen Platzes döste untätig in der Hitze der Nachmittagsglut eine traurige Schiffschaukel. Stolz präsentierte der beste Fremdenführer zwischen Nil und Mississipi seine Sensation: „Al Hafla", *„das Fest"*! Die Überraschung war geglückt. Ahmed registrierte zufrieden, dass ich baff war und fragte, ob er mir zeigen dürfe, wie hoch er schaukeln könne. Selbstverständlich interessierte ich mich brennend für Ahmeds Schaukelkünste – nun, da ich den schweißtreibenden Hürdenlauf über Stock und Stein in der Hitze schon mal auf mich genommen hatte und bezahlte den Schausteller, der, ein Geschäft witternd, aus dem Schatten heranschlich.

Schaetze deine Groesse nicht nach deinem Schatten

Jetzt natürlich legte Ahmed sich ins Zeug, was das rostmüde Eisengestänge hergab. Ruf und Ehre des Vaterlandes standen auf dem Spiel. Unter vollem Einsatz schwang der mutige Sportsmann sich und sein buntes Schiff empor. „Ahmed, Ahmed …", feuerte ich ihn als guter Cheerleader fingerschnalzend an, als ginge es um die letzten Meter auf der Zielgeraden eines olympischen Feldes. Das strahlend weiße Gewinnerlächeln im dunklen Gesicht des unerschrockenen Bezwingers der Lüfte flog durch den Himmel und der Lorbeer war ihm sicher.

Die sensationelle Vorstellung blieb nicht lange unbeachtet. Bald kamen die Kinder aus den Löchern der schmalen Gassen und umringten uns. Ihre Bewunderung für den Champion hielt sich in Grenzen, sie wollten selbst schaukeln. Großmütig überließ Ahmed das Feld den anderen. Und ich spendierte der Kinderschar, die im Dutzend das eiserne Schiffchen stürmte, Runde um Runde. Der Schausteller stellte mir seinen Stuhl zur Verfügung und ließ einen Mokka nach dem anderen aus einem nahen Cafè auffahren, um mich bei Laune zu halten und freute sich über das Geschäft seines Lebens.

Bald bemerkte ich, dass das tollkühne Vergnügen, eine Schiffschaukel zu besteigen, reine Männersache war. Die kleinen Mädchen wurden abgedrängt und konnten nur stumm die Köpfe in den Nacken legen und den fliegenden Hemdzipfeln der Buben nachschauen, die unter dem blauen Firmament über ihnen herumsegelten. Erbost über die Machos der künftigen Generation sammelte ich die kleinen Mädchen ein und beförderte die Schaukel höchstpersönlich mit energischem Schwung direkt in den Himmel hinein unter dem jauchzenden Gequietsche meiner Passagiere. Als wir wieder unten auf der Erde anlegten und ich, etwas außer Puste, als guter Kapitän als letzte das Schiff verließ, wurde ich von einem Häufchen Frauen entgegengenommen. Mit besorgten Gesichtern drängte man mich unverzüglich in eines der angrenzenden Häuser, wo ich mich ausruhen musste und man bemüht war, mich wieder aufzupäppeln nach meinem halsbrecherischen, risikoreichen Abenteuer. Waren nicht im Jahre 1832 die warnenden Prognosen für die Passagiere ähnlich gewesen, als die erste Eisenbahn zwischen Nürnberg und Fürth mit 35 Stundenkilometern dahinraste?

Eine Weile machte ich das Spielchen mit. Dann trat ich den Beweis an, dass der weibliche Organismus die Strapazen derartiger Exzesse sehr wohl schadlos überstehen konnte, stellte mich erstaunlich rüstig auf meine Beine und schickte mich an zum Gehen.

In der Tür traf ich mit einem Mann zusammen. Als er mich sah, stutzte er einen Augenblick, dann aber begrüßte er mich auffallend erfreut, als sei ich eine alte Bekannte. Ich erfuhr, dass er gerade auf dem Weg zur Arbeit sei als Aufseher im Tempel von Karnak bei Sound & Light, heute in französischer Sprache. „Ya salām!", *„Du meine Güte!"* Vorsichtig frage ich nach, ob er denn gestern Abend auch Dienst gehabt hätte. Das zerfurchte Gesicht unter dem blütenweißen Chech zerfloss zu einem breiten Grinsen, sodass alle seine Zahnlücken sichtbar wurden. Dabei nestelte er mit gelben Fingern aus seiner zerknautschten „Kleopatra"-Packung eine der filterlosen Zigaretten heraus, die von den Ägyptern benötigt werden, um besser reden zu können. Zweifelsohne – er hatte meine Striptease-Nummer miterlebt! Eilig verabschiedete ich mich, bevor die Tretmine explodieren würde und hoffte im Gehen, dass die Geheimnisse des Tempels nicht hinausgetragen würden in die profane Welt – wenigstens nicht, solange ich in Hörweite war.

> Wer immer in den Himmel schaut, wird die Erde nie entdecken

[1] **Pylon** – Mächtiges Portal, aus Lehm konisch mittels einer Rampe aufgeschichtet. Der erste Pylon in Karnak (insgesamt sind es zehn) ist 113 Meter breit und 44 m hoch aus der 30. Dynastie 380–343 v. Chr.
[2] **Sound & Light** – 90-minütige Licht- und Ton-Show, erläutert die Geschichte von Oberägyp-

ten und der Erbauer der Anlage abwechselnd in den Sprachen Englisch, Deutsch, Französisch, Spanisch, Italienisch, Japanisch, Russisch und Arabisch. (Eintritt ca. 5 €) Tipp: Vergnügliche Anfahrt von Luxor bis Karnak mit Pferdekutsche (kostet ca. 5 €).

[3]**Karnak** – Größte antike Tempelanlage Ägyptens. Die Bauarbeiten begannen in der 11. Dynastie ca. 2134 v. Chr. und dauerten bis in die römische Zeit. Jeder Herrscher fügte, um sich unsterblich zu machen, einige Bauwerke hinzu. Einige der berühmtesten Bauherren waren: Amenhotep, Thutmosis, Ramses, Sethi, Echnaton, Hatschepsut (Obelisken), Tut-Anch-Amun.

[4]**Chech** – Langes Baumwolltuch für Männer, das um den Kopf gewickelt wird.

[5]**Isis** – Göttin aus der ägyptischen Mythologie, Gemahlin des Osiris und Mutter des Horus/Gottesmutter, Beschützerin und Bewahrerin, Göttin der Liebe und Fruchtbarkeit, war für die Nilüberschwemmungen verantwortlich. Wird oft mit ausgebreiteten Schwingen dargestellt. Ihre berühmteste Kultstätte steht auf der Insel Philae bei Assuan. Um die Zerstörung durch den Bau des Staudammes zu verhindern, wurde dieser Isis-Tempel 1977 Stein für Stein (hauptsächlich von Deutschen) abgebaut und an der jetzigen Stelle wieder errichtet.

[6]**Homerisches Gelächter** – Homer, Dichter der griechischen Antike und erster Dichter des Abendlandes, schrieb Ende des 8. Jahrhunderts v. Chr. das Epos Ilias und Odyssee. Darin lässt er die griechischen Götter in ein laut schallendes Gelächter ausbrechen (aus hämischer Schadenfreude), das als Donner gehört wurde. Anlass: Der Gott Hephaistos hatte über seinem Ehebett ein unsichtbares Netz aus Blitzen errichtet, um darin seine ungetreue Gemahlin Aphrodite mit ihrem Liebhaber Ares einzufangen: „Darum, weil jener schön ist und grade von Beinen, ich aber solche Krüppelgestalt…".

[7]**Bilharziose** – Blasen- und Darmerkrankung, verursacht durch Saugwürmer, die in stehenden Gewässern am Rande der Bewässerungskanäle vorkommen. Vor dem Bau des Assuan-Staudammes wurden diese Würmer mit der alljährlichen Überschwemmung fortgespült.

[8]„**kif kif**" – „Es ist doch immer das Gleiche" (oder auch: „hal hal").

[9]**Cachette** – (franz. „Versteck"). Das Versteck der Königsmumien, wissenschaftliche Grabnummer: DB 320.
Die beiden Brüder Ahmed und Mohammed Abd el-Rasul konnten einige Jahre ihre Entdeckung der 40 Mumien geheimhalten und verkauften unter der Hand einen Teil der noch verbliebenen Grabbeigaben. Erst, als auf dem Schwarzmarkt kostbare Gegenstände aus der 17. – 21. Dynastie auftauchten, wurde die Antikenbehörde aufmerksam und die Sache flog auf.

[10]**Deir el-Bahri** – Gebirgszug, der sich hinter dem Dorf el-Qurna und dem Hatschepsut-Tempel zum Tal der Könige hin erhebt.

Die segensreiche Symbolik einiger Zahlen

Die Drei schützt vor Unfruchtbarkeit. Dreieckige Formen sind ein häufiges Motiv bei Armreifen und Fibeln des Berberschmucks, besonders beim Brautschmuck. Ein Dreieck mit der Spitze nach unten symbolisiert das weibliche Prinzip. Zwei Dreiecke übereinander bilden den sechseckigen Judenstern.

Die Vier steht für Glück und Harmonie, deshalb taucht das Viereck häufig als Webmuster auf in Teppichen und Mosaiken. Zwei Quadrate übereinander bilden ein Achteck, das Salomon-Siegel.

Die Fünf ist eine magische Zahl gegen alles Böse und symbolisiert die Kraft der Hand. Die Fatima-Hand/Chamsa zeigt fünf Finger einer stilisierten Hand von Fatima, der Tochter des Propheten und ist ein häufig verwendetes Symbol als Abwehrzauber gegen Unheil und den bösen Blick. Die segenbringende Darstellung findet man als Anhänger, in Hennabemalungen auf der Haut oder an Haustüren zum Schutz vor bösen Geistern. Beim islamischen Opferfest „Aid al Adha" (Erinnerung an die Bereitschaft Abrahams, seinen Sohn Isaak zu opfern), versieht man die Hauswände mit Handabdrücken aus dem frischen Blut des obligatorischen Opfertieres (Schaf, Ziege, Rind). Die „Chamsa"-Darstellung trägt oft in ihrer Mitte das augenförmige Zeichen „Nazar", „Blick", oft aus türkis-blauem Stein oder blauem Glas.

„Chamsa fi ainek", „Fünf (Finger) in dein Auge", murmelt man zur Abwehr des bösen Blicks und streckt dabei alle fünf Finger der Hand aus.

Fatima war die jüngste Tochter des Propheten Mohammed. Ihre Kinder waren die einzigen Enkel Mohammeds, die das Erwachsenenalter erreichten und eine leibliche Nachfolge des Propheten sicherten. Deshalb wird Fatima als Mutter aller Nachkommen des Propheten verehrt (Parallele zum Christentum: segnende Hand der Hl. Maria).

Die Tuareg-Frauen tragen in abstrahierter Form der Hand die „Chomeissa", fünf gleichgroße Dreiecke, meist aus weißen Muscheln, am Hals, die vor „Togerschek", böswilligen Kräften und der Strafe für Geiz, schützen soll.

Der fünfzackige Stern (Davidsstern) schmückt die marokkanische Flagge.

Chamsin: Ein sehr heißer, trockener Wind, der jedes Frühjahr ca. 50 Tage lang aus der Wüste kommt und große Sandschwaden mitbringt (Libyen, Ägypten, Israel, Palästina). Man verschließt in dieser Zeit die Fenster und Läden nicht nur vor dem Sand, der durch alle Ritzen dringt, sondern auch vor den Dschinnen, die mit dem Wind aus der Wüste kommen.

Der israelische Satiriker Ephraim Kishon schrieb: „Wenn der Chamsin bläst, bekommt man keine Luft, kann sich kaum auf den Beinen halten und fühlt das Verdorren der Nervenstränge beinahe plastisch."

Arabische Ziffern

Die von uns heute verwendeten arabischen Ziffern stammen ursprünglich aus Indien. Bis zum 9. Jahrhundert n. Chr. hatten die Araber die römischen Zahlen verwendet. Da dieses System jedoch die Ziffer Null nicht kannte, waren Additionen sehr kompliziert. Deshalb übernahmen arabische Wissenschaftler das indische System. Erst Ende des 12. Jahrhunderts kamen diese „arabischen Ziffern" nach Europa durch die Algebra-Aufzeichnungen des Mathematikers Abu Kamil. Das Rechnen mit 10 Ziffern konnte sich in Europa jedoch erst durch die Erfindung des Buchdrucks um 1440 richtig durchsetzen.

Merksatz raqm *a*schra:
„W*ä*h*i*d, itn*ä*n tal*a*ta,
Ummi m-schat li s-bata …"
„Eins, zwei, drei, meine Mutter ging zum Samstagsmarkt …" **(Kinder-Abzählreim)**

1 w*ä*h*i*d		11 *a*h*d*asch	
2 itn*ä*n		12 itnasch	
3 tal*a*ta		13 talatasch	
4 arb*a*a		14 arb*a*atasch	
5 chamsa		15 chamastasch	
6 sitta		16 sittasch	
7 sab*a*a		17 sab*a*atasch	
8 taman*i*ya		18 tamantasch	
9 tis*a*a		19 tis*a*atasch	
10 *a*schra		20 ischrin	

Jetzt geht es weiter genau wie im Deutschen:
    1   +   20
    ein   und   zwanzig

21	w*ä*h*i*d	wa	ischrin	30	talatin
22	itn*ä*n	wa	ischrin	40	arb*a*in
23	talata	wa	ischrin	50	chamsin
24	arb*a*a	wa	ischrin	60	sittin
25	chamsa	wa	ischrin	80	tamanin
26	sitta	wa	ischrin	70	sab*a*in
27	sab*a*a	wa	ischrin	90	tis*a*in
28	taman*i*ya	wa	ischrin	100	mia
29	tis*a*a	wa	ischrin	1000	älf

(**älf layla wa layl** = 1001 Nacht)

DIE ARABISCHEN ZAHLEN WERDEN VON LINKS NACH RECHTS GESCHRIEBEN WIE BEI UNS

٦٢ =	62	itnän wa sittin	*zwei und sechzig*
٨٧ =	87	sab*a*a wa tamanin	*sieben und achzig*
٤٥ =	45	chamsa wa arbain	*fünf und vierzig*
١٩٣ =	193	mia wa talata wa tisain	*hundert und drei und neunzig*

"Allahu akbar - aschhadu an la ilaha illa'llah

wa aschhadu ana Mohammadan rasulu'llah

heiya alas'salat heiya alal'falah

Allahu akbar la ilaha illa'llah"

"Gott ist gross - ich bezeuge, dass es

keinen Gott gibt ausser Allah.

Ich bezeuge, dass Mohammed

der Gesandte Allahs ist.

Kommt zum Gebet, kommt zum Heil.

Gott ist gross, es gibt keinen Gott ausser Allah."

Gebetsruf des Muezzin vom Minarett
(altarabische Sprache, kein Hocharabisch aus der Neuzeit)

11. Marrakesch

Im Osten war bereits ein heller Streifen am Himmel zu sehen, aber noch lag die Brüstung der Terrasse vollkommen im Dunkel. Leise hatte ich mich nach oben geschlichen auf das flache Dach unseres Riads[1], um die Stadt alleine zu erleben in ihrer Intimität des Erwachens. Noch lag alles unter dem Mantel der Nacht, noch war es zu dunkel, als dass man einen weißen Faden von einem schwarzen hätte unterscheiden können. Im Ramadan würden jetzt die „musaharatiya", *die Trommler*, lärmend durch die Straßen ziehen, um die Gläubigen zu wecken für ihre letzte nächtliche Mahlzeit vor einem langen Fastentag. Aus den Fenstern würde für die Musiker das Bakschisch hinuntersegeln, in brennendes Papier gewickelte Münzen, damit die Musiker sie in der Dunkelheit finden können.

Da – der erste Muezzin! Elegisch flatterte sein Ruf wie aus einem fernen Plattenspieler mit rostiger Grammophonnadel über die Dächer der Stadt. Aus einer anderen Ecke kroch eine zweite Stimme empor, diese eine Oktave höher, in einer gedehnten, wogenden Melodie. Kurze Zeit später klang es mit verhaltener Dynamik und tadelndem Unterton wie ein Echo aus der entgegengesetzten Richtung zurück. Und plötzlich, als würde ein übergeordneter Dirigent die Einsätze geben, begannen in kurzen Abständen nacheinander aus allen Stadtteilen die Lautsprecher zu explodieren.

„Allahu akbar ..." Die eindringliche Aufforderung zum Gebet schwang über den Gassen und den Plätzen, drang vielstimmig hinein in die Schlafzimmer und in die Herzen der Gläubigen.

Manche Gebetsrufer sandten ihren Appell klagend und seufzend hinaus, in den Endungen ein leises Nachwimmern wie eine beschwörende Bitte. Andere wieder schlugen sich in herrischem Crescendo eine Bresche durch den sanften Sprechgesang, als könnten sie die Gläubigen keine Minute länger schlafend erdulden. Ein Muezzin schmetterte die fromme Botschaft hinaus, als hätte er sich aus einer Festspielbühne hierher verirrt und überstimmte mit seinem schrillen Falsett die brüchige Kehle eines nahen Kollegen, auf dessen Fistelstimme die Last eines langen Lebens abgefärbt hatte. Und ganz unten, am Grunde des Klangteppichs, brodelten die sonoren, abgedunkelten Bässe einiger kraftstrotzender Cherubim, als müssten sie Ordnung halten im musikalischen Gefüge. Die ganze Stadt versank unter der summenden Glocke einer weihevollen Partitur und ich tauchte mit ein in das Bad eines ambrosischen Kanons aus unzähligen Kehlen und Minaretten.

> Gott sitzt in einem Kirschbaum und ruft die Zeiten aus
>
> *Psalm*

> "...und esst und trinkt, bis in der Morgendaemmerung der weisse von dem schwarzen Faden zu unterscheiden ist."
> Koran Sure 2, 187
> Diese Stelle bezieht sich allerdings auf den Beginn des Fastens während des Ramadan von Sonnenaufbis Sonnenuntergang

Schüchtern verscheuchte bereits das erste Licht der Dämmerung das Dunkel aus den Ecken. In den Wohnungen wurden jetzt die Gebetsteppiche ausgerollt. Unzählige Rücken beugten sich mit knackenden Gelenken, den Körper nach Mekka gewandt, Lippen murmelten leise die rituellen Gebete, bevor das Tagewerk beginnen und mit seinem Lärm die Gassen und Gemüter erfüllen würde. Bald würden die Frauen ihre Töchter mit den vorbereiteten Teiglaibchen zum Bäcker schicken und die Duftwolken des frischen Brotes würden die Lebensgeister in den Häusern wecken. Elias Canetti musste ähnlich wie ich empfunden haben, als er in seinem Buch „Über den Dächern von Marrakesch" zärtlich diese Stadt beschrieb wie eine kostbare Geliebte. Von Engelsflügeln sanft berührt, schlich ich wieder hinunter und legte mich mit singender Seele in mein Bett „Jubilate deo omnis terra … Halleluja …"[2]

Ich erinnerte mich, dass ich einmal in einer ländlichen Gegend von meinem Zimmer aus beobachtete, wie eine Großmutter im Hof an einer sauberen Stelle ihren Teppich ausrollte, um ihr Gebet zu verrichten. In dem günstigen Augenblick, als sie sich in Demut auf die Knie niederwarf und mit der Stirn den Boden berührte, sprangen ihre Enkel, noch Winzlinge, mit Karacho auf den Rücken der gottesfürchtigen Oma, die in dieser Stellung in der Tat ein herrliches Reittier abgab. Das fromme Pferd, das den Ablauf des Rituals unter keinen Umständen unterbrechen durfte, fauchte mit rollenden Augen und zorniger Donnerstimme „Allahuuu akbarrrrrr" und bäumte den Oberkörper temperamentvoller auf, als es die Vorschrift erforderte. Die kleinen Reiter purzelten hinunter und legten sich kichernd auf die Lauer bis zur nächsten Niederwerfung. Solche Respektlosigkeiten sind natürlich nur mit Großmüttern möglich, der großmütigsten Spezie dieser Welt.

Hier in Marrakesch wohnten wir in einem schönen, traditionellen Riad inmitten der Medina, das ich für unsere Gruppe gemietet hatte. Seit Tagen genossen meine tanzbegeisterten Frauen jeden Abend die Vorstellungen des Folklore-Festivals, des „Festivals National des Arts Populaires de Marrakech", wie es so großartig auf den Plakaten hieß. 35 Musik- und Tanzgruppen aus allen Regionen Marokkos waren unter dem Patronat des Königshauses nach Marrakesch gekommen, um im Innenhof des Badi-Palastes[3] ihre Folklore zu zeigen. In ihren farbenfreudigen Trachten demonstrierten die verschiedenen Berberstämme[4] in ungekünstelter Frische ihre Musik, verschiedene Rhythmen und Wechselgesänge. Das gewaltige Aufgebot an Gruppen- und vereinzelten Solotänzen bot uns märchenhafte Bilder, wie wir sie allenfalls aus gut illustrierten orientalischen Märchenbüchern kannten.

Viel ist vom Badi-Palast, dem einstmals unvergleichlichen Bauwerk des mächtigen Saadier-Sultans Ahmed El Mansour[5] aus dem 16. Jahrhundert nicht übrig geblieben. Wie so oft in der Geschichte, ließ ein Nachfolger, der Alaouiten-Sultan Moulay Is-

mail[6] kostbare Teile für den Bau seiner „Villa Imperiale" in Meknes abtragen, wobei Vieles zerstört wurde. Heute existieren vom Badi-Palast nur noch die meterdicken Außenmauern aus Stampflehm. Ganze drei Kapitelle sind erhalten, ein paar Wasserbecken, in denen heute die Frösche quaken, Fundamente und Rinnen der Badeanlage, ein armseliger Rest eines Mosaiks, der ängstlich durch ein Absperrseil gesichert ist, um wenigstens ein paar Quadratmeter der einstigen Pracht zu erhalten. Kaum vorstellbar, dass hier einmal Fußböden und Wandverkleidungen aus italienischem Carrara-Marmor glänzten, der damals im Tauschhandel mit Zucker eins zu eins aufgewogen wurde.

Doch jetzt gab es wieder Leben innerhalb der toten Palastmauern. Die ganze Längsseite des riesengroßen Areals hatte man mit Aufbauten zur Monumentalbühne umfunktioniert, so dass alle aktiven und passiven Darsteller ständig im Sichtfeld der Zuschauer blieben. Viele Akteure, die ihren offiziellen Auftritt längst hinter sich hatten und die nun, während des weiteren Programmablaufs, still im Hintergrund hätten sitzen sollen als farbenprächtiges Accessoire des Bühnenbildes, sprangen plötzlich, wie vom Skorpion gestochen, von ihren bunten Teppichen auf und fingen am Rande des Bühnengeschehens in einem tranceartigen Zustand an zu tanzen, sich wie Kreisel zu drehen, zu singen und zu klatschen, beseelt vom Geist ihres gemeinsamen Wirkens. Dann wieder tauchten aus dem Hintergrund historisch gekleidete Reiter mit prächtig geschmückten Kamelen und Dromedaren auf, die in würdevollem Passgang die Bühne des Geschehens durchkreuzten.

Zum Abschluss der Vorstellungen verwandelten jeden Abend alle Gruppenmitglieder gemeinsam unter spektakulären Lichteffekten in einem atemberaubenden Musik-, Farben- und Formenrausch die Bühne in ein wogendes Feuerwerk der Sinne. Das brachte anscheinend auch den Kreislauf der Störche, die seit unzähligen Generationen oben auf den wuchtigen Außenmauern ihren ständigen Wohnsitz haben, in Schwung. Sie, die sonst in mürrischer Contenance die lärmende Vorstellung zu ihren Füßen über sich ergehen ließen, streckten zum bombastischen Finale furioso ihre langen Hälse aus den privilegierten Plätzen ihrer Nester und spendeten ebenfalls laut klappernd ihren Beifall. Oder aber sie taten ihren Unwillen kund wegen der nächtlichen Ruhestörung in ihrem sonst so friedlichen Palastleben.

Das übrige Publikum jedenfalls feierte die Künstler mit beigeisterten Ovationen. Wie sollte es auch einem vernünftigen Menschen aus Fleisch und Blut gelingen, auf seinem rotsamtenen Sitzplatz zu verharren, wenn Hunderte von Rahmentrommeln[7] und Tarijas[8], die kleinen, für Marokko so typischen Handtrommeln, inbrünstig im selben Rhythmus schwangen und, von kräftigen, schlanken Berberhänden geschlagen, gleichzeitig ihre Lebensfreude hinausschrien? Das war kein Funke mehr, der da über die Rampe hinweg auf die Zuschauer übersprang, das war eine Feuersbrunst.

Auch wir schickten im Delirium unserer Freude gellende Zagarits[9] zu den Storchennestern hinauf und stampften die Bretter unter unseren Tribünenplätzen windelweich bis zur glückseligen Erschöpfung. Irgendwann drangen durch das Höllenspektakel Worte heimatlichen Kolorits an mein Ohr: „I drah durch!" Eine meiner Frauen? Oder ich? Egal, ein Herz schwappte über.

Vor den Toren der Stadt, auf dem freien Gelände außerhalb der Stadtmauern, sollte die Fantasia[10] stattfinden. Das Programmheft kündigte auf sündteurem Hochglanzpapier den Beginn der Reiterspiele für 15 Uhr an. Bis dahin hatten wir noch naiv geglaubt, dass wenigstens arabische Offsetdruck-Maschinen den Zeitbegriff ernst nehmen würden. Doch wir sollten eines Besseren belehrt werden.

Die Veranstaltung sollte außerhalb der Stadtmauer, nahe dem Bab Dschedid, *Neues Tor*, stattfinden. Auf mehrere „petites taxis", *„kleine Taxis"*, verteilt – pro Wagen strikt nur drei Fahrgäste – im krassen Gegensatz zu Ägypten – ließen wir uns pünktlich zum Neuen Tor in der westlichen Stadtmauer bringen, in dessen unmittelbarer Nähe sich das weltberühmte Nobelhotel „Mamounia" befindet. Schon die Taxifahrer hatten gemeint, es hätte noch keine Eile, wir hätten noch viel Zeit. Aber was wussten die schon, wir hatten es doch schwarz auf weiß.

Als wir durch das Tor hinaustraten aus der Stadt, die verkehrsreiche Umgehungsstraße überquerten und das Terrain außerhalb der Stadtmauer vergeblich absuchten nach Ross und Reiter, wurden wir schon etwas kleinlaut. Nirgends konnten wir organisatorische Anzeichen einer bevorstehenden Veranstaltung entdecken, weder eine abgesteckte Rennstrecke noch Ordnungspersonal, von wartenden Zuschauermassen ganz zu schweigen. Nie im Leben würde hier auf diesem Platz heute noch eine Fantasia stattfinden!

Es erging uns wie dem kleinen Maxl, der sich doppelt betrogen fühlte, als er vor der Zirkuskasse stand und es keine Eintrittskarte mehr für ihn gab, dabei hatte er sich extra für dieses Ereignis seinen Hals gewaschen. Wir hingegen hatten uns, im Gegensatz zum Maxl, nicht besonders hübsch gemacht, sondern unser Hauptaugenmerk auf praktisches, wind- und wüstentaugliches Outfit gelegt, um, dem Anlass gemäß, der niederbrennenden Sonne und den aufstiebenden Körnern des Flugsandes einer berittenen maghrebinischen Berber-Armee unbeschadet trotzen zu können.

Jedoch – kein stampfender Pferdehuf war zu sehen, kein aufgeregtes Wiehern zu hören. Statt des lampenfiebrigen Schweißgeruchs der edlen Reittiere, die mit bebenden Nüstern und aufgestellten Ohren aufgeregt auf der Stelle tänzelten, wehten von der nahen Hauptverkehrsstraße Abgasschwaden über die leere Ebene. Nirgendwo gab es für uns ein furchtlos blitzendes Berberauge unter einem sorgsam gewickelten Chech. Und es gab erst recht keine Reiter in weißen wallenden Gewändern, die, die Zügel mit nur einer Hand fest im Griff, ihre Vorderlader couragiert in der Luft schwenkten und, kühne Schreie ausstoßend, in rasendem Galopp vorbeisprengen und in einer Staubwolke entschwinden würden in ihrer Aura aus Verwegenheit und Mut. Und wir, das Frauengrüppchen aus einem fernen Land, in dem die Männer ihre Wildheit mit einem Tritt aufs Gaspedal austoben, wir würden mit roten Backen am Rande des Turnier-

146

platzes stehen, jubelnd mit unseren weißen Taschentüchlein winken und das Spiel der Tapferen genießen. So ungefähr hatten wir uns das vorgestellt.

Wie die Ausgesetzten einer Leprakolonie standen wir vor den Toren der Stadt auf der steppenartigen weiten Fläche, über die der Wind Papierfetzen und Plastiktüten vor sich her trieb. Marrakesch, „Al Hamra" *„Die Rote"* [11], lag stumm und fern in ihrer terrakottafarbigen Schönheit im hellen Licht der Nachmittagssonne. Über die trutzige Fassade der Stadtmauer hinweg konnte man die Dächer und Zinnen des legendären "Mamounia" sehen, eines der teuersten Hotels der Welt, in welchem sich die Großen trafen und treffen. Winston Churchill, Rita Hayworth und die Rolling Stones logierten dort, Alfred Hitchcock drehte in diesem erlesenen Ambiente „Der Mann, der zuviel wusste". Ich erinnerte mich, im Reiseführer gelesen zu haben: „Wem es nicht möglich ist, im „Mamounia" mit seiner palastartigen Innenausstattung abzusteigen, der sollte wenigstens einen Drink auf der Terrasse nehmen mit Blick auf die traumhaften Gartenanlagen". Genau, das machen wir.

Am marmorblitzenden Portal des Hotels stand ein dunkelhäutiger Hüne. Er war als Sarottimohr [12] verkleidet und maß, den Sultans-Turban nicht mitgerechnet, mindestens zwei Meter. Als er unseren Fußtrupp über die vornehme Auffahrt, in der sonst die hochkarätigen Limousinen vorfahren, herankommen sah, veränderte sich seine Statur. Der riesenhafte Körper straffte sich und wuchs noch um einige Zentimeter, als wolle er die Ankömmlinge alleine durch den Schrecken seines Anblicks einschüchtern. Der Mann nahm breitbeinig eine stabile Haltung ein, und mit steinernem Gesicht schwenkte seine Rechte, mit der er eine Lanze hielt, zur Seite. Sein Athletenarm versperrte uns das Entree.

„Only for habitants", *„Nur für Hotelgäste"*, sprach sein Schnullermund. Auf den Magenschwinger war keine von uns gefasst. „Das gibt's doch nicht". Doch, das gab's. Für den Zerberus [13] war der Fall erledigt – diese hier gehörten nicht zu den Reichen und Schönen, der Eingang fürs Küchenpersonal war anderswo. Starr lenkte er seinen Blick über unsere Köpfe hinweg in die Krone einer Palme, als müsste er auch noch dort oben für Ordnung sorgen und deren Wedel beaufsichtigen. Nur die hin- und herflackernden Pupillen im Weiß seiner Augäpfel verrieten, dass der Kerl aus Fleisch und Blut war.

Es bedurfte einiger Sekunden, bis wir begriffen. Dann prusteten die ersten los: „Ausjuriert ... auf der Brennsuppe dahergeschwommen…!" [14] In der Art des gemeinen Volkes schütteten wir uns aus vor Lachen. Feixend beschuldigten meine Frauen sich gegenseitig, die jeweils andere sähe tatsächlich erbärmlich aus – kein Wunder, dass man diesen Mob nicht einließ. Zurück in unsere Kaste! Kichernd und schäkernd – als ausgemusterter Pöbel durften wir das – hüpfte mein Damenverein zur anderen Straßenseite, wo es einen schönen öffentlichen Brunnen gab.

Das gesund gepolsterte Selbstwertgefühl unserer kernigen oberbayerischen Naturen orientierte sich sofort an den Freuden des Lebens, die greifbar nahe lagen: Eine fröhliche Fontäne ergoss ihr Wasser in ein großes, bunt gekacheltes Becken. Der Palastwächter am marmorblitzenden Portal, in dessen Gesichtsfeld wir uns immer noch befanden, musste grimmig mit ansehen, wie die zügellose Rotte herumalbernder Frauen

FANTASIA

Reiter in traditionellen Kostümen auf geschmückten Pferden stellen sich in einer Linie auf. Nach dem Startzeichen galoppieren sie eine Gerade entlang. Kurz vor dem Ziel schießen sie gleichzeitig mit ihren Vorderladern donnernd in die Luft und bringen ihre Pferde erst knapp vor den Zuschauern zum Stehen.

Durch diese Reiterspiele soll die Erinnerung an die räuberischen Überfälle und kriegerischen Auseinandersetzungen der Berberstämme untereinander wachgehalten werden. Fantasias sind ein wichtiger Bestandteil jedes Moussems/ Heiligenfestes oder Festivals und sind ein traditioneller Volkssport der Männer im ganzen Maghreb (ebenso wie Fußball).

Seit der Thronbesteigung des modern denkenden liberalen Königs Mohammed VI. 1999 gibt es auch weibliche Reitergruppen in dieser sportlichen Disziplin.

> Wenn dir das Fleisch entgangen ist, dann freue dich ueber die Bruehe

– wo waren überhaupt ihre Männer? – sich in aller Öffentlichkeit ihrer Fußbekleidung entledigte, schamlos die Waden entblößte, um dann, unter hellen Lustschreien die nackten Füße in das kühle Nass einzutauchen. So verarbeitete der Damenflor an den erquickenden Wassern der Fontäne die erlittene Schmach, während die plätschernden Strudel in der Mitte des Beckens unablässig mit gurgelndem Unterton murmelten: „Musch muschkilla musch muschkilla…", „*kein Problem…*".

Wenngleich unsere Seelen keinen direkten Schaden genommen hatten, so schrie der Vorfall doch nach Vergeltung. Gemeinsam sägten wir an der Lanze des Zerberus. Die Auswüchse unserer Rachegelüste schlugen immer höhere Purzelbäume, und je mehr wir den Armen rupften und zerfledderten, umso lustiger wurde unsere Runde. Irgendwann warfen wir all unser Kapital in eine Waagschale und kauften „den Laden" auf. In allen Farben malten wir uns aus, wie eine von uns lässig die Kreditkarte auf den polierten Tresen schnippen würde – und die heiligen Hallen des Mamounia mit allem Inventar, einschließlich Zerberus, gehörten uns. Das Haus selber würden wir natürlich sofort an die Witwen und Waisen verschenken, aber „e r" wäre unser. Die einen wollten ihn, gleich neben dem Komposthaufen des gepflegten Palastgartens, köpfen lassen. Andere wieder fanden das unappetitlich und so schickten wir ihn mit seiner Pluderhose hinaus in die Wüste – barfuß und ohne Gnade – na gut, seine Lanze, die durfte er behalten. Und mochte er da draußen von Löwen und Dschinnen verfolgt werden – von uns konnte er keine Hilfe erwarten.

Al hamdulillah – auch das war erledigt zur allseitigen Zufriedenheit. Inzwischen bemerkten wir außerhalb des Tores allerhand Trubel. Ach ja, die Fantasia – sie fand tatsächlich noch statt, pünktlich mit zweistündiger Verspätung – musch muschkilla.

> „Auch den Zerberos sah ich, mit bissigen Zähnen bewaffnet.
> Böse rollt er die Augen, den Schlund des Hades bewachend.
> Wagt es einer der Toten an ihm vorbei sich zu schleichen,
> so schlägt er die Zähne tief und schmerzhaft ins Fleisch der Entfliehenden.
> Und schleppt sie zurück unter Qualen,
> der böse, der bissige Wächter."
>
> *Beschreibung des Odysseus, als er in die Unterwelt gelangt. Aus den „homerischen Gesängen".*

[1]**Riad** – Traditionelles maghrebinisches Altstadthaus, bei dem um einen Viereckhof herum mehrstöckig die Zimmer angeordnet sind. Diese richten sich alle zum Atrium aus und sind über umlaufende Balkone erreichbar. Meist ist der Innenhof mit Springbrunnen, Zitrusbäumen und Palmen ausgestattet. Die weniger luxuriöse Form dieser Häuser mit kleinerem Innenhof nennt sich „Dar".

[2]„**Jubilate deo** … – …omnis terra. Servite domino in laetitia. Halleluja …" „Jubelt Gott, alle Lande. Dient dem Herrn in Freude, Halleluja …" Christliches Lied/Kanon aus Taizé in lateinischer Sprache, komponiert 1961 von Jacques Berthier.

[3]**Palast „El Badi"** – Erbaut Ende 16. Jd. durch Saadier-Sultan Ahmed El Mansour, ehemals größte und in seiner Ausstattung prächtigste Palastanlage des Maghreb.

[4]**Berber** – Ureinwohner des Maghreb – genaue Beschreibung Kap. 17.

[5]**Ahmed El Mansour** – 1578–1603 Berber-Sultan, stammte aus dem Draa-Tal. Erbauer des Badi-Palastes und der prunkvollen Saadi-Gräber (letztere bis heute bestens erhalten, da sie hinter einer Mauer in Vergessenheit geraten waren).

Woher hatte der Regent eines Landes, das von Ackerbau und Viehzucht lebt, das viele Geld für seine Prachtbauten?

Geldquellen:

1. In der berühmten „Schlacht der drei Könige" 1578 besiegte Ahmed El Mansour neben zwei anderen Saadier-Kontrahenten die 20 000 Mann starke Armee des 22jährigen portugiesischen Königs Sebastian I., der besessen war von seiner Vormachtstellung gegenüber den Engländern,

Holländern und Spaniern (die 1492 Amerika entdeckt und einvernahmt hatten). Die anderen drei Herrscher kamen um. Enorme Lösegeldforderungen für die gefangengenommenen portugiesischen Offiziere brachten hohe Gewinne für den Berber-Sultan (in Europa wurden eigens Bruderschaften gegründet, um die Lösegelder aufzutreiben und die Christen aus den „Fängen der Heiden", die damals in Europa noch als unkultiviert galten, zu befreien).
2. In einem Feldzug durch das „Land der Schwarzen" eroberte und plünderte Ahmed El Mansour 1592 das sagenhaft reiche Timbuktu (heutiges Mali), Hauptumschlagplatz der Karawanen. Ab da hatte er die Kontrolle (d.h. Wegegelder und Zölle) über Gold, Elfenbein, Salz und auch den Sklavenhandel. Die enormen Geldmittel setzte der Regent jedoch nicht ein zur Verbesserung der Infrastruktur, sondern ausschließlich für kostspielige Baumaßnahmen.

[6]**Mulay Ismail** – 1672–1727, Araber-Sultan aus dem Geschlecht der Alaouiten, dem auch das heutige Königshaus angehört. Mulay Ismail kam 1672 an die Macht und war eine der schillerndsten und skrupellosesten Herrschergestalten Marokkos.
Sein Status als direkter Nachfahre des Propheten Mohammed machte ihn zum religiösen Oberhaupt und dadurch unantastbar. Weiterhin untermauerte er seine Herrschaft durch eine streitbare sogenannte „Negerarmee", wie man sie damals nannte. Nach einer arrangierten Hochzeit zwischen 10 000 schwarzen Sklaven sicherten ihm deren Söhne seine leibeigene Streitmacht, mit der er unschlagbar war.
Er war ein Zeitgenosse des Sonnenkönigs Ludwig IVX. und orientierte sich an dessen Prachtentfaltung. Als er dessen Tochter heiraten wollte, scheiterte die Hochzeit daran, dass er nicht zum katholischen Glauben übertreten wollte.
Seine Geldquellen:
1. Kontrolle der Karawanenhandelsstadt Sijilmassa im Süden Marokkos, d.h. hohe Zoll- und Steuereinnahmen.
2. Eroberung wichtiger Handelsstädte und Häfen im Norden.
Durch prunkvolle Hofhaltung und seine ständigen kriegerischen Auseinandersetzungen war der Staat am Ende seines Lebens nahezu bankrott.

[7]**Rahmentrommel** – Heißt in Marokko „Bendir", Holzreif mit Tierhaut bespannt, meist Ziegenleder, hat oft noch Schellen oder Schnarrsaiten, d.h. einfache dünne Schnüre an der Innenseite, die zusätzlich zum Anschlag einen Nachhall erzeugen. Damit die Trommel einen guten Klang ergibt, muss sie immer wieder am Feuer erwärmt werden, damit die Tierhaut sich spannt, Luftfeuchtigkeit lässt sie erschlaffen.

[8]**Tarija** – Sprich „Taridscha", kleine Handtrommel aus Ton mit Naturbespannung mit länglichem Schaft, wird mit der linken Hand gehalten und mit der rechten kräftig geschlagen.

[9]**Zagarit** – Freudentriller der Frauen, mit gellend hoher Stimme, mit Hand vor dem Mund und schnellem Schlagen der Zunge am Gaumen.

Bendir

[10]**Fantasia** – Reiterspiele der Berber.

[11]**„Al Hamra"** – „Die Rote" wird Marrakesch auch oft genannt wegen des Farbtons ihrer Bauten aus orange-roter Lehmerde. Der Sage nach könnte der Beiname auch daher stammen, dass beim Bau der „Koutoubia", der großen Moschee in der Medina, unter den Almohaden im 12. Jd. so viel Blut der verunglückten Arbeiter vergossen wurde, dass sich die Erde rot färbte.

[12]**Sarottimohr** – Werbefigur und Firmenlogo der traditionsreichen deutschen Schokoladenmarke „Sarotti", der Stollwerck GmbH. Zum 50. Firmenjubiläum 1922 tauchte in der Werbung der Firma der niedliche pechschwarze Mohr in orientalischer Kleidung auf, der auf einem Tablett Schokoladetafeln trug.

[13]**Zerberus** – In der griechischen Mythologie der „Höllenhund", der Pförtner, der Torhüter, der den Eingang zum Hades, zur Unterwelt, bewachte. Sein Biss führte zum sofortigen Tod.

Tarija

[14] **Brennsuppe** – Billiges, aber nahrhaftes Arme-Leute-Essen in Bayern (kommt von „Einbrenne"). Mit dem Ausdruck „Auf der Brennsuppe daherschwimmen" ist ein mickriges Fettauge gemeint in einer dünnen Suppe – eindeutiges Armutszeugnis.
Rezept: Zwiebeln andünsten in Fett (wenn vorhanden), Mehl dazu, leicht anbräunen, mit Wasser aufgießen (heutzutage mit Brühe), gut verrühren, dass es keine Klümpchen gibt, kurz aufköcheln lassen, Salz und Pfeffer – fertig.

Nach dem Ruf des Muezzin kann man die Uhr nicht stellen, denn die Gebetszeiten richten sich nicht nach der tatsächlichen Uhrzeit, sondern nach dem jeweiligen Sonnenauf- und -untergang. Jeden Tag verschieben sie sich um einige Minuten.

Die rituellen Gebetszeiten

Morgengebet: Vor Sonnenaufgang, wenn das Morgenrot erstrahlt und man einen weißen Faden vom Schwarz der Dunkelheit unterscheiden kann (z.B. war dies am 2.5.2008 in Damaskus um 4.12 Uhr).

Mittagsgebet: Wenn die Sonne ihren Zenit erreicht hat und der Schatten eines Menschen die Länge seiner Körpergröße erreicht (am 2.5. in Damaskus um 12.36 Uhr).

Nachmittagsgebet: Wenn der Schatten eines Gegenstandes doppelt so lang ist wie der Gegenstand selbst (am 2.5. in Damaskus um 16.16 Uhr).

Abendgebet: Nach Sonnenuntergang, wenn die Sonne am Horizont verschwunden ist (am 2.5.2008 in Damaskus um 19.24 Uhr).

Nachtgebet: Nach Einbruch der Nacht (am 2.5.2008 in Damaskus um 20.46 Uhr).

Der Zeitbegriff

in arabischen Ländern ist dehnbar. Man muss sich als Europäer daran gewöhnen, dass man dort die Uhrzeit nicht so genau nimmt. Bei Verabredungen nicht nervös werden, wenn sie nicht „bithabt" pünktlich/genau, eingehalten werden. „La**h**da", *„ein Augenblick"*, oder „daqiqa w**ä**hida", *„eine Minute"*, kann u. U. wesentlich länger dauern als in Deutschland. Trinken Sie einen „qahua suda", *„schwarzen Kaffee"*, und bleiben Sie gelassen. „Assabr tayyib!", *„Geduld ist gut!"* Auf geheimnisvolle Weise klappt dann letztendlich doch alles.

TÄNZE DER BERBER IN MAROKKO

Da sich die Berber nicht als eine einheitliche ethnologische Volksgruppe verstehen, sondern sich mehr ihrem jeweiligen Stamm zugehörig fühlen, hat auch jede Region ihre eigene Folklore. Die Palette an verschiedenen Rhythmen, Tänzen und Kostümen reicht von den Küstengebieten des Atlantiks und Mittelmeeres zu den Hochebenen und Tälern des Hohen und Anti-Atlas, vom Rif-Gebirge bis zu den Saharagebieten.

Tanz und Musik gehören zu allen festlichen Anlässen im Jahreskreislauf, wie Mandel- und Rosenblüte, Aussaat und Ernte, zu Hochzeiten, Beschneidungen, Moussems usw. Es gibt spezielle Gemeinschaftstänze, Hochzeitstänze (z.B. Tata, Tissint), akrobatische Männertänze (Rakba), Kriegertänze (Oujda), religiöse Trancetänze (Aissawa), selten auch Solodarbietungen wie zum Beispiel den Tanz der Guedra in Guelmim.

Sheikhat-Tänzerinnen:
Bei touristischen Folklore-Darbietungen bekommt man heute meistens Sheikhat-Tänzerinnen in weißen langen Kleidern und münzbestickten Wollschals um Hüfte und Schultern zu sehen, zum typisch marokkanischen 6/8-Rhythmus. Ursprünglich war eine Sheikhat eine unverheiratete Frau mit viel erotischem Wissen. Als professionelle Tänzerin, Sängerin und Musikerin wurde sie zu Hochzeiten engagiert, um zu unterhalten und auch, um der unerfahrenen Braut u. a. durch vulgäre Tanzbewegungen zu demonstrieren, was von ihr in der Hochzeitsnacht erwartet wird.

Ahouach:
Gemeinschaftstanz aus dem Hohen Atlas, Dadesschlucht, Quarzazate und dem südlichen Marokko.
Er beginnt mit dem Gesang eines Solisten und geht dann über in einen Wechselgesang zwischen Männern und Frauen oder zwischen Vorsänger und Chor. Die Tänzerinnen bilden Schulter an Schulter eine Reihe, in manchen Stämmen einen Kreis und bewegen sich mit stampfenden Schritten vor und zurück zum Rhythmus des Bendir, das von den Männern gespielt wird. In manchen Stämmen dürfen nur verheiratete Frauen tanzen, in anderen nur die jungen Mädchen.

Ahidous:
Gemeinschaftstanz aus dem Mittleren Atlas.
Männer und Frauen in prunkvollen Gewändern bewegen sich synchron im Kreis oder in gegenüberstehenden Reihen mit stampfenden Schritten, singend und händeklatschend. Die Männer begleiten mit Rahmentrommeln, manchmal auch Instrumentalbegleitung mit Flöte oder Rabab, der zweisaitigen Violine. Typisch: Schüttelbewegungen der Schultern, Schwenken der Arme und halbe Drehungen auf ein Zeichen des Vortänzers (sehr schöne Aufzeichnungen: youtube.com).

Mehr Informationen über orientalischen Tanz und Folklore:
„Orientalischer Tanz – Folklore und Hoftänze"
von HAVVA – Eva Marklowski & Sayed el Joker
„Spektrum Orientalischer Tanz" von Nabila Shams el Din

Harira – Ramadansuppe zum Fastenbrechen

100 g Kichererbsen (oder eine Dose bereits weichgekocht)
100 g rote Linsen (oder eine Dose bereits weichgekocht)
1 1/2 l Fleischbrühe (Suppenwürfel)
1 kg Fleischtomaten (oder eine große Dose geschälte Tomaten)
1 kg Kartoffeln
1 Möhre
2 Zwiebeln
3 Knoblauchzehen
1 Bund Petersilie
Saft einer Zitrone
1 TL Koriander
1 TL Kreuzkümmel
1 TL Harissa – scharfe Gewürzpaste aus Chili, Kräutern und Gewürzen
1/2 TL Zimtpulver
Ein Stückchen frischen Ingwer

Vorarbeit: Kichererbsen und Linsen über Nacht einweichen. Sie müssen ganz mit Wasser bedeckt sein. Bei Verwendung von Fertigdosen erübrigt sich dies.

Zubereitung: Das Gemüse klein schneiden. Wenn Fleisch (ca. 250 g) verwendet wird, würfeln und mit den Zwiebeln in etwas Öl kurz anbraten, dann das vorbereitete Gemüse dazu und nach 3 Minuten mit der Fleischbrühe ablöschen. Nun Linsen, Kichererbsen und Gewürze beifügen außer Koriander und Zitronensaft und 40 Minuten köcheln lassen. Zum Schluss Koriander, Zitronensaft und fein geriebenen Ingwer dazu, abschmecken mit Salz und Pfeffer. Die Suppe noch 10 Minuten fertig garen.
Man kann auch zusätzlich noch Reis oder kleine Nudeln dazugeben.

Ingwer – „der große Heiler"

Ingwer ist die unterirdische Wurzel einer tropischen Schilfart. Seine heilenden Harze und ätherischen Öle stärken das Immunsystem und senken die Fettwerte im Blut. Ingwer wird in der arabischen Küche für Süßigkeiten, Fleisch- und Gemüsespeisen verwendet.

Merksatz raqm ahtasch:

Intum aindakum a'saat, ehna aindana l'waqt

Ihr habt die Uhren, wir haben die Zeit

kam saa?

wieviel Stunde

Wieviel Uhr ist es?

saa l'wähida	ein Uhr	**saa sabaa**	sieben Uhr
saa itnän	zwei Uhr	**saa thamaniya**	acht Uhr
saa talata	drei Uhr	**saa tisaa**	neun Uhr
saa arbaa	vier Uhr	**saa aschra**	zehn Uhr
saa chamsa	fünf Uhr	**saa ahdasch**	elf Uhr
saa sitta	sechs Uhr	**dohr**	12 Uhr Mittag
		nus al layl	12 Uhr nachts

ab zwei Uhr darf man in der Umgangssprache die Zahlen in der Grundform benennen

aschra qabl talata

zehn   vor   drei

ruba qabl arbaa

Viertel vor   vier

sitta wa chamsa

sechs und fünf

fünf Minuten nach sechs

al-an saa   sabaa wa ruba   / tamaniya wa nus

jetzt   Stunde sieben und Viertel   /acht   und halb

7.15 Uhr oder 19.15 Uhr   8.30 Uhr oder 20.30 Uhr

aschufek   bukra fi tisaa fi sabah / fil massa

ich sehe dich morgen um neun am Morgen / am Abend

Wir treffen uns morgen um neun Uhr früh / abends

istanna huna chams daqa'iq

Warte   hier   fünf   Minuten!

lahda   – daqiiqa wähida   **Tunesien: barscha** = Augenblick / gleich

Augenblick – Minute   eine

22, 23, 12 ,1, 2, 3	Uhr nachts	= saa	10, 11, 12, 1, 2, 3	fi layl
4, 5, 6, 7, 8, 9, 10, 11	Uhr früh/vormittags	= saa	4, 5, 6, 7, 8, 9, 10, 11	fi sabah
12 + 13	Uhr mittags	= saa	12 + 1	dohr
14, 15, 16	Uhr nachmittags	= saa	2, 3, 4	baad dohr
17, 18, 19, 20, 21	Uhr abends	= saa	5, 6, 7, 8, 9	fil massa

BASAR-ARABISCH *11. Marrakesch / Uhrzeit*

153

"Moegen wir kommen und
durch die Tore aus Sternenlicht
im Himmel ein- und ausgehen.
Wie die Haeuser auf Erden,
so sind auch die Haeuser im Himmel
von Tanz und Gesang erfuellt.
Es ist eine Wonne,
unter den Sternen zu atmen."

Hymne an Osiris/Ägyptisches Totenbuch

12. Einladung

Die Hitze staute sich zwischen den Mauern der Medina wie in einem Backofen. Seit einiger Zeit schon hielt ich Ausschau nach einem Café oder einer Bude mit Sitzgelegenheit. Nichts wünschte ich mir sehnlicher, als eine kühle Erfrischung und einen schattigen Platz zum Ausruhen. Jedoch: weit und breit war keine „Oase" in Sicht. Wie zum Hohn verfolgte mich ein fliegender Limonadenverkäufer mit seiner zweirädrigen Mobilbar. In transparente Plastiktüten füllte er gestoßenes Eis, Wasser und eine giftiggrüne Aroma-Essenz und verknotete sie in affenartiger Geschwindigkeit zu kleinen Limonade-Ballons. Auf eine kurze Strecke war ich nur noch von Menschen umgeben, die mit Strohhalmen an diesen farbigen Cocktails nuckelten. Ich musste sehr gegen die Verlockung ankämpfen, wusste ich doch, dass ich auf den kurzen Genuss die kommenden Tage nur noch zwischen Bett und Toilette pendeln würde. Meine Vernunft siegte gemäß der Globetrotter-Faustregel: „Koche es, schäle es oder vergiss es."

Mürbe geworden, setzte ich mich für einen Augenblick in der überschatteten Nische eines blinden Torbogens auf einen steinernen Sims – „al hamdulillah" *„Gott sei's gedankt".* In meiner Trinkflasche war noch ein Rest vor sich hinköchelndes Mineralwasser. Ich schüttete es – man muss Gott für alles danken – in mich hinein und lehnte mich erschöpft an die Mauer.

Unter halbgeschlossenen Lidern nahm ich wahr, wie ein verirrtes Auto mit zornigem Gehupe hinter einem Handkarren herzockelte. Das „Zugpferd", ein spindeldürrer drahtiger Mann, stemmte sich mit aller Kraft gegen den festgetretenen Lehmboden. Einen Saumzipfel seiner Dschellaba, des langen Männerkleides, in den Gürtel gesteckt, leierte er wie eine hängengebliebene Grammophonplatte „chlibaläkbaläkbaläk…" = „chali baläk", *„Vorsicht, aufpassen",* für einen Menschenstrom, der sich bereitwillig teilte, um hinter dem Hindernis sofort wieder zusammenzuschlagen.

Im Gegenverkehr versuchte ein dienstfertiger, ausladend bepackter Esel, sich an einem Drahtesel vorbeizudrücken, auf dessen Gepäckständer ein abenteuerlich aufgestapelter Turm strahlend weißer Eier transportiert wurde. Die Angst um seine kostbare Fuhre ließ den erschrockenen Eiermann eine Schimpftirade ausstoßen. „Schsch schschaa", rasselte eine andere raue Kehle. Der Esel stellte verwundert ein Ohr schief, blieb mit stocksteifen Beinen stehen, der Eierturm entschwand.

157

Welch vortreffliche Platzwahl! Mein Beobachtungsposten in dem geschützten Schattenstreifen war strategisch erstklassig und meine Lebensgeister kehrten zurück. Mit wachsendem Vergnügen beobachtete ich das Straßentheater, das an mir vorbeizog mit seiner ständig wechselnden Szenerie, dem Kommen und Gehen der Figuren, ausgestattet mit Kostümen, Masken und Requisiten, die an Einfallsreichtum kaum zu überbieten waren. Nach einer unsichtbaren Choreographie glitten die Geschehnisse und Bilder ineinander, überlagert vom Geräuschpegel hunderter Stimmen und Laute und vom Geruch der Menschen, die ihre Schicksale und Lasten durch die Gasse schleppten.

„Wallahi –", „oh Gott, du lieber Himmel" – dort schwebte über den Köpfen der Menge wie ein schaukelnder grüner Luftballon ein Prachtexemplar von Kohlkopf daher. Beim Näherkommen tauchten darunter die blitzenden Augen einer schwarz verschleierten Frau auf. In den locker geschlungenen Wulst eines Tuches gebettet, wanderte die pralle Beute auf dem Kopf ihrem sicheren Schicksal, dem Kochtopf, entgegen. Ein paar dickadrige Außenblätter wippten bei jedem Schritt der Trägerin von ihrer hohen Warte aus einen letzten Gruß an die Welt.

Pappis mit gestutzten Bärtchen in flusenfrei gebürsteten Anzügen trugen ihre herausgeputzten Töchter in Wolken aus rosa Organdy auf ihren starken Armen. Dazugehörige Frauen, ihre geschminkten Gesichter rund und schön wie der helle Mond, umrahmt von perlenumsäumten Tüchern, fassten im Gedränge mit zarter Hand nach dem freien Ellenbogen des Mannes – ein Privileg der rechtmäßig angetrauten Ehefrau.

Ganz ohne männlichen Schutz durchkreuzte eine junge Frau im leuchtend bunten Haik das Gewühle. Ihr Baby kauerte wie ein zusammengesunkenes knochenloses Häufchen mit gespreizten Beinchen seitlich auf der einen Schulter und lutschte an den eigenen Fäusten, die sich tapfer festkrallten am Kopf der Mutter. Mit einer Hand hielt die Frau das vordere Beinchen fest, mit der anderen stützte sie ihr zweites Kind, das wie ein Äffchen auf ihrer Hüfte saß. Ein drittes, ein Zwerg noch, hing am Rock und musste selbstverantwortlich Schritt halten auf der belebten Straße, dirigiert durch kurze Blicke aus den Augenwinkeln und leises Zureden. Für dieses hatte die Mutter keine Hand mehr frei. Wohin musste sie so eilig? „Allah yarhamha", „Gott segne sie".

Am Gemüsestand mir gegenüber lief der Verkauf auf vollen Touren. Der Händler, ein stiernackiger Bulle mit bemerkenswertem Schnurrbart und lustigen flinken Augen rollte mit zirkusreifem Schwung Zeitungspapier zu Spitztüten und füllte diese für seine Kundschaft mit Auberginen, Okras und Zwiebeln. Amüsiert nahm ich Gesprächsfetzen auf, die bis zu mir herüberflogen. Mit dem Stimmaufwand eines Wanderpredigers lobte er beim Abwiegen und Einwickeln die Qualität seiner Ware und pries unter mehrmaliger Anrufung Allahs seine Lauterkeit als Geschäftsmann. Mit eifrigem Interesse, gewürzt mit zuckersüßen Schmeicheleien, erkundigte er sich nach dem Wohlbefinden der werten Familien seiner Stammkundschaft, insbesondere dem der Kinder und – Gott schenke ihm ein langes Leben – des verehrten Ehemannes. In den kurzen Aktionspausen schickte er mir, von der er sich beobachtet wusste, sein Lachen mit zwinkerndem Schalk durch das Treiben der Gasse herüber.

Irgendwann stand ein Knirps mit einem riesenhaften Stück Wassermelone vor mir.

158

Der Spender, der Gemüsehändler gegenüber, legte strahlend seine Rechte dahin, wo das Herz unter der gewölbten Brust zu vermuten war und deutete eine Verbeugung an. „Schukran schasilan!" *„Vielen Dank!"* winkte ich hinüber. „La schukr ala wäschib", *„Nichts zu danken"*, kam es bescheiden zurück.

Wunderbar! Woher hatte er die schöne Melone? Egal, auf in den Kampf! Die praktische Frau reist nie ohne Taschenmesser – klein, aber fein, damit es nicht zu schwer wiegt. Mein putziges Messerlein und ich stürzten uns in die Melonenschlacht. Um es kurz zu machen: ich schnipselte, rupfte, stach, brach, riss, biss und schlürfte, was das Zeug hielt. Die Frucht ließ sich nicht lumpen, spritzte blutrote Fontänen zurück und tropfte auf Teufel komm raus. In Kürze war ich besudelt wie ein Kindergartenkind beim Spaghettiessen.

Auf dem Höhepunkt des Gemetzels erschien in meinem Blickfeld das Rund eines weißen Porzellantellers. Eine Frau kauerte sich neben mich, den Schleier nur nachlässig über den Kopf geworfen. „Atini ya uchti, atini", *„Gib mir, meine Schwester, gib her"*. Wie eine Mami ihrem Kind, zerteilte sie nun, auf den Fersen hockend, den Rest der Melone mit einem schönen langen Messer. Mundgerechte Stücke reihten sich appetitlich rund um den Tellerrand und wir strahlten uns an. „ta̱ali, ma̱ai li baiti". *„Komm mit mir in mein Haus"*. Wir brauchten nur wenige Meter zu gehen und sie drückte an eine kupferbeschlagene Tür, die sich öffnete. Kühles Halbdunkel empfing uns und noch bevor ich, verschmiert und klebrig, die Schwelle zu einem Zimmer übertreten durfte, führte sie mich zuerst in das Hammam.

Die angenehme Kühle eines traditionellen maghrebinischen Riads empfing mich, eines jener zauberhaften Medina-Häuser, deren prachtvolle Ausstattung an Paläste erinnern und deren reiches Innenleben man nie vermuten würde hinter den abweisenden, beinahe fensterlosen Fassaden.

Das beherzte Eingreifen meiner Retterin in das Melonenfiasko sollte der Beginn einer schönen Freundschaft werden. Zunächst aber begegneten wir uns mit höflicher Zurückhaltung und tasteten uns vorsichtig aneinander heran. Ihr Schleier war jetzt achtlos auf die Schultern gerutscht und gab dunkles, zu einem schlichten Knoten geschlungenes Haar frei und baumelndes Gold in den Ohrläppchen. Eine bildschöne, in die Jahre gekommene Sheherazade saß mir gegenüber und sah mich aus wundervollen Augen an.

Wie es sich gehörte, befanden wir uns im Besucherzimmer[1] gleich neben dem Eingang, traditionsgemäß sparsam möbliert mit einer umlaufenden Polsterbank und einem niedrigen Tischchen. Mir war, als wäre ich in eine andere Welt eingetaucht. Die dicken Mauern sperrten die große Hitze und den Trubel der Gasse aus. Kaum ein Laut drang von außen in diese Oase der Ruhe. Durch ein schmales Fenster fiel ein Lichtstreifen mit vielen Schattenrosetten auf den Teppich und durch das Gittermuster der Maschrabiya des kunstvoll geschnitzten Fensterladens[2], konnte man schräg gegenüber den Sims sehen, auf dem ich mit der Melone gefochten hatte. „It fadalli, chudi ra̱htek", *„Mach es dir bequem, ruh dich aus"*.

Der heiße Tee tat gut und das kräftige Aroma reanimierte meine Lebensgeister. Ein

159

Mädchen huschte herein und brachte ein Tellerchen noch ofenwarmer Gazellenhörnchen[3]. Ein gehauchtes „bi sa*ha*", „*wohl bekomm's"*, hatte sich die Kleine abringen können, bevor sie, ohne einen weiteren Blick zu riskieren, blitzartig flüchtete, als gelte es, sich eiligst in Sicherheit zu bringen vor der Fremden. Leise surrend wirbelte ein Deckenventilator in stoischem Gleichmut immer wieder dieselbe Luft herum und verteilte den warmen Duft nach Zimt und frischem Backwerk im Raum. Und auch wir erwärmten uns schnell füreinander.

Ich wurde ein gern gesehener Gast in diesem Haus und oft noch lachten wir über unsere Melonengeschichte. Meine Gastgeberin Fatiha war eine intelligente, aufgeschlossene Frau. Sie selber stammte aus einer angesehenen Familie aus Rabat und war bereits mit 16 von ihren Eltern durch eine arrangierte Ehe verheiratet worden. Zwei ihrer Söhne studierten, drei Mädchen gingen aufs Gymnasium und die älteste Tochter saß, sorgfältig geschminkt, im schicken Kostüm am Schalter einer Bank. Der Herr des Hauses versorgte als höherer Beamter die Familie mit einem sicheren Einkommen, einem gehobenen sozialen Status und war wenig zu Hause – beste Voraussetzungen für ein glückliches Frauendasein.

„Ya wäd Iskandera-ha-ni dum dum dum dum …". Amr Diab[4] schmetterte seine brandneuen ägyptischen Hits aus dem Kassettenrekorder und eine Trommelsalve ließ ein ganzes Bataillon ansehnlicher weiblicher Hüften erzittern. Als hätte jemand Ameisen unter den hemdartigen

Gandouras der Frauen und Mädchen im Haus losgelassen, begann es unter den Stoffen zu knistern, zu kreisen und zu schwingen. Cousine Latifa in der Küche hielt ihre mehlverstaubte Hand an die Oberlippe und schickte gellende Zagarits[6] in den Hof hinaus, während Töchterchen Asina rhythmisch mit den Hüften ausschlug und pünktlich zu jedem Akzent ein Löffelchen Füllung auf die Teigstreifen klatschte. Wogen von Gelächter und schrille Youyou-Rufe kamen aus dem Hof zurück, wo im Schatten des Orangenbaumes der „Harem" tobte.

Ein kurzgewachsenes Tantchen, üppig mit plastischen Ausbuchtungen und geeignetem Tanzmaterial ausgestattet, gab auf einer hölzernen Bank, von der man nicht wusste, ob diese das Gastspiel überleben würde, eine ausgelassene Vorstellung, flankiert von zucker- und teigverschmierten kleinen Mädchen, die, mit Tüchern um die Bäuche, in wilder Frische an ihrer Nachfolge von Fifi Abdou[5] arbeiteten.

Zwischen den Säulen unter dem Balkon saßen rund um einen kniehohen Gemüseberg Schwestern, Schwägerinnen, Tanten und Omas. An besonders schönen Textstellen mussten sie, um inniger mitsingen zu können, ihre Messerchen fallenlassen und zeichneten mit wiegenden Oberkörpern und geschmeidigen Händen Arabesken und Schnörkel in die Luft. Zwischendurch besann sich die eine oder andere wieder ihrer Mission einer soliden Haushaltsführung und schnippelte hastig zwischen zwei musikalischen Zeilen ein weiteres Händchen Bohnen in die riesige Emailleschüssel, die sie im Schraubstock ihrer gespreizten Schenkel festhielt.

Wie gut, dass die dicken Mauern den Lärm aus dem Tollhaus diskret nach außen abschirmten, wenn über das ohnehin schon heiße Pflaster zwischen den schmalen Blumenbeeten Frauenfüße stampften und die Kopftücher mehrerer Generationen zusammen mit lockeren Reden und gepfefferten Lachsalven zum Himmel flogen. Das Blut der Frauen schien auf wunderbare Weise verwandelt und schoss nunmehr in rhythmischen Explosionen durch die Adern des ehrbaren Familienclans.

Kehrte jedoch der Ehemann, Oberhaupt und Krone der Familie, früher als erwartet von seinem Amt zurück, so hörte der Spuk in Sekundenschnelle auf, als wäre ein Film gerissen. Mit raschem Druck auf die Ausschalttaste erstarb Ägyptens Hitparade, die Zagarits blieben in den Kehlen, die angebahnten Fetzerschwünge mitten in den Hüften stecken. Köpfe und Schnippelhände beugten sich eilfertig über Schüsseln und Gemüse. Respektvoll küssten die Kinder die Hand des Vaters und verschwanden, noch erhitzt und atemlos, in der Küche oder schlugen scheinheilig ein Schulbuch auf. „Ya habibi, ya ayni ya ruhi…". *„Oh mein Liebling, oh mein Auge und meine Seele…"*, „sei nicht so streng mit den Kindern" und Fatihas sanftes Lächeln ließ den Gestrengen nach kurzem Anstandszögern dahinschmelzen wie einen Eiswürfel in lauwarmer Limonade. Die Gewitterwolken zogen ab.

Fatiha und ihre Töchter gaben mir einen Einblick in das Leben hinter den Maschrabiyas, sie ließen mich in ihre Kochtöpfe und Schminkschatullen schauen und plauderten bereitwillig aus den geheimen Nähkästchen.

Lange Abende verbrachten wir damit, uns gegenseitig mit stumpfen Apothekerspritzen Henna[6] in verschlungenen Arabesken- und Blättermustern auf Hände und Füße aufzutragen, umwickelten die behandelten Körperteile erst mit Plastiktüten, dann mit Tüchern und waren kampffähig für den Rest der Nacht. Eine entfernte Verwandte von Fatiha, deren genaues Alter sie selbst nicht mehr wusste, verbrachte unauffällig ihren Lebensabend in dem schattigen fröhlichen Hof und ihre Nächte in einem molligen Bett im Parterre. Jetzt kam ihre große Stunde. Mit Begeisterung geleitete uns die winzige alte Frau unter Freudentrillern reihum auf die Toilette, fütterte pausenlos Leckereien in unsere Münder und gab uns, die wir wehrlos unsere verschnürten Kokon-Hände in die Luft streckten, kichernd zu trinken aus zierlichen Gläschen.

Sie war es auch, die uns Worte des Trostes zuraunte, wenn die *Gh*assala[7] ins Haus kam. Diese Sadistin war hauptberuflich Badefrau in einem öffentlichen Hammam, übte aber in regelmäßigen Hausbesuchen auch an uns ihr schreckliches Handwerk aus, indem sie uns am lebendigen Leibe häutete. Erst bestrich sie, wie ein Malergeselle seine Tapetenbahn, unsere Leiber mit einer Lösung aus Zitronensaft und Zucker. Dann zwirbelte sie mit einem Faden unter der hart gewordenen Kruste hindurch und riss dabei sämtliche Haare, unerwünschte Hornteilchen der Haut und den letzten Rest an Selbstbeherrschung der Gemarterten mit ab. Gegen Wimmern und Jammern schien

161

ihr Wesen abgestumpft, denn während der Folter plauderte sie in Hebammenart wie zum Hohn vergnügt drauflos und nutzte die Zeit, um den brandneuen Tratsch aus dem Viertel weiterzutragen, als wäre die Prozedur ein vergnüglicher Kaffeeklatsch. Hatte das Opfer überlebt, wurde der gerupfte Körper gesalbt und geölt und durfte sich ausruhen – „al hamdulillah". Tagelang protzten wir danach gegenseitig mit der seidenweichen Haut unserer Alabasterleiber – Grundbedingung für das gepflegte Äußere einer Orientalin.

Oft saßen wir unter den flammenden Bougainvilla-Kaskaden auf dem schönen Majolika-Pflaster und übten uns im Geduldsspiel, wie man einen Berg Okras küchenfertig putzt: erst mussten Stiel und Ansatz der kleinen Gemüseschoten kegelförmig abgeschnitten, dann der Flaum vorsichtig abgeschabt werden. Und das unzählige Male, damit für eine große Familie eine Mahlzeit entstehen konnte. Zum Trost erzählte ich meinen Mitschwestern mit Händen und Füßen das Märchen der schönen Müllerstochter, die über Nacht ein Zimmer voll Stroh zu Gold spinnen sollte, um ihr Kind zu retten. Mit stockendem Atem und ruhenden Küchenmessern nahmen die für Geschichten so empfänglichen Gemüter die Kunde auf, dass das arme Mädchen dann aber doch Hilfe bekam und sogar Königin wurde. Keine meiner Mitschwestern hätte ihr Kindlein erlösen können, denn alleine den Namen Rumpelstilzchen auszusprechen, war ein abendfüllendes und unmögliches Unterfangen.

Bei meinen häufigen Besuchen in dem gastfreundlichen Haus lernte ich viel über Traditionen und Alltagsleben einer marokkanischen Familie. Jedoch unter allen Offenbarungen am kostbarsten war mir die interne Gebrauchsanleitung über Pflege und artgerechte Haltung des arabischen Ehemannes – der Perle und Krone jeden Haushalts.

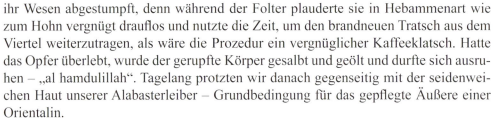

[1] **Besucherzimmer** – Um die Frauen des Hauses nicht den Blicken männlicher Besucher auszusetzen, empfängt man diese im Besucherzimmer, das sich unmittelbar neben der Eingangstüre befindet. Zwischen Haustüre und Innenhof liegt ein Korridor, der meistens im rechten Winkel abknickt, um die Einsicht in den Innenhof zu verhindern.

[2] **Maschrabiya** – Hölzerner Wandschirm vor dem Fenster mit kunstvoll geschnitzten und gedrechselten Rosettenmustern, der Licht und Hitze dämpft und es den Frauen ermöglicht, hinauszuschauen, von außen aber nicht gesehen zu werden.

[3] **Gazellenhörnchen** – Gebäck mit Füllung – siehe Rezept.

[4] **Amr Diab** – Ägyptischer, sehr populärer Schlagersänger.

[5] **Fifi Abdou** – Kairos berühmteste Bauchtänzerin der 90er Jahre.

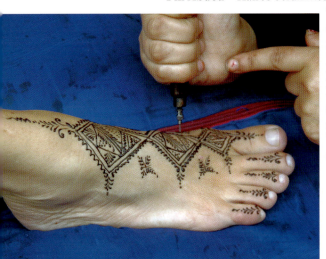

[6] **Henna** – Die silbrig-grünen Blätter des Hennastrauches, der nur in warmen Zonen wächst, enthalten rote Farbstoffe. Sie werden abgestreift, getrocknet und zu Pulver zermahlen. Dieses wird mit warmem Wasser zu einem spinatähnlichen Brei angerührt und als Haarfärbemittel verwendet oder in Mustern und Ornamenten auf Hände und Füße aufgetragen - normalerweise nur zu besonderen Anlässen, Hochzeit (Hennaabend der Braut) usw..

[7] **Ghassala** – Badefrau, die im Hammam berufsmäßig die Frauen abschrubbt und auch Körperhaare entfernt.

Besucher-Knigge

Eine Einladung muss mehrere Male ausgesprochen werden, bevor man sie annehmen darf.

Mit deutscher Pünktlichkeit zu erscheinen, könnte sehr peinlich werden, daher mit mindestens zehn Minuten Verspätung auftauchen.

Spätestens an der Schwelle zu einem Zimmer Schuhe ausziehen.

Ein Haus und eine Moschee betritt man mit dem rechten Fuß zuerst.

Geschenk mitbringen – Süßigkeiten, evtl. Spielzeug für die Kinder. Es ist üblich, dass Geschenke nicht sofort ausgepackt, sondern beiseite gelegt werden.

Nackte Fußsohlen und erst recht Frauenbeine beim Sitzen zu zeigen, ist stark verpönt. Am besten die verdeckten Füße im Schneidersitz unterschlagen.

Vor dem Essen Hände waschen. Wenn kein Waschbecken vorhanden, wird reihum aus einer Kanne Wasser über die Hände über einer Schüssel gegossen.

Niemals den Teller leeressen, sonst kriegt man immer wieder einen Schöpflöffel drauf, Widerspruch zwecklos! Hört allerdings der Gast ganz zu essen auf, ist das Mahl für alle anderen auch beendet. Deshalb aus Rücksicht auf die Gastgeber ganz langsam weiteressen, bis man den Eindruck hat, dass alle satt sind. Zum Schluss muss noch ein Rest auf dem Teller sein.

Beim Essen von einer gemeinsamen Platte mit der rechten Hand essen, die Linke ist unrein.

Gegenstände oder Kleidung nicht übermäßig bewundern, es besteht akute Gefahr, dass Sie damit beschenkt werden.

Keine Kritik an Religion, der Stellung der Frau, der Regierung, dem Königshaus, schon gar nicht an Israel/Palästina-Politik.

Zusammenleben ohne Trauschein, keine Kinder wollen – dafür wird kein Orientale Verständnis aufbringen. Sagen Sie: hoffentlich nächstes Jahr, wenn wir eine Wohnung haben oder mit dem Studium fertig sind.

Eine Gegeneinladung wird erwartet, auch wenn es sehr unwahrscheinlich ist, dass der Gegenbesuch jemals stattfinden wird.

Der Koran berichtet (Sure 27, Vers 44), dass die Königin von Saba, auch Bilqis genannt, bei ihrem Besuch bei König Salomon (um 1000 v. Chr.) von dessen glänzendem Palast so geblendet war, dass sie einer Täuschung unterlag und dachte, der spiegelnde Glasfußboden sei mit Wasser überschwemmt. Um ihr Kleid vor der Nässe zu schützen, hob sie den Saum „und entblößte ihre beiden Waden" und es wurde sichtbar, dass sie, die Sonnenanbeterin, Tochter eines Geisterfürsten, normal gebaut war. Aber in der Legende wird weiter berichtet, dass auch ihre behaarten Beine sichtbar wurden. König Salomon soll sich – entgegen der Geschichtsschreibung – mit Grausen abgewandt haben. Wie es dann zu dem gemeinsamen Sohn kam, der als Menelik I. die salomonische Herrscherdynastie in Äthiopien gründete, liegt im Dunkel der Geschichte verborgen.

Haile Selassie, der letzte König Äthiopiens (1892 – 1975), bezeichnete sich als 225. Nachfolger von König Salomon.

Gazellenhörnchen / *Kaab al Ghazal*

Teig:
250 g Mehl
1 Prise Salz
3 EL Sonnenblumenöl
ca. 100 ml Orangenblütenwasser

Füllung:
250g Mandeln – geschält und gemahlen
150g Zucker
1 Ei
1/2 TL Zimt
etwas Orangenblütenwasser
Puderzucker zum Bestäuben

Mehl mit Salz und Öl gut verkneten. Soviel Orangenblütenwasser zufügen, bis der Teig geschmeidig ist, dann ruhenlassen.
Zutaten für die Füllung verrühren, bis eine klebrige Masse entsteht.
Teig auf mehlbestäubter Fläche wie Strudelteig dünn ausrollen und in Rechtecke (ca. 8 x 4 cm) schneiden. Auf jeden Teigflecken 1 TL Füllung setzen und der Länge nach einrollen, Ränder gut andrücken. Aus der Teigrolle einen Halbmond/Hörnchen formen und auf das Backblech (Backpapier darunter!) setzen. Im vorgeheizten Backofen ca. 15 – 20 Min. backen. Die Hörnchen sollten leicht gebräunt sein. Nach dem Auskühlen mit Puderzucker bestäuben.

Zimt öffnet die Herzen

– und senkt den Blutzuckerspiegel, hilft gegen innere Kälte, wirkt Kreislauf stimulierend. Bereits in der Antike kannte man die heilsame Wirkung der getrockneten inneren Rinde des Zimtbaumes aus Ceylon und Indonesien. Gemahlener Zimt war ein unerlässlicher Bestandteil des „Liebestranks". Während man in unseren Breiten bei Zimt hauptsächlich an Weihnachtsbäckerei denkt und das herrliche Kinderessen Griesbrei mit Zucker und Zimt, findet dieses exotische Gewürz in der orientalischen Küche vielseitige Verwendung auch bei Fleischgerichten - *siehe Rezept „Pastilla" Kap. 20.*

Merksatz raqm itnäsch:

Tachrusch al qetta min al bait, tarqus al firan

Ist die Katze aus dem Haus, tanzen die Mäuse

urid   ad*a*uak   lil *a*ascha   ma*a* *u*srati
Ich möchte dich einladen zum Abendessen mit meiner Familie

ta*h*dor   li   siy*a*rati?   siyara = Besuch
Kommst du mich besuchen?

bi kulli surur – wa matta?
Mit viel   Vergnügen und wann?

mumkin alyum ado*h*r lil akl?
möglich   heute   Mittag zum Essen
Geht es heute Mittag zum Essen?

la   alyum musch *a*indi   waqt läkin bukran fil massa
nein heute   nicht   ich habe Zeit   aber   morgen   am Abend
Nein, heute habe ich keine Zeit, aber morgen Abend

ha*th*a al m*a*uid tam*a*m   la*k*?
dieser   Termin   in Ordnung für dich?

taba'*a*n ana massrura/f ketir   massrur/m
Natürlich ich   freue mich   sehr

altaqik   hu*n*a fi ha*th*a l-mak*ä*n
Ich treffe dich hier   an diesem Platz

mumtäs aschu*f*ek qar*i*b
wunderbar ich sehe dich bald

illa liqa'
bis   zum Treffen
bis bald

بِسْمِ ٱللَّهِ ٱلرَّحْمَٰنِ ٱلرَّحِيمِ

165

Nimm stets die Farbe der Menschen an,

mit denen du dich in einem Raum aufhaeltst.

13. Hoher Atlas

Vor „hundert Jahren" fuhr ich mit einer tapferen Ente, einem Citroen-Kastenwagen, auf dessen Ladefläche wir auch schlafen konnten und dem Mann meiner damaligen Träume kreuz und quer durch Marokko. Der Mann und meine Zuneigung zu ihm sind mir irgendwann abhanden gekommen. Doch die Liebe zu Land und Leuten des Maghreb ist geblieben und bis heute nicht erloschen. Wo immer es uns damals gefiel, zogen wir die Handbremse und parkten unser bescheidenes fahrendes Hotel an den schönsten Plätzen der tosenden Küsten des Atlantiks, an den Quellen palmenumsäumter Oasen oder auch inmitten quirliger Plätze großer Städte.

Nun waren wir seit Tagen in einer extrem dünn besiedelten unwirtlichen Gebirgsgegend im Hohen Atlas unterwegs. Im Schritttempo hatten wir Schluchten und Schlaglöcher passiert, waren mit unserem braven Autolein, das manchmal seine vier Räder gerne mit Eselshufen ausgetauscht hätte, über Pässe und Schlängelwege in entlegene Nebentäler geklettert.

Erstaunlich, dass wir in dieser menschenfeindlichen karstigen Gesteinswüste doch immer wieder auf Dörfer stießen. In mühsamer Arbeit trotzten hier die Bewohner zwischen Feigenkakteen, vereinzelten Steineichen und Walnussbäumen dem Boden ihr Ackerland ab, der mit Geröll übersät war, als hätte ein übermütiger Riese es mit vollen Händen aus seiner Schürze ausgestreut. „Viel Steine gab's und wenig Brot", drängte sich mir die Zeile aus einer Ballade auf. Die Frauen und Kinder, die hier die Steine aufsammelten und am Rande der Felder zu niedrigen Mauern aufschichteten, hatten von Ludwig Uhland bestimmt nichts gelesen – wenn sie überhaupt lesen konnten. Aber sie konnten ein Lied davon singen, wie es war, auf eine gute Ernte zu hoffen für Gerste, Hirse, ein wenig Gemüse und genügend Wasser, das von den schneebedeckten Gipfeln in Rinnsalen herunterkam. Das dürre, saftlose Gestrüpp, das freiwillig auf der dünnen Humusschicht wuchs, taugte allenfalls dazu, ein paar anspruchslose Ziegen und Hühner zu ernähren und die frisch gewaschenen Kleidungsstücke zum Trocknen darauf auszubreiten.

Für uns spielten die schwierigen Lebensbedingungen keine Rolle. Im Bauch unseres fahrbaren Packesels führten wir Proviant mit für mehrere Wochen, einschließlich eines Kanisters spanischen Rotweins für uns und Sprit für unser durstiges Fahrzeug. Zur damaligen Zeit verirrte sich in diese Gegend kaum ein motorisiertes Fahrzeug und wenn, dann war das ein geländegängiger Jeep und es saßen Uniformierte darin oder der Herr Regierungsinspektor persönlich, aber doch keine Privatleute und Fremdlinge wie wir.

In der Ferne, am Ende unseres Holperpfades, tauchten undeutlich die Konturen einer Siedlung auf und das Tal schloss sich zur Sackgasse. Ein Häufchen hingeduckter Lehmhäuser schmiegte sich in perfekter Tarnfarbe in die rotbraunen Terrakottatöne der faltigen Bergformationen. Erst beim Näherkommen konnten wir die würfelförmigen Behausungen mit ihren flachen Dachterrassen unterscheiden.

Dafür hatte man uns längst ausgemacht. Kein Wunder. In einer Landschaft, in der es schien, als hätte die Natur allen Farbtönen eine Spur lehmfarbenen Ockers beigemischt, um alles Grellbunte abzudämpfen, musste sich unser Gefährt, das wie ein unbeholfener, knallroter Käfer heranzockelte, in der erdigen Farbpalette der stillen Landschaft ausnehmen wie eine Clownsnase im Gesicht der Mona Lisa im aristokratischen Ambiente des Louvre.

Da trabte auch schon im Schweinsgalopp der Spähtrupp heran. Eine Kinderschar war dem Ereignis entgegengelaufen und stand nun wie eine Wand – eines in die Achselhöhle des anderen gedrückt – am Straßenrand: dünne Mädchen in schrillbunten Kleidern, deren Haare in drahtigen Spiralen vom Kopf abstanden, als hätten sie gerade ein Gespenst gesehen. Die meisten schleppten Kleinkinder mit, die wie rotznasige Äffchen auf den schmalen Hüftknochen ihrer Schwestern und Cousinen hockten. Die kurzgeschorenen Brüder dagegen in ihren abenteuerlichen Dschellaba-Kreationen, deren Säume entweder zu lang oder zu kurz herunterhingen, mussten Hände und Sinne freihalten für prekäre Situationen wie jetzt zum Beispiel.

Wir hatten brav angehalten, um uns dem Empfangskomitee zu stellen.

Zwei fremde Welten beäugten sich gegenseitig und jede Partei verharrte angemessen in ihrem Revier – wir an die Kotflügel unseres Autos gelehnt – die Knirpse in sicherem Abstand auf der anderen Straßenseite, um das Wunder in ihrem abgelegenen Tal zu bestaunen. So standen wir eine Weile. Nur der ewige Singsang der Grillen war zu hören. Auf einem flachen großen Stein hinter den Kindern sonnte sich eine blasse Eidechse. Auch sie schien wie erstarrt und regte sich nicht. Wenn es stimmte, dass Salamander und Echsen laut Berberglauben besondere Kräfte besitzen und die Zukunft voraussagen können, dann mussten wir jetzt gehorchen und durften erst in Aktion treten, wenn der kleine grüne Drache da hinten das Startsignal gab. Wir standen wie festgewurzelt. Endlich war ein etwa vierjähriges mutiges Weib mit zerzauster Struppelfrisur dem inneren Druck nicht mehr gewachsen und streckte mir entschlossen in einer Grimasse die Zunge heraus. Ich antwortete mit einer grässlichen Fratze und der Dialog war eröffnet.

Schnell schob ich als nächsten Schachzug meine bewährte Bonbon-Nummer nach, der Schlüssel zum Kindergemüt aller Nationen. Für meine Zuschauer gut sichtbar, befreite ich behutsam eines der durchsichtigen Exemplare von seinem Knisterpapier, ließ es in der Nachmittagssonne wie flüssiges Gold aufschimmern und steckte die süße Kostbarkeit in meinen Mund. Mein Publikum verfolgte gebannt die Vorstellung, tat aber – welch Ausbund an Selbstbeherrschung – keinen Mucks. Um endlich die Erstarrung zwischen den Fronten zu lösen, zeigte ich meinen Vorrat und winkte den Trupp freundlich heran. Zuerst lösten sich aus der Mauer ein paar Mutige und dann, als weiter nichts Schlimmes geschah, rückten auch die restlichen nach und die ausgestreckten Kinderhände bekamen ihr Begrüßungsgeschenk.

Mit Getöse zogen wir in unserem windigen Triumphwagen in das Dorf ein, flankiert von einer Eskorte krakeelender Fans, deren Kinderbeinchen wieselflink neben dem Auto herliefen. Im Ort empfing uns ein Mann, der aussah, als hätte er gerade noch im Sandkasten mit Dreck gespielt. Sein Chech, das lange Baumwolltuch auf dem Kopf, war um eine Wollmütze gewunden und sah aus wie ein schmutzstarrendes Vogelnest. Seine nackten Füße trugen genau denselben Farbton der Erde, auf der er stand - der ganze Kerl war von oben bis unten mit Lehmspritzern besudelt, als hätte er eben eine Schlammschlacht gewonnen.

Immerhin wurden wir in einwandfreiem Französisch begrüßt, in gebührender Form: Flüchtig streiften seine Finger die hingestreckte Rechte meines Partners, er tippte an seine Lippen und legte die Hand mit einer leichten Verbeugung auf sein Herz. Als wir um Erlaubnis baten, hier in der Nähe der Häuser parken zu dürfen, um im Auto zu übernachten, wies der Mann uns mit höflicher Zurückhaltung einen Platz auf seinem Anwesen zu. „Wir sehen uns beim Abendessen", rief er noch und verschwand wieder.

Froh über den schönen Lagerplatz auf einem Privatgrundstück, das uns den Schutz seines Hausherrn garantieren würde, hockten wir jetzt entspannt auf dem festgetretenen Boden eines friedlichen Hühnerhofes und erholten uns bei einer Tasse Nescafé von der anstrengenden Rumpelfahrt. Ziegengemecker und die empörten Schreie eines Maultiers drangen an unser Ohr. Auf dem flachen Dach des Hauses auf der gegenüberliegenden Seite des Hofes machte ein Hahn protzig seine Besitzrechte geltend und plärrte aus Leibeskräften zu uns herüber.

Darunter, an die Hauswand gelehnt, saßen ein paar Frauen. Mit stolzem Selbstverständnis zeigten sie ihre schmal geschnittenen Gesichter mit den fein ziselierten Tätowierungen. Im Gegensatz zu den städtischen Berberinnen und arabischen Frauen machten sie gar keine Anstalten, sich erschrocken hinter Schleiern und Haiks zu verkriechen, um sich vor den Blicken des fremden Mannes zu schützen, der jetzt in Rufweite an der Karosserie des Autos lehnte und Tagebuch schrieb. Im Gegenteil: unermüdlich schwatzend und kichernd zogen sie ganz offensichtlich über uns her, während sie den Berg Okras in ihrer Mitte zu langen Schnüren auffädelten. Über ihren Köpfen baumelten wie Ziergirlanden bereits viele Meter der fertigen Ketten neben Zwiebel- und Kräuterbüscheln zum Trocknen. Im Winter würde man die kleinen Gemüseschoten zusammen mit Kartoffeln und gedörrten Tomatenstreifen kochen.

Eine der Frauen, fast noch ein Teenager, hatte ein Baby im Schoß, das friedlich schlummerte und sich nicht um das Geplapper und die vielen Fliegen scherte, die es umsurrten. Die schöne Mami biss gerade von einer Zwirnrolle einen Faden ab, lachte herüber und winkte. Darauf war ich schon vorbereitet und machte mich mit meiner Geschenk-Kollektion an Cremedöschen, Parfüms und KölnischWasser auf den Weg zum Damenbesuch – ohne männliche Begleitung natürlich, um den Anstand zu wahren. Heute schäme ich mich ein wenig über unsere damalige Naivität. Die albernen Kinkerlitzchen wurden von Frauen und Mädchen zwar gerne angenommen. Aber für den Hohen Atlas wäre es besser gewesen, für Gastgeschenke einen Rupfensack Zuckerhüte mitzunehmen, Mehl und Tee und einen Karton der hochbegehrten Palmolive-Seife, von der die Frauen glaubten, sie enthielte hautaufhellende Substanzen, wenn sie den Schaum nur lange genug auf ihren Gesichtern einwirken ließen.

Die junge Mutter hatte hastig nach der silbernen Fatimahand an ihrem Hals gegriffen, als ich mich über den Säugling beugte und vielleicht hat sie mir heimlich unter den Falten ihres Kleides die fünf Finger ihrer rechten Hand entgegengestreckt und innerlich „Chamsa fi aynek", *„Fünf in dein Auge"*, gemurmelt – das sicherste Mittel, um Neid, Unheil und die Gefahr des bösen Blicks abzuwenden. „Ya salam, das arme Wurm", sagte ich ordnungsgemäß mit bedauernder Miene, wie ich es gelernt hatte. In Wahrheit fand ich das kugelrunde Baby entzückend und musste sehr an mich halten, es nicht allzu sehr zu bewundern. Man durfte nicht die bösen Geister aufmerksam machen auf die Schönheit des kleinen Mädchens, das erst wenige Wochen alt war und noch besonders verletzlich und gefährdet. Aus Furcht vor dem Auge des Neiders und den boshaften Übergriffen der Dschinnen hatte man es fertiggebracht, in die zarte Babyhaut blauschwarz glänzende Tätowierungen mit magischen Schutzzeichen zu ritzen. Am Ärmchen hingen an roten Wollfäden winzige augenförmige Kauri-Schnecken und andere segenspendende Amulette als Abwehrzauber, um das Unglück zu bannen.

> *Der böse Blick ist der Grund für den Tod der halben Menschheit. Er leert die Häuser und füllt die Särge.*

In der Abgeschiedenheit dieser Bergregionen waren die Jahrhunderte extrem langsam im Trott der alten Traditionen dahingetröpfelt und viele Relikte der ursprünglichen Volksreligion der Berberstämme aus vorislamischer Zeit haben sich bis heute erhalten. Die Riten des alten Stammesglaubens beherrschen noch immer den Alltag. Im Atlasgebirge gibt es heilige Bäume, die verehrt werden. An bestimmten Plätzen, den ehemaligen Kultstätten, huldigt die Bevölkerung regelmäßig den Quell- und Erdgeistern, die den Boden nähren und bringt Opfer dar mit der Bitte um Schutz und Kindersegen.

Zwar kletterte pünktlich zu den Gebetszeiten der Muezzin über eine Leiter auf das Flachdach des kleinen Gebäudes, das als Moschee diente und schickte mit brüchiger Stimme durch den Trichter seiner beiden Hände sein „Allahu akbar …" über das Dorf. Und die Gemeinde erhob fünfmal am Tag die Herzen zum Allmächtigen im Vertrauen auf seine Gnade und Barmherzigkeit. Doch die Attacken der Dschinnen, die mit dem Wind aus den Bergen heruntergeweht kamen, konnten immer und überall lauern. Vertraue auf Gott, aber binde dein Kamel an!

Nach berberischem Benimmkodex hatte ich mich vorbildlich verhalten und die junge Mami blickte mich aus kholumrandeten Augen in stummem Einverständnis an. Auf ihrem Kinn entdeckte ich das Tatoo einer kleinen stilisierten Palme. „Nachla", *„Palme"*, wiederholte sie einige Male und verklickerte mir umständlich, dies sei das Symbol für Fruchtbarkeit. Als sie mir zwischen Daumen und Zeigefinger ein Kreuz aus fünf Punkten, den Abwehrzauber gegen Kinderlosigkeit, vor die Nase hielt, funkte der Damenverein vorlaut dazwischen und flachste anzüglich, die Nachla sei schuld, nur deshalb sei sie zu ihrem Kind gekommen. Dabei schütteten die tugendsamen Hausfrauen sich aus vor Lachen und unterschieden sich in nichts von einer übermütigen Runde ehrbarer Frauen aus der moränenhügeligen Voralpenlandschaft meiner Heimat. Den Sinngehalt ihrer Damenwitze konnte ich mir locker zusammenreimen.

Am lautesten gelacht und gezetert hatte eine fleischlose Alte mit metallglänzenden Schneidezähnen und flinken Augen. Beinahe jede Runzel ihrer gegerbten Haut war bepflastert mit Tätowierungen. Da die Dschinnen ja vorwiegend durch die Körperöffnungen eindringen, waren in ihrem Gesicht nicht nur Stirn und Kinn, sondern vorsorglich auch Lippen, Nasenflügel und die Augenregion übersät mit dunklen Kreuzen, Zweiglein, Linien und Punkten. Anscheinend hatten die Tätowierungen die alte Frau bisher erfolgreich vor Unheil und Gebrechlichkeit bewahren können. Denn mit kerzengeradem Rücken, so, wie ich es später meinen Tanzschülerinnen in der „Bauch-, Beine-, Po-Gymnastik" einzurichten versuchte, erhob sich die Greisin aus der Hocke mit erstaunlicher Vitalität, dass ihr Schmuck aus Korallenzweigen und Ambakugeln mit den silbernen Talismanen temperamentvoll ins Schaukeln geriet.

Vielleicht war es wirklich der Kollektion magischer Abwehrmittel oder der segensreichen Wirkung der eingenähten Schutzverse aus dem Koran, die im Lederbeutelchen an ihrem Hals baumelten, zu verdanken, dass schädliche Angriffe der bösen Geister an der knackigen Uroma bisher erfolglos abgeprallt waren. Viel wahrscheinlicher aber hatte ihre naturverbundene Lebensführung dazu beigetragen, dass sie so rüstig geblieben war. Ein lebenslängliches schweißtreibendes Konditions- und Fitnessprogramm mit Harke und Sichel zwischen den Ackerfurchen, das die Frauen hier fleißig absolvierten, das Ausdauertraining mit den vielen körperfreundlichen Beugungs- und Dehnübungen beim Holzsammeln, dem Stemmen der schweren Ballen beim Einbringen der Ernte und der vollen Kanister beim Wasserholen an der gefassten Quelle sorgten wohl ebenfalls dafür, dass Leib und Seele der Damen nicht erschlaffen konnten.

Aufrechten Ganges, wie die Königin von Saba beim Betreten ihres Thronsaals, verschwand die hochgewachsene Gestalt mit elastischem Schritt im Haus. Als sie wieder herauskam, hielt sie eine Teigkugel in ihren Händen, die sie hin- und herknetete, als hätte sie Scheitan, den Teufel selbst, in die Finger gekriegt. Das kesse Damenkränzchen löste sich auf und auch ich zog mich zurück in unser angewiesenes Revier.

An der offenen Kochstelle vor dem Haus kauerten die übrigen Frauen des Clans auf den Fersen, fachten mit dürren Zweigen zwischen drei Steinen Feuer an und hantierten mit Küchengeräten. Angstvoll zählten wir die Hühnerbeine, die im Hof herumscharrten. Um einen unnötigen Mord am kostbaren Federvieh uns zu Ehren zu verhindern, trug ich eiligst einige Konservenbüchsen hinüber. Jedoch – es war zu spät. Kopfunter baumelte bereits mit schaukelndem Kamm das hingerichtete Opfertier zwischen zwei robusten Schenkeln und musste seine Federn lassen. Die sportliche Alte saß ungerührt daneben, hütete mit einem zufriedenen Lächeln den windelweich gewalkten Brotteig,

> Dschinn und der böse Blick des Neides im Koran:
>
> „Sag: Ich nehme Zuflucht beim Herrn des anbrechenden Tages, Und vor dem Bösen der speienden Knotenhexen, Und vor dem Bösen des Neidischen" Sura 113, Vers 1 / 4 / 5

der mit ihr zusammen nach seiner Tortur ausruhen durfte. Später patschte sie daraus flache Scheiben, legte sie auf einen heißen Stein und sah zu, wie der Teig zuerst Blasen schlug und dann zu flachen Fladen in sich zusammenfiel. Der feine Duft des frischen Brotes und der Geruch nach Thymian und Kreuzkümmel zogen vielversprechend über den Hof. Wir freuten uns auf das Essen.

Das ganze Haus bestand aus nur einem Zimmer. In einigen Nischen im Mauerwerk war verstaut, was man zum Leben brauchte, hinter einem Vorhang verbarg sich die Küchenabteilung. Knapp unter der Decke aus lehmverschmierten Schilfrohren und gebogenen Ästen gab es ein paar unverglaste Licht- und Luftluken. Nur eine dünne Schicht zerschlissener Binsenmatten trennte uns vom lehmgestampften Boden. Im dämmrigen Halbdunkel saßen wir im Kreis der Großfamilie mit untergeschlagenen Beinen vor einer großen Platte, auf der sich ein Couscous-Kegel[1] auftürmte. Den Gipfel krönte ein Gewirr gedünsteter Zwiebelringe und um den Rand in der fettglänzenden Brühe dampfte, zusammen mit duftenden Gewürzen, Kichererbsen, Kartoffel-, Karotten- und Kürbisbrocken, das klein zerteilte Huhn. Eine Schüssel und eine Schnabelkanne machten von Schoß zu Schoß die Runde. Man goss sich gegenseitig frisches Wasser über die Hände und reichte das kleine Handtuch weiter. Unser Gastgeber hatte in der Badezelle neben dem Haus, die aussah, wie ein riesiges geflochtenes Osterei, mit einer Schöpfkelle aus dem Wasserfass geduscht und saß nun sauber gekleidet und gut gelaunt im Kreise seiner Familie.

„Bismillah", sagte er, reichte das warme Brot herum und jeder griff mit den Fingerspitzen der rechten Hand in den weißen Couscous-Haufen. Alle formten in Sekundenschnelle mundgerechte Bällchen, nahmen noch einen Brocken Gemüse oder eine Faser des Hühnerfleisches auf und steckten den kleinen Knödel in den Mund – ohne Sabbern, Tropfen und Bröseln. Dabei schlugen in ständigem Geklimper die extrem schweren Armreifen der Frauen aus massivem Berber-Silber in ihrem stumpfen Glanz aneinander wie die Kettenglieder der Sträflinge in altrömischen Monumentalfilmen. Die selbstbewussten Damen benahmen sich jedoch alles andere als unterwürfig, sondern demonstrierten aufgekratzt ihre Position als Herrscherinnen der Felder und des Hauses. Die Angst jedoch vor der zerstörenden Kraft des Neides, dem bösen Blick, vor Verhexung, Zauberei und Magie war seit Generationen in den Herzen dieser Frauen tief verwurzelt. Was blieb ihnen anderes übrig, als auf den Abwehrzauber der erhabenen und eingravierten geometrischen Zeichen ihres Schmuckes zu vertrauen, deren Reifen wie Hanteln paarweise die Arm- und Fußgelenke beschwerten und Schutz für Seele, Sinne und Gesundheit garantierten. „Mangez, Madame", *„essen sie Madam"*, ermunterte die Dame des Hauses mich, zuzulangen. Ihr Goldzahn blitzte auf und ihre silbernen Ohrgehänge mit den bunten Emaille-Einlagen, die jede ihrer Bewegungen aufnahmen, warfen in dem fahlen Licht des Raumes farbige Blitze. „Mangez, Madame!" Leichter gesagt als getan.

Die Couscous-Abteilung vor mir war jedenfalls nicht geeignet zum Bällchenmachen. Wie trockener Pulverschnee rieselten die millimetergroßen Grieskügelchen durch meine Finger. Nahm ich aber als Bindemittel ein wenig Brühe dazu, um einhändig ein anständiges Bällchen zu modellieren, blieb die Masse wie körniger Brei an meiner

Handfläche kleben und die schöne Brühe machte sich davon in meinen Ärmel. Von links und rechts flogen wie absichtslos die fettesten Fleischbrocken in unsere Abteilung und ständig mussten wir auf der Hut sein, nicht gedankenlos den Löwenanteil des kostbaren Hühneropfers zu verzehren und schoben zurück, so gut es ging. So konnte es einem attraktiven Hühnerflügelchen passieren, dass es in der Rangierschiene eine schmachvolle Runde drehen musste, bevor sich jemand getraute, es zu essen. Als der Couscousberg durch die geschickten Ballkünstler abgetragen war, wurde das Tablett mit Brotstücken blankgefegt. Auch dabei gebot es die Etikette, nur das eigene, tortenstückgroße Plätzchen im Tablettsegment zu bearbeiten. Räumaktionen und Tunkübergriffe in das nachbarliche Areal wurden peinlichst vermieden.

Während die langen Männerbeine meines Partners zu streiken begannen und verzweifelt um eine bequemere Position kämpften, musste ich peinlich berührt registrieren, dass man sein Stück Brot in der Soße nicht sekundenlang einweichen, sondern nur wie einen Lappen flüchtig durch die wertvolle Fleisch- und Gemüsebrühe hindurchziehen durfte. „Ya salam", das hatte meine Mutter mir zu Hause nicht beigebracht.

„Al hamdulillah", beschloss unser Gastgeber das Mahl. Unter Rülpsern und anderen zufriedenen Körpergeräuschen ging die Wasserkanne wieder herum zum Händewaschen. Während der Hausherr mit einem Hämmerchen einen Zuckerhut zerschlug, ein großes Stück in die Kanne plumpsen ließ und die Zubereitung des Tees zelebrierte, entspann sich eine lebhafte Unterhaltung über die Welt da draußen, hinter den sieben Bergen. Die junge Mami, die in Deutschlands Straßen wegen ihrer Schönheit Furore gemacht und Duelle entfacht hätte, sog unsere Berichte auf wie ein hungriger Schwamm. Natürlich wurde es uns empört verwehrt, im Auto zu schlafen. Das Gesetz der Gastfreundschaft kann unbarmherzig sein. Matten wurden ausgerollt, Decken verteilt. Zusammen mit dem Familienclan verbrachten wir die Nacht im großzügigen Schutz des kleinen Lehmhauses und seiner gnadenlosen Intimität, in der nichts Menschliches verborgen blieb.

Kein Wunder, dass die junge Schwiegertochter und ihr Mann, der älteste Sohn, sich ein eigenes Refugium wünschten. Der nächste Morgen brachte zutage, warum uns unser Gastgeber bei unserem Empfang als Schmutzfink begrüßt hatte. Hinter dem Haus war eine Baustelle. Es wurde ein zusätzlicher Raum angebaut mit eigenem Zugang für die junge Familie. Fasziniert verfolgten wir die Entstehung des Mauerwerks in der altbewährten Bauweise mit Stampflehm, der ältesten Bauart der Menschheit. Unter der Prämisse „Dach über dem Kopf" entstand ein baubiologisch hochwertiges Heim zum Nulltarif, zwar ohne Wasser- und Stromanschluss, dafür aber ohne Behördenkrieg und Finanzierungsplan. Der einzige Kredit, den das junge Paar sich auflud, war die Nachbarschaftshilfe und den würden sie mit ihrer Hände Arbeit zurückzahlen.

Eine Kette von Männern produzierte das Baumaterial aus dem, was vor der Haustüre vorhanden war: In der ersten Abteilung stampfte eine Gruppe, die aus der Ferne aussah, als würde sie fröhlich Samba tanzen, den fetten Lehm mit den Füßen, um ihn homogen und formbar zu machen. Dann kamen gehäckseltes Stroh und Wasser dazu – einen Landstrich südlicher hätte man noch Kuhmist beigemischt. Mit Schwung hievten die Männer die vollen Körbe und Dunlop-Eimer, jene genialen und unver-

wüstlichen Recycling-Behälter aus abgefahrenen Autoreifen, auf ihre Wollmützen und Turbane, balancierten damit die primitiv zusammengenagelte Leiter hinauf und ließen das zähflüssige Baumaterial in die Holzschalung der entstehenden dicken Mauer platschen. Oben, auf dem Stangengerüst, verdichtete der stolze Bauherr mit einem schweren Stampfer die Masse und freute sich über jeden Lehmbatzen, der ihn seinem Traum zum Eigenheim näher brachte. War diese Lage getrocknet, würde man die Querbalken herausziehen und die Schalung verrutschen.

Welch archaische Bilder. Man hätte den Film um viele Epochen zurückkurbeln können, im Szenario hatte sich seit 6000 Jahren kaum etwas verändert. Auch damals schwangen sonnenverbrannte, sehnige Männer in lehmbesudelter Baumwollkleidung den Schlamm von Euphrat und Nil in Körben auf ihre Chechs und gossen die gleiche Mischung aus Lehm und Stroh in die Schalungen. Und ihre ägyptischen, mesopotamischen und babylonischen Herzen werden sich über die Entstehung des Mauerwerks nicht weniger gefreut haben wie unser Papi hier im Hohen Atlas des 20. Jahrhunderts. So und nicht anders ist auch im 12. Jahrhundert in unzähligen Schalungsetappen die zwölf Kilometer lange meterdicke Stadtmauer entstanden, die die Medina von Marrakesch umfasst, auf deren stabilem Mauerwerk die Störche seit unzähligen Generationen nisten.

Mit großer Wahrscheinlichkeit wird das hübsche Baby im natürlichen Umfeld seines Bergdorfes von Zivilisationskrankheiten verschont bleiben und die Dschinnen, die für Neurodermitis und Allergien zuständig sind, werden sich wohl an der Bastion der biologischen Bauweise die Hörner einrennen.

Die Fertigstellung des neuen Hauses und den feierlichen Einzug der kleinen Familie haben wir nicht miterlebt. Unser reisefreudiges Gefährt stampfte schon mit seinen Rädern und nach all der kargen Landschaft sehnten sich unsere Gemüter nach lieblicheren Gefilden, nach dem Grün der Palmenhaine und den plätschernden Wassern des Draa-Tales mit seinem milden Klima. Also konnte ich auf meinen Anorak getrost verzichten, dessen lila Perlonmaterial die junge Mami mit verzücktem Lächeln gestreichelt hatte. Im letzten Augenblick vor unserer Abfahrt konnte ich ihn unbemerkt zu dem Amulett an der Hängematte des Babys, des „armen Wurms" hängen. Die Dschinnen werden in Panik davongestoben sein vor dem guten Stück, das gepanzert war mit schönen Erlebnissen und in dem alle meine guten Wünsche steckten.

[1]**Couscous** – Hartweizengries wird über kochendem Wasser in einem Aufsatz durch den aufsteigenden Dampf weich und körnig gedämpft, auf einer Platte zu einem spitz zulaufenden Kegel geformt und mit Fleisch und Gemüse übergossen.
Couscous ist das Grundnahrungsmittel der nordafrikanischen Küche und wird von den Frauen in traditioneller Weise selbst hergestellt: Das Mehl des Hartweizens, Gerste oder Hirse wird mit Wasser vermischt und zwischen den Handflächen zu millimetergroßen Kügelchen zerrieben und dann in der Sonne getrocknet. So kann Couscous über lange Zeit gelagert werden, besonders wichtig für die Nomaden und Bergvölker. Inzwischen gibt es auch bei uns vorgedämpften Instant-Couscous für die schnelle Küche.

Kinder auf der Straße

Früher waren die Kinder noch scheu und zurückhaltend. Heute ist manchmal Vorsicht geboten. In touristisch verdorbenen Gegenden können Kinder in der Horde äußerst aggressiv werden. Der Fremde wird u. U. umringt und bedrängt mit der Forderung nach „Stilo", „Kugelschreiber", Bonbons oder sogar Bakschisch für null Gegenleistung. In dieser Situation auf keinen Fall die Geldbörse oder andere Güter zücken, man wird sie Ihnen - nicht einmal, um zu stehlen - sondern um die Konkurrenz auszustechen, wie die Geier aus der Hand reißen.

Ruhe und Nerven bewahren, vor allem nicht schimpfen, sondern sich schnell zurückziehen. Normalerweise werden Erwachsene den Touristen beistehen und helfend eingreifen. Im schlimmsten Fall muss man damit rechnen, dass das Auto mit Steinen beworfen wird (mir geschehen bei einem kurzen Halt auf der belebten Hauptverkehrsstraße im Draatal).

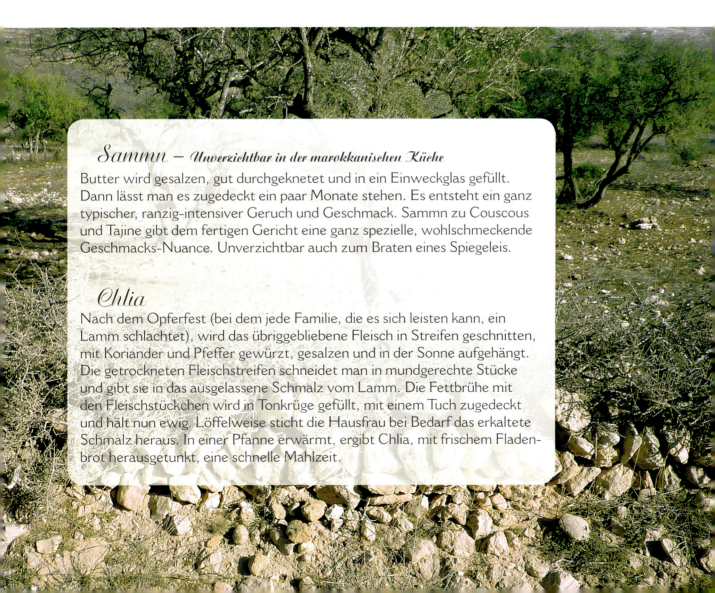

Sammn – Unverzichtbar in der marokkanischen Küche

Butter wird gesalzen, gut durchgeknetet und in ein Einweckglas gefüllt. Dann lässt man es zugedeckt ein paar Monate stehen. Es entsteht ein ganz typischer, ranzig-intensiver Geruch und Geschmack. Sammn zu Couscous und Tajine gibt dem fertigen Gericht eine ganz spezielle, wohlschmeckende Geschmacks-Nuance. Unverzichtbar auch zum Braten eines Spiegeleis.

Chlia

Nach dem Opferfest (bei dem jede Familie, die es sich leisten kann, ein Lamm schlachtet), wird das übriggebliebene Fleisch in Streifen geschnitten, mit Koriander und Pfeffer gewürzt, gesalzen und in der Sonne aufgehängt. Die getrockneten Fleischstreifen schneidet man in mundgerechte Stücke und gibt sie in das ausgelassene Schmalz vom Lamm. Die Fettbrühe mit den Fleischstückchen wird in Tonkrüge gefüllt, mit einem Tuch zugedeckt und hält nun ewig. Löffelweise sticht die Hausfrau bei Bedarf das erkaltete Schmalz heraus. In einer Pfanne erwärmt, ergibt Chlia, mit frischem Fladenbrot herausgetunkt, eine schnelle Mahlzeit.

Merksatz raqm talatasch
Ana l-malik, läkin sauschati raisat
Ich bin der König, aber meine Frau ist der Boss

marha<u>b</u>a   tafadalli / f   tafa<u>dal</u> / m
willkommen bitte reinkommen / hinsetzen / zugreifen
willkommen bitte sehr (einladend)

ana masr<u>u</u>ra bi   siaratek
ich erfreut   über deinen Besuch
Ich freue mich über deinen Besuch

ana mabsuta   aydan   äg.: auch = kamän „ana bahibek kamän"
ich   froh/zufrieden auch   Umm Kalthum: „Ich liebe dich auch"
Ich freue mich auch

ana <u>a</u>sifa   ana muta'a<u>ch</u>ira
ich   bedaure ich   verspätet
Es tut mir leid, ich habe mich verspätet

idschliss! wa chud ra<u>h</u>tek/m   chudi ra<u>h</u>tik/w   chudu ra<u>h</u>tikum/pl
setz dich!   und nimm deine Ruhe
Setz dich und mach es dir bequem

turidi   taschrabi schäy'? (schäy' kurz sprechen)
Möchtest du trinken   etwas (zu Frau)

turid   taschrab schaay?   (schaay langes a sprechen)
möchtest du trinken   Tee (zu Mann)

ana musch schauana läkin *a*dsch<u>a</u>na
ich nicht hungrig   aber   durstig
Ich bin nicht hungrig, aber durstig

itfa<u>d</u>ali! (zu Frau) itfa<u>dal</u>! (zu Mann)
bitte (wenn man etwas anbietet)

Ganz im Geheimen sprachen

der Weise und ich.

Ich bat ihn:

"Nenne mir die Geheimnisse der Welt".

Er sprach: "Schweig

und lass dir von der Stille

die Geheimnisse der Welt erzaehlen."

Rumi „Das Lied der Liebe"

14. Westbank

Kennengelernt hatte ich Karim, als ich verschwitzt und enttäuscht vor dem verschlossenen Gitter stand. Der Tempel, zu dem ich einen kurzen Abstecher hatte machen wollen, liegt auf der Westbank[1], dem westlichen Nilufer, abseits der allgemeinen Route und wird wenig besucht. Die Fahrt mit meinem Leihfahrrad, von dem ich ständig befürchten musste, es würde mitten auf der Strecke wie ein lebensmüder Esel seinen Dienst quittieren, war länger und beschwerlicher geworden, als ich kalkuliert hatte.

Gesicht und Augen brannten vom Sand, den die überholenden Lastwagen aufwirbelten und der auf meiner schweißnassen Haut sofort die Symbiose zu einem schmierigen Film einging, um dann unter der Backofenhitze zu einer kratzig-körnigen Maske zu erstarren. In den letzten Stunden der großen Mittagshitze waren außer meinem Drahtesel und mir nur noch ein paar Frauen mit aufgepackten Maultieren, wohl aus zwingender Notwendigkeit, unterwegs gewesen. Jedes andere halbwegs vernünftige Wesen verkroch sich um diese Tageszeit in den Schatten der Häuser.

Und nun, so mühsam am Ziel angelangt, fand ich das Tor verschlossen.

Enttäuscht lehnte ich mich gegen die Bretterbude am Einlass. Die paar Hühner und Ziegen, die den menschenleeren Dorfplatz bewachten, scherten sich nicht um mich und auch die Hunde, die im Schatten der Häuser dösten, fanden es nicht der Mühe wert, für mich mehr als einen müden Blick aufzuwenden.

Vor mir im Sand zeichnete sich, trutzig und abweisend, das dunkle Schattenraster der Gitterstäbe ab, die mich aussperrten, filigran garniert mit dem lichtdurchlöcherten Girlandenmuster der Absperrkette. Dreifach hatte man die armseligen Kettenglieder, die so alt sein mochten wie die Tempelanlage selbst, um den stabilen Pfosten des Tores geschlungen und mit eiserner Anstrengung trugen sie die Last eines schweren, kräftestrotzenden Vorhängeschlosses, das ausgereicht hätte, den Kerker der Bastille zu verrammeln. Amüsiert betrachtete ich die fadenscheinige Fessel, deren rostzerfressene Gliederchen so tapfer versuchten, eine Barriere zu mimen gegen ungebetene Eindringlinge wie mich, die jedoch über kurz oder lang unter dem hastigen Flügelschlag einer Libelle zusammenbrechen und sich in seine morbiden Bestandteile auflösen würde. Schadenfroh und auch ein wenig beleidigt in der Schmach meines Ausgesperrtseins hockte ich mich in den Sand und wartete auf die gewalttätige Libelle.

183

In der Ruhe liegt die Kraft. Es dauerte nicht lange, da löste sich in einiger Entfernung aus dem Schatten der Häuserfassade eine Gestalt und bedeutete mir, ich solle warten. Aha, ich hatte den Aufseher aus seiner Siesta aufgescheucht. Gut so. Mit wallender Galabiya und einem Schlüssel winkend, kam der Mann wenig später in einem der Hitze unangemessenen rasanten Tempo aus der Tempelverwaltungs-Baracke auf mich zu und sperrte auf. Stumm bat er mich mit einer einladenden Handbewegung durch die Pforte hinein. Etwas verlegen folgte ich ihm, hatte ich ihn doch um seine Mittagsruhe gebracht. Ich würde ihm ein gutes Trinkgeld geben hinterher.

Vor mir tat sich – in gleißendes Sonnenlicht getaucht – ein langgestreckter offener Säulenhof auf. Überwältigt genoss ich im schlanken Schatten einer Stele die Atmosphäre des Raumes, der unter einer Glocke schläfriger Hitze den Atem der Jahrtausende in sich trug. Langsam schritt ich die Säulenkolonnade entlang, die den Platz einsäumte, bewunderte die monumentalen Kolosse, die stilisierten Papyrusknospen der Kapitelle.

Unter halbgeschlossenen Lidern in die Helligkeit blinzelnd, konnte ich die kahlgeschorenen Tempeldiener des Alten Reiches erahnen, wie sie lautlos in papyrusgeflochtenen Sandalen und weißen Leinengewändern über den Platz huschten, um ihrem Dienst nachzugehen. Stelen aus Basalt und Götterstatuen aus rotem Granit musste es hier im Vorhof gegeben haben, vor denen das einfache Volk gekniet und seine Opfer und Bitten niedergelegt haben mochte, um Schutz bat vor Skorpionen und Schlangenbissen, Krankheiten und anderem Ungemach. Wie viele Wünsche, Gebete und Demut zwischen diesen weihrauchgeschwängerten Säulen!

Ich studierte die Inschriften der Wände, über und über bedeckt mit Hieroglyphen, Symbolen und Zeichen – Bildergeschichten, geeignet für das Auge eines phantasiebegabten Laien wie mich. Hier war ein Ohr eingemeißelt, etwa um es den Göttern zu leihen, damit sie die Gebete recht erhören und annehmen mögen? Hier die Zickzacklinie für Wasser, daneben ein gedeckter Opfertisch mit einer enormen Vielfalt an Essen, deutlich erkennbar Fleisch, Fisch, Enten, Brot und Früchte in Körben und Schüsseln. Mein Magen begann zu knurren und meine Wasserflasche war leer. In meiner Tasche fand ich – „al hamdulillah" – ein Lutschbonbon.

Gleich würde der Aufseher kommen. Bei den wenigen Besuchern hatte er ein Anrecht auf mich und würde sich, froh über die Abwechslung in der Eintönigkeit seiner Tage, in diensteifriger Geschwätzigkeit auf mich stürzen, in der Hoffnung auf ein großzügiges Trinkgeld. Erst würde er den x-mal durchgekauten Fragenkatalog anzetteln: „Egypt gut... usw." und mit zeitaufwändiger Gründlichkeit Herkunft und Familienverhältnissen auf den Grund gehen. Dann – noch schlimmer – würde er mir eine Führung aufdrängen, in holprigem Englisch gnadenlos seinen auswendig gelernten Text herunterleiern und mit penetranter Gründlichkeit den Zauber dieses Kraftortes zerstören, der im Augenblick noch mir gehörte. „Bismillah", „ *In Gottes Namen"* – ich würde dieses Opfer bringen müssen, würde ihm zuhören, um ihn nicht zu beleidigen als Reverenz an diese geweihte Stätte, seine Vorfahren und sein Land.

Aber noch war es nicht so weit, noch ließ er sich nicht blicken. An der Nord/Ost-Achse schlüpfte ich schnell durch die Überreste des zweiten Pylons. Ab hier hatte das gemeine Volk keinen Zutritt mehr. Ab hier hüteten die Hohepriester streng die verborgenen Rituale und Geheimnisse des inneren Tempels. Nie hatte zu jener Zeit ein gewöhnlicher Sterblicher diese ehemals überdachten Säulenhallen betreten, die damals in stetem dämmrigen Halbdunkel lagen, das von Raum zu Raum, je weiter man sich dem Allerheiligsten näherte, zunahm. Nur von oben fielen durch ausgesparte Schächte einige Lichtkegel spotartig herab und zerrissen das mystische Dunkel. Welch geniale architektonische Inszenierung, um alles Weltliche abzuschütteln und die Seele einzustimmen auf die Gegenwart des Gottes.

Heute gibt es kein Dach mehr. Die Säulen warfen jetzt tiefe Schatten im grellen Sonnenlicht und die Luft war erfüllt vom unaufhörlichen Zirpen der Zikaden. Ich war allein und genoss das Privileg, hier sein zu dürfen. Still und achtsam setzte ich meine Füße auf, um keinen formellen Fehler zu begehen auf dem Weg zum innersten Heiligtum, in dem die Gottheit gewohnt hatte. Kein Unwürdiger durfte damals so weit vordringen wie ich jetzt.

Hier, auf diesem Block, musste der Schrein gestanden haben, in seinem Inneren die Kultstatue aus Gold und Silber, von den Priestern umsorgt und verehrt. Mit fleischlosen, pergamentenen Gesichtern mochten die alten Männer der Hohen Priesterschaft sich im Bewusstsein der göttlichen Gegenwart über die Statue gebeugt haben, um sie mit gläsernen, spindeligen Fingern zu waschen, mit Weihrauch zu reinigen, zu salben, zu schmücken und neu einzukleiden, mit blutleeren Lippen ihre Lobpreisungen psalmodierend, um die Gottheit freundlich zu stimmen. Und ihm, dem Unsterblichen, des Trotts der täglichen Rituale im Laufe seiner Ewigkeit mehr als überdrüssig, hingen wahrscheinlich die Litaneien der stereotypen Huldigungen längst zum göttlichen Halse heraus. Welch tristes Götterdasein, welch freudenlose Gesellschaft zwischen den Welten im schummrigen Grau der dunkelsten aller Hallen! Vielleicht sind deshalb sein göttlicher Stern und der Glaube an ihn erloschen.

An der Rückwand, unter einem Fries königlicher Kartuschen, entdeckte ich zu meinem Trost eine ganze Reihe Darstellungen von Musikanten und tanzenden Frauen mit weißen, blinden Augäpfeln, um seine Heiligkeit mit ihren unwürdigen Blicken nicht zu entweihen. „Al hamdulillah"! Wenigstens gab es Flöten und Zimbeln, Harfen, Hymnen und Tanzopfer für das Götterherz! Voller Mitleid legte ich zum Abschied dem Einsamen mein letztes Bonbon auf den Quader. „Danke für mein glückliches Reisen", murmelte meine Seele. Als ich mich beim Weggehen noch einmal umdrehte, hatte die Gottheit sich bereits meiner Opfergabe angenommen. In Gestalt einer Eidechse betrachtete sie neugierig das seltsame Geschenk im gelben Papier. In gutem Einvernehmen mit dem Universum hob ich meine Hand zum Gruß.

Eine Stimme von oben drängte sich in meine Gedankenwelt: „Come up, it's a beautiful view", „*Komm herauf, es ist eine wunderschöne Aussicht*". Erschrocken fuhr ich herum: RA![2] Der Gott der Götter! Hoch über mir, lichtumflort im flimmernden Gegenlicht des gläsernen Himmels der dunkle Schattenriss einer Gestalt. „Here", „*Hier*" - der ausgestreckte Arm wies in eine Richtung. Tatsächlich fand ich an einer Wand, aus losen Quadern übereinandergetürmt eine Art Treppe. Sorgsam jeden Schritt mit Bedacht wählend, erklomm ich die Himmelsstufen. Im Näherkommen legte RA sein

„Wir musizieren für dich,
wir tanzen für deine Majestät.
Wir preisen dich bis an die Höhe des Himmels.
Wir jubeln vor dir, wir musizieren für dich.
Dein Herz jauchzt über unser Tun."

Lied zu Ehren der Göttin Hathor

überirdisches Wesen ab und nahm mehr und mehr die menschlichen Züge des Aufsehers an, der sich soeben sehr weltlich mit dem Endzipfel seines Chech den Schweiß von der Stirn wischte.

Ein sympathisches Lächeln unter dem feinen Bärtchen empfing mich, als ich oben ankam. Der Wärter stand hoch und aufrecht, wie ein Säulenheiliger[3], auf einem Kapitell, zu dem, über eine Reihe Säulenköpfe hinweg, in luftiger Höhe ein steinerner Querträger führte. Der Saum seiner Galabiya bewegte sich leicht im Wind und ihr Blau verschmolz in perfekter Symbiose mit der Farbe des Himmels.

„Come on", *„Komm her"*, winkte seine Hand mit der typischen Bewegung, die bei uns „weg" bedeutet und die ich anfangs oft missdeutet hatte. „Nein, niemals … keine zehn Pferde … nur nicht nach unten sehen … ruhig atmen ….. war das überhaupt erlaubt … der reinste Frevel … über den Köpfen der Götter herumzutanzen." Von tanzen konnte keine Rede sein. Vorsichtig balancierend schob ich mich in Zeitlupe auf dem schmalen Steg vorwärts zu dem Punkt, von dem aus der Pylon den Blick freigeben würde in die Landschaft. Auf halber Strecke erinnerte sich aber mein labil gewordener Gleichgewichtssinn des Abgrundes, dachte an das steinharte Pflaster da unten und an die Möglichkeit, abzustürzen wie Ikarus, der – wie ich – die Götter versucht hatte. Sofort verließen mich Mut und Kräfte. Die letzte Distanz zu einem rettenden Sims legte ich sehr unrühmlich, auf Händen und Knien robbend, zurück. Die blaue Galabiya machte keinerlei Anstalten, mir eine hilfreiche Hand zu reichen. Ein Mann berührte nicht eine Frau, mit der er weder verheiratet noch verwandt war. Ich für meinen Teil hätte wegen der andersgeschlechtlichen Berührung hier oben gewiss nicht befürchtet, meine Ehre zu verlieren, schon eher mein Gleichgewicht. Die herrliche Aussicht war mir jetzt gänzlich egal. Das Panorama mag grandios gewesen sein, stand jedoch in keinem Verhältnis zur Zerrüttung meines Nervenkostüms. Todesmutig brachte ich den Drahtseilakt zu Ende und krabbelte auf allen Vieren, so schnell meine Glieder mich noch trugen, zurück.

„Now you need a rest", *„Jetzt brauchst du eine Rast"*. Man brauchte kein Hellseher zu sein, um dies zu erkennen. Dankbar schlüpfte ich vom Dorfplatz aus durch die schmale Türöffnung in der lehmbraunen Mauer, durch die der Säulenheilige mit meinem Fahrrad verschwunden war.

Nun saß ich, frisch gewaschen und gefüttert, im Anwesen meines Gastgebers. Im Schatten eines mächtigen Feigenbaumes gewann ich meine Erdung zurück und erholte mich allmählich von meinem erbärmlichen Zustand. Das große Haus, in dem man mich so freundlich aufgenommen hatte, war für ländliche Verhältnisse luxuriös ausgestattet mit Teppichen, geschnitzten Möbeln aus Zedernholz, Mosaiken und Majolikafliesen an den Wänden – und vor allem einem komfortablen Badezimmer.

Jetzt erst fiel mir die stille Eleganz des hochgewachsenen Mannes auf, die vornehme Zurückhaltung, mit der er sich bewegte. Tatsächlich war mein „Tempelaufseher" ein

186

alteingesessener Zuckerrohrbauer und in der Gegend hoch angesehen, wie ich später noch feststellen sollte. Die Fremde musste arg bemitleidenswert gewirkt haben, wie sie, sichtlich angeschlagen, nach der langen Fahrt mit ihrem Vehikel am verschlossenen Gitter hockte. So hatte er sich ihrer erbarmt, ebenso wie unsereiner hilfsbereit zum Mesner laufen würde, um den Schlüssel zum Barockkirchlein für die enttäuschten Sommerfrischler zu holen. Mein Gastgeber lachte sehr, als ich ihm das Trinkgeld hinhielt, das er sich als „Fremdenführer" verdient hatte.

Karim war durch den Vertrieb von Kunstdünger wohlhabend geworden. Früher, vor dem Bau des Assuan-Staudammes, waren chemische Zusätze für den Ackerboden nicht nötig gewesen. Mit den segensreichen Überflutungen des Nils waren alljährlich fruchtbare Schlammmassen mit angeschwemmt worden und hatten auf natürliche Weise für die Düngung der Felder gesorgt.

Die Mutter und die letzte unverheiratete Schwester, die noch im Haus lebte, hatten freundlich Haus und Küche geöffnet und sich rührend um die ramponierte, ausgehungerte Fremde bemüht. Beide sprachen kein Englisch und ich damals nur einige Brocken Arabisch. Dennoch verfolgten sie aufmerksam den höflichen Dialog mit dem seltsamen Gast, der aus dem Nichts in ihr Haus geschneit war. Unauffällig beäugten wir Frauen uns gegenseitig – ich sie wegen der Schönheit ihrer bronzefarbenen Haut, ihres Schmucks, der verschämten Art, vor dem Gast den Schleier halbseitig über das Gesicht zu ziehen und notfalls mit den Zähnen festzuhalten, wenn beide Hände beschäftigt waren. Ich hingegen konnte nicht begreifen, was an mir hätte sehenswert sein sollen. Einäugig, hinter dem Schleier hervor, verfolgten sie genau, wie das bei mir aussah, wenn ich eine gefüllte Dattel oder eines der honigsüßen Gebäckstücke in den Mund schob und anschließend meine pappigen Fingerspitzen ablutschte. Doch schon bei der zweiten Kanne Tee beobachteten mich die tiefschwarzen Augenpaare recht unverhohlen, während ich eine safttriefende Melonenscheibe aß, dann ein Händchen Sand vom Boden aufnahm, um meine klebrigen Finger abzureiben – wie man das halt so macht.

Allmählich registrierten Mutter und Tochter, dass ich vielleicht doch nicht so meschugge war, wie sie anfangs befürchtet hatten. Nach und nach legten die beiden ihre Zurückhaltung ab und degradierten den Hausherrn zum Dolmetscher. Aus der höflichsteifen Konversation wurde nun endlich eine lebendige Unterhaltung.

Ein altes Gesetz der Wüste besagt, die einzige Gegenleistung, die der Gast erbringen müsse, sobald er sich in einem Zelt niederlässt und bewirtet wird, sei, zur Unterhaltung beizutragen, egal wie. Diesem Punkt konnte ich in vortrefflicher Weise gerecht werden, denn da war das Fahrrad-Problem – ein ungelöstes Rätsel, dessen Lösung meinen Gastgeberinnen ganz besonders auf der Seele brannte. Dass eine Frau überhaupt Radfahren konnte, war das eine Kuriosum, so etwas Gefährliches taten doch nur die Männer. Dass sie aber tatsächlich die weite Strecke mit dem Teufelsding zurückgelegt haben sollte, erschien den beiden so unwahrscheinlich, als wäre ich auf einem Elefanten dahergeritten. Das Beweisstück, meine alte Tretmühle, wurde vorgeführt und ich ließ mich nicht lumpen und strampelte ein paar Runden durch den Hof. Die Einlage war so erfolgreich, als hätte ich einen dreifachen Flickflack durch das Geäst des Feigenbaumes geschlagen. Die Frauen schrien vor Begeisterung und bogen sich immer noch vor Lachen, lange nachdem ich mich mit meiner sensationellen Zirkusnummer rehabilitiert hatte. Wobei es natürlich immer noch nicht einleuchtete, wieso ein Mensch solche Mühsal auf sich nahm, nur um die Trümmer eines verfallenen Tempels zu sehen, die, solange man zurückdenken konnte, nutzlos vor der Haustüre herumlagen.

Auf meinen Reisen führe ich immer Kleinigkeiten zum Verschenken für Kinder mit mir. Aus der Geschäftsauflösung eines Souvenirladens meiner Heimat hatte ich einen Posten Anstecknadeln mit urbayrischen Motiven dabei, die normalerweise an die Sommerfrischler verkauft werden. Um mich nicht der Peinlichkeit auszusetzen, reich bewirtet, aber ohne Gastgeschenk von dannen zu ziehen, griff ich in meine Zaubertüte. Hocherfreut nahmen die beiden Damen ihre Geschenke entgegen. Ein Edelweiß mit in die Luft springendem Schuhplattler prangte nun auf der schwarzen Brust der Mutter. Das Tuch der Schwester mit dem goldenen Perlenrand wurde gekrönt durch einen blauen Enzian mit Gamsbock und dem geschwungenen Schriftzug: „Grüße aus Aschau."

Als die Sonne sank, warf Karim mein Fahrrad auf die Pritsche seines Pick-ups und fuhr mich, einen sandigen Wirbelsturm hinter sich herziehend, zur Fähre. Beim Abschied reichte er mir seine Telefon-Nummer: „When you need help, call me", „*Wenn du Hilfe brauchst, ruf mich an*". I called him, *Ich rief ihn an*, obwohl ich keine Hilfe brauchte.

[1] **Westbank** – Das westlich von Luxor auf der anderen Nilseite gelegene Gebiet.
[2] **RA** – Sonnengott und Hauptgott der ägyptischen Mythologie aus dem alten Reich, meist dargestellt mit einer leuchtenden Sonnenscheibe auf dem Kopf. Ihm schrieben die Ägypter die göttliche Urkraft zu, da alles Leben von der Sonne kommt. RA stieg einst aus der Erde auf in das Reich des Himmels und zog in seiner Sonnenbarke Kreise um die Welt. Sein rechtes Auge hielt er auf die Menschen gerichtet, um sie im Blick zu behalten.
[3] **Säulenheilige** – Religiöse Asketen der christl. Ostkirche im 4. und 5. Jd., die, um Gott näher zu sein, längere Zeit auf der Plattform einer Säule verbrachten. Der berühmteste Säulenheilige war der hl. Simeon, der in der Nähe von Aleppo/Syrien die letzten 40 Jahre seines Lebens betend und fastend auf einer Säule lebte. Viele Menschen pilgerten zu ihm und suchten seinen Rat. Er predigte von seiner Säule herab und wirkte viele Wunder.

Gefüllte Datteln – *süß und köstlich!*

18 frische große Datteln mit saftigem Fruchtfleisch
18 geschälte ganze Mandelkerne oder
18 Walnusshälften
40 g gemahlene Pistazienkerne
40 g gemahlene Mandeln oder Walnüsse
1 EL Honig
1 EL Zucker
1/2 TL Zimtpulver
1 EL Rosenwasser
1 EL Kokosraspeln

Füllung:
Die Zutaten außer den Mandelkernen und Kokosraspeln mit einer Gabel verkneten. Die Datteln der Länge nach halb aufschneiden und Kerne entfernen, die Masse in die Datteln füllen und jeweils einen Mandelkern oder eine Walnusshälfte in die Füllung drücken. Zum Schluss die gefüllten Datteln in Kokosraspeln wälzen – kreisförmig auf einem Teller anrichten.

Herzhafte Variation:
Anstatt mit süßer Füllung nur mit Schafskäse füllen – schmeckt wunderbar pikant.

Deftige Version für Nicht-Muslime:
Große, fleischige Datteln entkernen und – ohne Füllung – jeweils mit einer hauchdünnen, geräucherten Scheibe Schinken oder auch geräuchertem Schinkenspeck umwickeln. In der Pfanne kurz anbraten – gut zu Wein oder Bier.

Orangensalat
Nicht nur ein Nachtisch – schmeckt auch gut zu gegrilltem Fleisch

Orangen schälen, in 1/2 cm dicke Scheiben schneiden (Kerne entfernen), und zu einer Rosette auf einer Platte anrichten.
Etwas Puderzucker und reichlich Zimt darüber streuen, nach Belieben auch Granatapfel- und Pistazienkerne oder grob zerkleinerte Walnüsse.
Mit Zitronenmelisse dekorieren.

Merksatz raqm arba*a*tasch:

Bass, al urubbiyen wa l'hemar ya<u>ru</u>hu li schams

Nur der Europäer und der Esel geht in die Sonne

min aina (äg.:minnin) **anta/m anti/f**
von wo   du?
Woher kommst du?

ana mutasaui<u>d</u>scha wa ask<u>u</u>n ma*a* <u>u</u>srati   fi Munich
ich verheiratet   und wohne mit   meiner Familie in München
Ich bin verheiratet und wohne mit meiner Familie in München

saudschi mudariss wa ana <u>t</u>aliba   / sikritira / rabbat bayt
mein Mann Lehrer   und ich   Studentin / Sekretärin / Hausfrau
Mein Mann ist Lehrer und ich bin Studentin usw.

sauschati musch *a*indaha waqt – chusara   schauschi   aindahu
meine Frau nicht   sie hat   Zeit   schade   mein Mann   er hat
Meine Frau hat keine Zeit, das ist schade

***a*indi   walad wa bint**
ich habe Jungen und Mädchen
Ich habe einen Jungen und ein Mädchen

wa anti *a*indek aulad?
Und du   hast du Kinder?

ana awarr<u>i</u>ik <u>su</u>ra min <u>u</u>srati
Ich zeige dir   Bild von meiner Familie

musch *a*indi   otla   kabira, bass usbu*a* wä<u>h</u>id
nicht   ich habe Ferien viel   nur Woche eine
Ich habe keine langen Ferien, nur eine Woche

mumk<u>i</u>n tirsili   li rissala min alm<u>a</u>nia ?
möglich   du schickst mir Brief   von Deutschland
Würdest du mir einen Brief schicken aus Deutschland?

taba*a*n   bi ta'kid
Natürlich ganz bestimmt mit Sicherheit

ana aktub unuäni
Ich   schreibe meine Adresse

Des Philosophen Seele

wohnt in seinem Haupt,

die des Dichters in seinem Herzen.

Die Seele des Saengers haelt sich irgendwo in

seiner Kehle auf,

doch der Taenzerin Seele

fliesst in ihrem ganzen Koerper

Gibran Khalil

Samara el Said, Stuttgart

15. Show Taxi

Reisen ist kein Vergnügen – zumindest nicht mit mir, tröstete ich meine Damen, als sie, müde und übernächtigt, schnell noch einen Happen vom Frühstücksbuffet ergatterten, bevor die wartenden Ober die ganzen Herrlichkeiten wegräumen würden.

Wir befanden uns zu einem kurzen Zwischenstopp für ein paar Tage in Kairo. Der weitere Reiseverlauf würde mich mit meiner Frauengruppe in den Sinai führen, wo wir in der Stille der Wüste von unseren rumpelnden Jeeps auf die sanft schaukelnden Sättel der Kamele umsteigen würden zu einer Trekkingtour.

Doch noch war die beschauliche Gangart des einfachen Nomadenlebens fern, noch umfing uns der Luxus unseres Hotels, in dem man nur den Hahn aufzudrehen brauchte, um nach Herzenslust duschen zu können, während man wenige Tage später würde trachten müssen, für ein Vollbad mit einem Becher Wasser auszukommen. Meine Frauen waren wie betäubt vom pulsierenden Sog der faszinierenden Metropole und mit gnadenloser Gier stürzten wir uns in die lärmenden Aktivitäten dieser brodelnden Stadt.

Bei allem Respekt und bei aller Bewunderung für die Pyramiden, die Sultan Hassan-Moschee, die Schätze des Ägyptischen Museums und all die anderen Wunder Kairos: Was für den gläubigen Moslem die Pilgerfahrt nach Mekka, ist für die bekennende Bauchtänzerin das Nachtleben Kairos mit seinen großartigen Orchestern und berühmten Tänzerinnen. Hier stand die Wiege des orientalischen Tanzes. Hier blühte in den 40er Jahren das „Goldene Zeitalter" unter der feudalen Regentschaft König Faruks[1], der die Musik förderte, die Tanzkunst und die Verschwendung liebte. Hier war das Podium für die großen Komponisten, Musiker, Sänger und die hohe Kultur des Raqs Sharqi[2], des klassischen orientalischen Tanzes, nicht zuletzt wegen der raketenhaften Entwicklung der ägyptischen Filmindustrie. Bis heute ist Kairo die Hochburg geblieben, von der aus die Drahtzieher der Branche ihre Fäden spinnen und die Night-Club-Szene der 5-Sterne-Hotels in Kairo bietet immer noch Unterhaltungskunst von gehobenem ästhetischen Niveau.

Zwei Vorstellungen mit Stars der aktuellen Szene stehen daher bei meinen Frauenreisen immer auf dem Pflichtprogramm jedes Kairoaufenthaltes und dieses Erlebnis zählt zweifellos mit zu den Höhepunkten jeder Ägyptenreise. Die sündteuren Shows finden

Seetha

in den eleganten Nachtclubs der großen Hotels statt und beginnen nie vor 24 Uhr. Möchte der Fan Glanz, Glimmer und Können der renommierten Kairo-Tänzerinnen hautnah erleben, muss er bereit sein, den Obolus des Schlafentzugs zu erbringen auf dem von Schischaschwaden und Enthusiasmus umfloteten Altar der gefeierten Bühnen. Frühestens gegen zwei Uhr, nach dem Vorprogramm mit Sängern, Folklore-Gruppen und dem mehrgängigen Diner, pflegt die Tänzerin, die Attraktion des Abends, mit ihrem eigenen hochkarätigen Orchester, das jeder Philharmonie zur Ehre gereichen würde, zu erscheinen. Während ihres Programms wechselt die Diva mehrere Male ihre spektakulären Kostüme, und wenn sie Beifallsstürme erntet, dann nicht nur wegen ihrer ausgefeilten Tanztechnik und kunstvollen Interpretationsfähigkeit. Das anspruchsvolle Publikum Kairos erwartet neben vollendeter Tanzkunst ein Allround-Talent, eine Entertainerin, die es versteht, mit Witz und Gags die Fäden des Stimmungsbarometers mit elegantem Händchen zu lenken wie ein geschickter Puppenspieler. Das will gekonnt sein. Nicht umsonst erreichten die meisten Tänzerinnen von Rang ihren künstlerischen Zenit erst ab einer gewissen Reife und standen auf den großen Bühnen bis weit über das 40. Lebensjahr hinaus.

Nach siegreichem Auftritt liegen der Künstlerin das freudetrunkene Publikum zu Füßen und ein Teppich aus Geldscheinen, die spendable Fans durch die Luft auf den Star herabregnen ließen. Blitzschnell wird dieser Goldregen von wendigen Burschen des Hauses eingesammelt und später aufgeteilt unter Tänzerin, Musikern und dem Nachtclubbesitzer. Gefeiert, bejubelt und beklatscht verlässt die Diva die Bühne und hinterlässt im Kielwasser ihres Temperaments einen aufgekratzten, glücklichen Hexenkessel. Jetzt ist unter all diesen fröhlichen Ägyptern an Schlaf erst recht nicht zu denken, denn nun legt das Orchester erst richtig los und die Nacht ist noch lange nicht zu Ende.

Und mittendrin – in der allgemeinen Woge der Begeisterung – eine Gruppe hoffnungsfroher Bellydancer, Bauchtänzerinnen made in Germany, deren betörte Herzen im Angesicht der großen Solistin verzagt in den Kniekehlen hingen und die mit „Das-lern-ich-nie-Gesicht" die paar Kameradinnen bestaunten, die, vom Geist der großen Muse inspiriert, alle Schwüre schworen, nun erst recht den Kampf mit Shimmy[3] und Schleier aufzunehmen: „Ab sofort… mit eiserner Disziplin ein gestrafftes Trainingsprogramm… im Namen des Schweißes und der schmerzenden Muskeln". Aber nicht gleich morgen. Vorher noch wird der sanfte Wüstenwind des Sinai die Mütchen abkühlen, und zurück im heimischen Alltag werden die messerscharfen Vorsätze verflogen sein wie der flüchtige Singsang einer Nachtigall.

Eine immer wiederkehrende Szene: Die ägyptischen Vögel pfeifen ihr frühes Morgenlied. Die ersten eifrigen Touristen erklimmen vor dem Hotel energiegeladen ihre Busse, während auf der anderen Straßenseite ein im Verblühen begriffenes Grüppchen überdrehter Paradiesvögel aus den Taxis krabbelt, um sein Lager aufzusuchen und sich einem ohnmachtsähnlichen Schlaf hinzugeben. Jedoch nur ein paar kurze Stunden sind gegönnt. Draußen vor dem Hotel tobt Kairo mit seinen Sehenswürdigkeiten, ruft der Basar Khan el Khalili[4] mit Sirenenstimmen, locken mit magischer Anziehungskraft die Schneiderateliers und Händler für Tanzkostüme und -accessoires. Welcher

Titan wollte da die Frauen an ihre Bettpfosten fesseln und sie hindern, ihrem Jagdtrieb nachzugehen?

Die berühmte Tänzerin Nagua Fuad, eine lebende Legende, Idol einer ganzen Generation, war in der Stadt zu einem kurzen Comeback! Die sensationelle Nachricht erreichte mich gerade noch rechtzeitig und es gelang mir, für teures Geld Plätze in dem Nachtclub zu reservieren, in dem sie auftreten würde. Diese einmalige Gelegenheit, das große Vorbild aus nächster Nähe zu erleben, das konnten wir nicht verpassen. Nichts wie hin!

Um Mitternacht standen, eingehüllt in eine Glocke aus Parfüm und freudiger Spannung die fünfzehn Damen meiner Gruppe im Foyer unseres Hotels zur Abfahrt bereit. Wie es dem festlichen Anlass gebührte, waren wir fein herausgeputzt und alle über die Maßen schön – jede Einzelne ein Juwel an Putz und Pracht, der ganze Hofstaat ein Ausbund an Glitzer, Glanz und Eleganz.

In Kairo ist es zu keiner Tages- und Nachtzeit schwierig, ein Taxi zu finden. Also ging ich auf die Straße hinaus, um aus dem unablässig fließenden Verkehrsstrom dieser nie schlafenden Stadt vier Taxis herauszufischen, die uns zum Ort des Geschehens bringen sollten. In dem brodelnden Verkehr fuhren einige Taxis an meiner erhobenen Hand vorbei, ein Kleinbus aber steuerte auf mich zu und hielt an. Ich nannte unser Ziel, der Fahrer nickte freundlich. Das war ja wunderbar, in dem Neunsitzer konnte ich schon mal den ersten Trupp losschicken. Auf meinen Wink spuckte die Drehtür den Pulk meiner wunderschönen Frauen aus, die in stummem Selbstverständnis das Gefährt überfallartig konfiszierten. Aus einem innigen Gefühl der Zusammengehörigkeit heraus wollte keine zurückstehen und somit schichteten sich die Damen, ihrer Garderobe, Haarpracht und Geschmeide nicht achtend, alle zusammen dicht neben-, über- und untereinander in das Wageninnere. Amüsiert verfolgte der Fahrer den Vorgang und ließ es geschehen.

Das Problem war nur, dass der Fahrgast, der bereits mit im Bus gewesen war, den Fehler begangen hatte, auszusteigen, um dem Damenflor hilfreich die Schiebetüre zu öffnen. Nun stand er auf der Straße, machte aber keinerlei Anstalten, sich ein eigenes Taxi anzuhalten. Es war doch offensichtlich, dass unseres bereits voll war. Kurze Diskussion mit dem Fahrer über unsere Köpfe hinweg, Anordnung des Kapitäns: der Mann musste mit. Daraufhin klappte dieser seinen hageren Körper auf ein Minimum zusammen, fädelte sich vorsichtig ein in das Gewirr zwischen Frauenbeinen, Handtaschen und Stöckelschuhen und kauerte nun – sehr zu unserem Missvergnügen – auf dem Bodenblech, dicht an die Schiebetüre gequetscht. Das Gebot des Propheten, jede unnötige andersgeschlechtliche Berührung zwischen Nichtverheirateten und Nichtverwandten zu vermeiden, war bereits außer Kraft getreten.

Der Fahrer – ebenfalls eingebettet in Wolken übergreifender Textilien, Parfümdüfte, Gekreische und Gelächter – mühte sich trotz der räumlichen Enge redlich, Intimitäten zu vermeiden, sich beim Schalten nicht an einem der nahen Knie zu vergreifen oder sich im Goldfaden eines Tuches zu verheddern. Als Gentleman kutschierte er, stolz auf seine Fuhre, in bester Laune durch das quirlige Kairo mit den bunten Lichter-

Zahra Bent Amar

ketten seiner Boulevards und aufblitzenden Leuchtreklamen. Vergnügt balancierte er den Wagen, erfolgreich unterstützt durch den Dauereinsatz seiner Hupe, durch das brodelnde Chaos, in welchem Verkehrsampeln verzweifelt, aber unbeachtet ihre farbigen Signale aussendeten und die Kotflügel nach undefinierbaren Regeln in messerscharfer Millimeterarbeit unbeschadet aneinander vorbeiflossen.

Während unser freundlicher Fahrer sich generös über die vielen Querstraßen hinweghupte, gab der Damenchor inzwischen ein „Hoch auf dem gelben Wahagen …" von sich und unser smarter „Schwager" warf von Zeit zu Zeit ein paar Worte – vielleicht tröstende – durch den höllischen Geräuschpegel nach hinten zu seinem weiteren Fahrgast. Der kauerte sittsam am Boden in seinem Käfig zwischen seidenen Nylonwaden, zupfte nirgends, berührte nichts, begnügte sich mit dem Rest Sauerstoff, der ihm dort unten verblieb und verhielt sich – bis auf sein dämliches Gekichere – harmlos.

So sehr wir uns über diesen unerwünschten Mitfahrer ärgerten und je lästiger uns der Störenfried durch seine bloße Anwesenheit wurde, desto mehr hob sich dessen gute Laune. Außer sich vor Begeisterung schlug er mit seiner Arbeiterhand auf sein blaues Drillichknie, stieß kehlige, kindische Lacher aus und beteiligte sich lebhaft am Gesang. Einen ähnlich verzückten Gesichtsausdruck hatte ich bisher nur bei tanzenden Derwischen gesehen, die im Zustand mystischer Trunkenheit dem Himmel nahe waren.

Eingekeilt im chaotischen Kuddelmuddel aus Samt und Seiden, eine geballte Fülle weiblicher Attribute in unmittelbarer Nähe all seiner Sinnesorgane – der brave Mann schien nicht mehr von dieser Welt zu sein. Wahrscheinlich wähnte er sich bereits im Paradies angelangt und sah sich glückselig im ewigen Grün der himmlischen Gärten lustwandeln, umgeben von strahlenden „Huris", „Paradies-Jungfrauen"[5], wie es geschrieben steht im heiligen Buch als Lohn für die Gerechten.

Für eine Weile fürchtete ich allerdings, mein entfesselter Damenhaufen würde in einem Anfall von Übermut die frevelhafte Untat begehen und an irgendeiner Straßenkreuzung kurzerhand die Schiebetür unseres Taxis öffnen und den armen Kerl auf den Straßenrand hinausbugsieren. Jedoch unser Chauffeur schwamm mit flottem Reifen in einer permanent grünen Welle mit erheblichem Rotstich mit und der Wagen kam zum Glück nie richtig zum Stehen.

Am Ziel angelangt, hielten wir in der protzigen Auffahrt des 5-Sterne-Hotels. Beflissen liefen die Hoteldiener herbei, um den ankommenden Gästen beim Aussteigen behilflich zu sein und staunten nicht schlecht: Wie eine nicht enden wollende Anzahl Ringeltauben aus dem Hut des Zauberers ergoss sich mit flatternden Mähnen und Garderoben eine wunderbare Frauenflut aus dem Wageninneren auf das vornehme Pflaster, geradeso, als könne ein verwirrter Automat nicht mehr aufhören, sein Produkt auszuspucken.

Monika Kaiblinger-Ickert

Die umstehenden Taxifahrer machten sich gegenseitig aufmerksam, lachten und feixten. Hinzukommende Gäste blieben ebenfalls stehen und bestaunten das Phänomen. Unsere Performance nahm spannende Formen an. Schnell bildeten neu eintreffende Einheimische – wie alle Ägypter allzeit bereit, spontan einen Spaß aufzugreifen – ein gut gelauntes Begrüßungskomitee und jede Dame aus dem Wunderauto wurde mit heiterem Beifall beklatscht wie preisverdächtige Stars bei ihrer Ankunft zu den Filmfestspielen. Unser ungeliebter lästiger Mitfahrer in seiner schmuddeligen Montur und mit den schlechten Zähnen lief jetzt zu Hochform auf. Er ließ es sich nicht nehmen, einer jeden beim Aussteigen galant die Hand zu reichen. Am ausgestreckten Arm präsentierte er jede Neuerscheinung stolz seinem Publikum und strich mit einer Verbeugung den Applaus ein, während die Jeweilige ächzend ihre Gliedmaßen sortierte.

Meine kichernde Damengesellschaft rupfte und zupfte in bester Stimmung ihre verwüsteten Garderoben zurecht und ich schickte mich an, den Fahrer zu bezahlen mit dem mulmigen Gefühl im Magen, dass jetzt vielleicht das dicke Ende kommen würde. Meine Frauen hatten den Wagen im Sturm erobert, noch bevor ein Preis genannt war. Ich fürchtete zu Recht eine weit überhöhte Forderung plus Vergnügungszuschlag und machte mich auf einen Kampf gefasst, der aus Zeitmangel zu meinen Ungunsten ausfallen würde mit 15 wartenden Frauen im Hintergrund. Grimmig hielt ich dem Fahrer einen viel zu hohen Betrag hin, um die Sache schnell zu beenden. Herzhaft lachend schüttelte dieser aber den Kopf, legte seine Rechte an sein Herz und deutete hinter dem Lenkrad sitzend eine leichte Verbeugung an: „No taxi madam, welcome to Egypt" *„Ich bin kein Taxi, Madam, willkommen in Ägypten"*, erhob die Hand zum Gruß und gab langsam Gas.

Beim Davonfahren sahen wir an der Beifahrertür gerade noch das Firmenemblem mit Insignien aus der Elektrobranche und das leuchtende Gesicht unseres lästigen Passagiers, des wackeren Elektrogehilfen, der uns enthusiastisch zuwinkte, bis der Wagen in das Gewühle des fließenden Verkehrs eintauchte und unseren Blicken entschwand.

---

[1] **König Faruk I.** – Letzter König der konstitutionellen Monarchie von Ägypten und Sudan, regierte von 1936 (schon als 16-Jähriger) bis zum Militärputsch der „Freien Offiziere" 1952. Um seinen verschwenderischen Lebensstil finanzieren zu können, änderte er willkürlich die Gesetze, erhob Steuern und Zölle (Seine Schwester Fausia war die erste Ehefrau von Schah Reza Pahlevi in Persien, ihre Ehe wurde 1948 geschieden). Auch nach seinem Sturz setzte Faruk im italienischen Exil sein ausschweifendes, luxuriöses Leben fort und beschäftigte bis zu seinem Tod 1965 die Klatschspalten. Er wurde ohne große Anteilnahme in Kairo beerdigt.
Oberst Gamal Abdel Nasser (1918 – 1970),
Mitglied der „Freien Offiziere", die den Sturz der Monarchie 1952 herbeiführten. Von 1954 – 1970 war er Staatspräsident von Ägypten. Unter ihm wurde 1956 für die Finanzierung des Assuanstaudammes der Suezkanal verstaatlicht (und löste dadurch die Suezkrise aus). Seine sozialistischen Ideale – Bekämpfung der Armut, Bodenreform usw. konnte er jedoch nicht

Hildegard Weiss

durchsetzen, dafür aber u. a. die kostenlose medizinische Versorgung und das Frauenwahlrecht.

<u>Suezkanal</u>: 163 km lang, verbindet das Mittelmeer mit dem Roten Meer. Eigens zu seiner Eröffnung 1869 soll Giuseppe Verdi „AIDA" komponiert haben. Das Werk wurde aber nicht rechtzeitig fertig, so kam bei den Eröffnungsfeierlichkeiten „Rigoletto" zur Aufführung.

[2] **Raqs Sharqi** – Klassischer orientalischer Bühnentanz.

[3] **Shimmy** – Kontrollierte, rhythmische Zitterbewegung des Beckens oder des Oberkörpers, während die übrigen Körperteile isoliert und ruhig bleiben.

[4] **Khan el Khalili** – Größter Basar Kairos, die Gassen sind in Händler- und Handwerksgruppen eingeteilt: Straße der Goldschmiede, Leder, Drechsler, Lampen, Schmiede, Schneider usw. Die vorderen Gassen bieten ein vielfältiges, schönes Warenangebot für Touristen.

[5] **Huris** – Schöne Jungfrauen im Paradies.

Der Koran berichtet über die Freuden des Paradieses in Sure 44, 51 – 54: „*Wahrlich, die Rechtschaffenen sind an einem sicheren Ort, in Gärten und an Quellen, gekleidet in feine Seide und schweren Brokat, einander gegenüber sitzend. So wird es sein! Und Wir werden sie mit holdseligen Mädchen vermählen, die große herrliche Augen haben.*"

Zahra und Ibrahim Abu Hassan

BERÜHMTE ÄGYPTISCHE TÄNZERINNEN (Diese Aufstellung kann natürlich nicht vollständig sein)

Little Egypt – Eine junge, unbekannte Syrerin tanzte 1893 in Chicago anlässlich der Weltausstellung vor internationalem Publikum und erregte großes Aufsehen. Nicht nur wegen der Geschmeidigkeit und Fremdartigkeit ihrer Bewegungen, sondern vor allem, weil sie Bauch, Fußknöchel und Arme unbedeckt zeigte und dadurch einen gesellschaftlichen Skandal verursachte. Immerhin brach anschließend in Amerika ein regelrechtes „Bauchtanzfieber" aus und auch der Film interessierte sich für „belly-dance". Später verdiente sich „Little Egypt" ihren Lebensunterhalt durch Auftritte im Varieté und Burlesque-Theater in den USA.

Tahia Carioka, Samia Gamal, Naima Akef u.a.
– Ägyptische Tänzerinnen der 50er Jahre wurden nach Hollywood geholt und entwickelten für das amerikanische Kino einen romantischen Tanzstil mit verspielten Schleiern (Tanz der Salome usw). Hollywood kreierte das bis heute klassische zweiteilige Bauchtanzkostüm: BH, Glitzergürtel und Schleier.

Suhair Zaki

Grande dame des ägyptischen Bauchtanzes, hochverehrte Tanzikone der 70er Jahre, sie war über 25 Jahre lang die berühmteste und beliebteste Tänzerin mit ihrem unverwechselbaren klassisch-ägyptischem Stil und makellosem Ruf, Vorbild für ganze Generationen.
1980 trat sie von der Bühne ab und lebt seitdem sehr zurückgezogen.

Raqs Sharqi – der klassische Solotanz in Ägypten

Übersetzt: „Tanz des Ostens", allgemein bekannt unter der Bezeichnung „Bauchtanz" – kommt vom Begriff „danse du ventre", den der Schriftsteller Gustave Flaubert 1849 in seinen ägyptischen Reiseaufzeichnungen verwendete. Emile Zola benutzte später diesen Ausdruck ebenfalls.

Mit Raqs Sharqi ist der weibliche Solo- und Bühnentanz gemeint im klassischen zweiteiligen Kostüm, dessen Oberteil, Gürtel und Rock sehr aufwändig, mit Pailletten und Perlen bestickt ist (in Ägypten transparentes Bauchnetz Pflicht). Heutzutage trägt man auch elegante einteilige Kreationen mit üppigen Stickereien und Applikationen. Ein professionelles Auftrittskostüm kann durchaus 1000 Euro kosten. Beim Raqs Sharqi zieht die Tänzerin sämtliche Register ihres Könnens mit sehr viel binnenkörperlichen Bewegungen und Akzenten, streng isolierten Bewegungen der einzelnen Körperpartien und sparsamen raumergreifenden Schrittkombinationen. Europäerinnen und Amerikanerinnen zeigen hierzu sehr gekonnt den raffinierten Umgang mit einem oder mehreren Schleiern. In Ägypten wird dieser allenfalls kurz zum Entré eingesetzt und dann fallen gelassen.

Eine klassische Tanzroutine mit großer Orchesterbesetzung (siehe Kap. 6) stellt hohe Anforderungen an die Tänzerin, da die verschiedenen Rhythmen häufig wechseln zwischen 4/4 z.B. Maksum, Baladi, Saidi, 8/4 z.B. Shiftetelli/Taqsim, Masmoudi kabir und 2/4 z.B. Fellachi, Malfuf, Saudi, Ayoub.

Mindestens ebenso wichtig wie ausgefeiltes technisches Können ist die kunstvolle Interpretationsfähigkeit der jeweiligen Gefühlsstimmung eines gesungenen Textes, das sensible Eingehen auf die Musik und die Eigenheiten der verschiedenen Instrumente, die jeweils bestimmten Körperteilen und Bewegungsformen zugeordnet werden und das spezifische Übertragen der Rhythmen.

Die hohe Kultur des klassischen Raqs Sharqi in Ägypten hat seit Beginn unseres Jahrtausends, wohl unter dem Einfluss politischer Strömungen, an Glanz verloren. Viele große Stars haben sich zurückgezogen. Die heutige Tanzszene wird zum Teil von Europäerinnen und Tänzerinnen aus dem Ostblock beherrscht – durchaus auf hohem Niveau.

In diese Kategorie könnte man noch den Tanz mit dem Shamadan anführen, den sehr eleganten bühnenwirksamen Tanz mit dem zwei- bis dreistöckigen Leuchter mit brennenden Kerzen auf dem Kopf, der große Körperbeherrschung und Balance erfordert. Oft geht die Tänzerin damit in den Spagat und setzt ihren Tanz auf dem Boden fort. Der Ursprung kommt aus der Folklore. Die Tänzerin soll mit dem Leuchter dem „zaffa al-arusa", dem Hochzeitszug, in dem die Braut zum Haus ihres Zukünftigen gebracht wurde, voraus gegangen sein, um die dunklen Gassen zu erleuchten.

Nagua Fuad
„Princess of Kairo", eine der berühmtesten Tänzerinnen der Vergangenheit, ihre große Zeit war zwischen 1960 – 1985. Anders als ihre große Kollegin Suhair Zaki arbeitete sie mit verschiedenen Choreografen zusammen und erweiterte ihren Stil durch moderne Tanzelemente und westliche Einflüsse.

In den 90er Jahren hatte sie noch einige Bühnenauftritte. Nagua Fuad ist bereits zu Lebzeiten legendär.

Fifi Abdou
Hochdotierte, sehr populäre Tänzerin der 90er Jahre, brachte den Tanz der Landbevölkerung, den Baladi, wieder auf die Bühne. Sie zeichnet sich aus durch ihren erdigen, kraftvollen Tanzstil und ihr Talent als Entertainerin.

Mona el Said
Bildschöne kraftvolle Tänzerin der 80er Jahre.

Lucy
Elegante Tänzerin der frühen 90er Jahre, Besitzerin eines Nachtclubs in der Pyramidstreet, heute hauptsächlich Darstellerin in Fernsehserien.

Dina
Spitzenverdienerin und berühmtester Star der aktuellen Szene in Kairo – kreierte den typischen „Dinastil".

Raqia Hassan – ehemals Solotänzerin der Reda-Gruppe, seit den 90ern d i e Choreografin Kairos.

Hildegard Weiss

Merksatz raqm chamastasch:

A-scha*a*r *a*la rischlik yadwi mi*th*l ha*rir*

Die Haare an deinen Beinen glänzen wie Seide

al mat*h*af bukra maftuh?   au   maqful?
das Museum morgen geöffnet   oder geschlossen?
Ist das Museum morgen geöffnet

matta ra*h*at ado*h*r?
wann   Pause Mittag
Wann ist die Mittagspause?

fih   al yum sa*h*rat raqs sharqi   au   raqs folklor?
gibt es heute   Show   Tanz des Ostens oder Tanz Folklore?
Gibt es heute Abend eine Show/Vorstellung mit Bauchtanz oder Folklore?

ma'sm   a-r*aa*qissa elli tarqus alyum?
wie Name die Tänzerin die tanzt   heute
Wie heißt die Tänzerin, die heute tanzt?

kam   sa*a*   tabda a-sahra /al hafla wa matta a-nihaya?
welche Stunde beginnt die Show/das Fest und wann   das Ende
Um wie viel Uhr beginnt die Show und wann ist sie zu Ende?

kam   *th*aman tadkira bass bi maschrubat bidun akl?
wieviel Preis   Eintritt   nur   mit Getränken   ohne   Essen
Wieviel kostet der Eintritt nur mit Getränken ohne Essen?

fih   maschrubat fi ha*th*a *th*aman
gibt es Getränke   in diesem Preis
Sind Getränke in diesem Preis enthalten?

wa kam   *th*aman kul maschrub *a*char?
und wieviel Preis   jedes Getränk   anderes
Und wie viel kostet jedes weitere Getränk?

urid   a*h*schiß taola li *a*schra asch*ch*aas   (schachs = 1 Person)
ich möchte reservieren Tisch für zehn   Personen
Ich möchte einen Tisch reservieren für zehn Personen.

schukran, a*h*dor   ma*a* maschmu*a*ti alyum fil massa
Danke,   ich komme mit   meiner Gruppe heute   am Abend

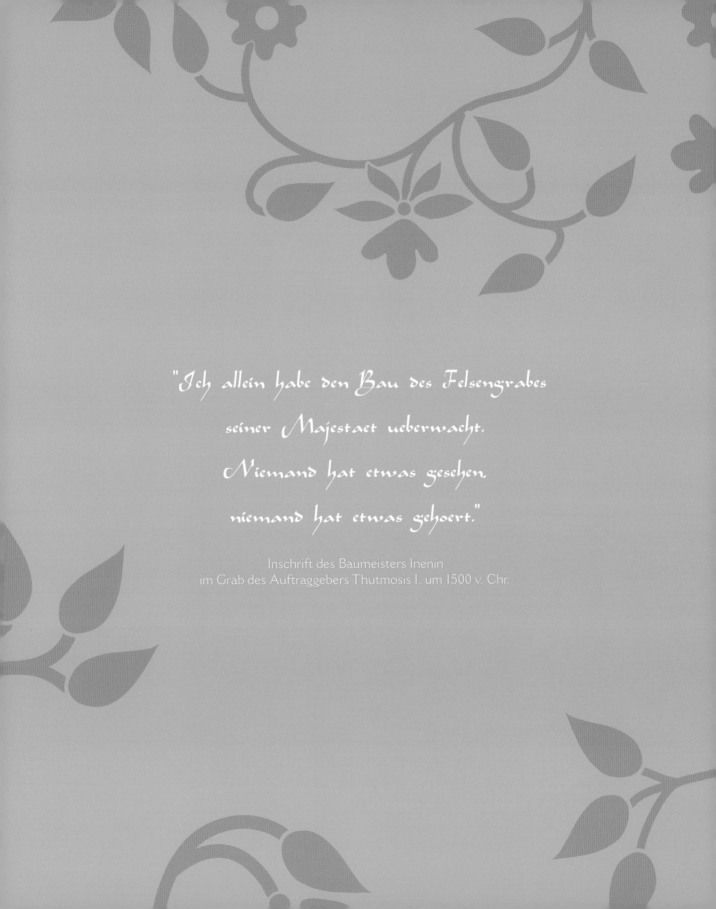

"Ich allein habe den Bau des Felsengrabes
seiner Majestaet ueberwacht.
Niemand hat etwas gesehen,
niemand hat etwas gehoert."

Inschrift des Baumeisters Inenin
im Grab des Auftraggebers Thutmosis I. um 1500 v. Chr.

16. Tutanchamun

Hinter dem Gebirgszug verborgen liegt das Tal der Könige[1]. Die Touristen umfahren das Massiv auf der Asphaltstraße in einer großen Schleife und werden, am Ziel angelangt, im Trubel und Gezeter eines Parkplatzes in Horden ausgespuckt, dort sogleich überfallen von fliegenden Souvenirhändlern und, noch ehe sie zur Besinnung kommen, im Pulk von ihren Reiseleitern hineingetrieben in die schummrig-schwülen Korridore und Schächte der königlichen Gräber.

Um wie viel schöner und würdevoller ist es doch, die Bergkuppe in einem gemächlichen, allerdings mühevollen Aufstieg zu Fuß zu überwinden, sich in langsamen Schritten der legendären Nekropole zu nähern, um sich einstimmen zu können auf das grandiose Erlebnis, das den Wanderer im jenseitigen Talkessel erwartet.

Am Vorplatz des Totentempels der Hatschepsut beginnt ein schmaler Pfad und schlängelt sich über Geröllhalden und Steilhänge in einer dünnen, kaum erkennbaren Linie nach oben. Schon vor 3500 Jahren, während der 500jährigen Bauphase, haben die Handwerker und Künstler aus dem südlich gelegenen Deir el Medina diese steile Abkürzung genommen zu ihren Arbeitsplätzen in den königlichen Grabstätten. Der Aufstieg durch das unwegsame Gelände ist beschwerlich, aber bald breitet sich ein herrliches Panorama aus mit freier Sicht über das fruchtbare Niltal, dessen Grüngürtel dort, wo das Bewässerungssystem aufhört wie mit dem Lineal gezogen, abrupt vom Ocker der Wüste abgelöst wird.

Sehr früh am Morgen schon hatte mich die Fähre von Luxor übergesetzt zum westlichen Nilufer, zur Westbank, der dem Jenseits zugewandten Seite der untergehenden Sonne. Der Fahrer des Sammeltaxis, der mich die sieben Kilometer zum Deir el-Bahri[2] chauffierte, konnte gar nicht begreifen, was ich schon um diese Uhrzeit hier wollte, wo alle Kassenhäuschen und Tempeltore noch geschlossen waren. Aber ich wollte den Fußweg über den Berg zum Tal der Könige hinter mir haben, noch bevor die Sonne richtig heiß herunterbrennen würde, um drüben, wie immer, wenn ich in der Gegend war, einem alten Freund meine Aufwartung zu machen: dem so jung verstorbenen Pharao Tutanchamun[3]. Sein einbalsamierter Körper ist die einzige Mumie, die nach ihrer Entdeckung in ihrem angestammten Grab im Tal der Könige verbleiben durfte (im Jahre 2005 allerdings ebenfalls abtransportiert nach Kairo – siehe Anhang). Alle anderen aufgefundenen Mumien der einst so Mächtigen hatte man längst aus ihren

„Häusern für die Ewigkeit" entfernt und nach Kairo deportiert in die Register der Antikensammlung.

Jetzt saß ich glücklich einige hundert Meter über der Ebene inmitten eines abschüssigen Geröllfeldes auf einem Felsbrocken und genoss die Stille und die atemberaubende Aussicht.

Der Blick nach unten gewährte mir die Sicht aus der Vogelperspektive in die elegante Tempelanlage von Hatschepsut[4], dem einzigen weiblichen Pharao der ägyptischen Geschichte. Die anmutigen Säulenterrassen mit den quadratischen Pfeilern, deren oberste Terrasse mit dem Allerheiligsten direkt in das Gebirge hineingemeißelt worden war, schmiegen sich in ihrem hellen Kalkstein an den Fuß der Steilwand, als wären sie Bestandteil einer steinernen Kulisse in dem karstigen Bergmassiv. Diese kluge und mutige Frau hat Ägypten zu Glanzzeiten und wirtschaftlichem Aufschwung verholfen durch rege Handelsbeziehungen mit Schwarzafrika während ihrer friedvollen 22jährigen Regentschaft.

Von hier oben konnte ich direkt hineinsehen in die offenen Höfe des mittleren Tempel-

bezirks. Die bemalten Flachreliefs an den Wänden des Säulengangs im linken Flügel schildern sehr lebendig die damals sensationellen Expeditionsreisen, die entlang des Roten Meeres bis in das geheimnisvolle Weihrauchland Punt, dem heutigen Somalia führten. Die Darstellungen, deren Farben noch gut erhalten sind, beschreiben in detailgetreuen Bildern die Flora und Fauna der oberen Nilländer, ihre Bewohner und deren runde Pfahlhütten. Die Wandzeichnungen zeigen den fürstlichen Empfang der ägyptischen Gesandtschaft, die Übergabe der Gastgeschenke und die glückliche Rückkehr der fünf Schiffe. Exotische Waren werden entladen und aufgelistet: Elfenbein, Ebenholz, Leoparden- und Pantherfelle, Straußenfedern, Weihrauchharz und Myrrhebäumchen, Giraffen und Affen. Und immer wieder erscheint dort, zu meinem großen

Vergnügen, das Abbild der überaus fettleibigen Frau des Fürsten Parehu aus Punt, dem wohlgesonnenen Handelspartner. Wäre ich nicht schon viele Male in diesem Tempelhof gestanden, um den Reisebericht zu „lesen", wären die quadratischen Flächen aus meiner jetzigen Perspektive nur leere, sandfarbene Plätze gewesen.

Der Architekt und angeblicher Liebhaber Hatschepsuts hat das Bauwerk mit seinen klassizistisch anmutenden Proportionen nach Osten ausgerichtet, auf einer Achse, beinahe mit „Blickkontakt" zum mächtigen Tempelkomplex in Karnak auf der gegenüberliegenden Seite des Flusses, der Gottvater Amun geweiht war. Ihre Krönung zur Regentin Ober- und Unterägyptens trotz ihres Handicaps, eine Frau zu sein, rechtfertigte die clevere Karrierefrau durch den Status einer göttlichen Legitimation als leibhaftige Tochter Amuns. „Ich bin selbst ein Gott, der, was geschieht, bestimmt. Kein Ausspruch meines Mundes geht fehl." Bravo, Pharaonin! Welch brillanter Schachzug. „Ein Ereignis, das nicht gut dokumentiert ist, war nicht", lautet ein elementarer Slogan des modernen Pressewesens. Das hat Hatschepsut schon vor 3500 Jahren gewusst und minutiös alle wichtigen Geschehnisse aufzeichnen lassen. So untermauerte die medientüchtige Frau den Mythos ihrer göttlichen Abstammung durch 14 gemeißelte Reliefdarstellungen, von der Zeugung bis zu dem Moment, als Göttervater Amun seine Tochter Hatschepsut aufnahm. Wie Comics ließen diese Szenenbilder sich an den nördlichen Wänden der mittleren Terrasse auch vom ungebildeten Volk ablesen. Und für die Nachwelt blieb die Dokumentation im steinernen Notizbuch die kleine Ewigkeit bis heute gut erhalten.

Wie müssen die vergoldeten Spitzen ihrer Obelisken in Karnak über den Nil und die verbindende Prozessionsstraße mit ihrer Sphinxenallee als Wahrzeichen der Macht und Stärke herübergefunkelt haben! Eine Hieroglyphen-Inschrift jedoch lässt die Zweifel und Ängste Hatschepsuts erahnen, in die Verdammnis des Vergessenwerdens zu geraten, was gleichbedeutend war mit einem Todesurteil für die Seele:

„SO WIEGE ICH NUN MEINEN KOPF HIN UND HER,
WÄHREND ICH DARÜBER NACHDENKE,
WAS DIE MENSCHEN DEREINST WOHL VON MIR ERZÄHLEN.
JENE, DIE IN SPÄTEREN JAHREN VOR MEINEN DENKMÄLERN STEHEN
UND VON MEINEN TATEN SPRECHEN WERDEN."

(Übersetzung von S.R. Snape)

Nein, die Geschichte hat dich nicht vergessen, auch wenn dein Nachfolger – wie war doch gleich sein unseliger Name? – deine Kartusche aus der königlichen Liste und dein Gesicht systematisch aus Statuen, Reliefs und Stelen heraushacken ließ. Dein Ruhm ist unsterblich. Würde ich sonst so lange hier auf diesem unbequemen Stein ausharren, um deinen Tempel zu bestaunen und deiner Taten gedenken?

Unten auf dem Parkplatz trafen die ersten Busse ein, öffneten ihre Automatikmäuler, aus denen sich die Menschenmassen auf den Asphalt ergossen. In schwarzer Pünktchenlinie pilgerten die Karawanen ameisenhaft die monumentale Rampe zum Tempel hinauf. Die Sonne gewann langsam an Kraft und schickte sich an, für eine neue Tagesrunde den Berg und den Schotter zu verbrennen. Außer mir war anscheinend kein

Lebewesen bereit, sich in dieser Gesteinswüste zu bewegen. Alles Getier hatte sich vor dem hellen Licht in seine Löcher und unterirdischen Gänge verkrochen – nicht einmal die Krabbelspur eines Käfers auf den schmalen Sandpartien zwischen dem Gestein war zu sehen. Wie auch! Der Skarabäus[6] konnte nicht im Geröll neben mir seinen Tag verplempern, musste er doch bis zum Abend die Sonnenkugel über das Firmament gerollt haben. Auch ich musste mich wieder auf den Weg machen, wollte ich nicht vor Tutanchamuns Grab eine Menschenschlange vorfinden. Zuvor aber galt es, auf den Bergkegel el Qurn, *„das Horn"*, im Süden zuzuhalten, der sich stilvoll in Pyramidenform zwischen den beiden Tälern aufbaut und der der Göttin Mertseger „diejenige, die die Stille liebt", gewidmet ist. Dann musste ich aufpassen, den Schwenk nach rechts ins Tal der Könige nicht zu verpassen.

„Ya salām", *„Ach du meine Güte"*! Mit Riesenschritten und wallender Galabiya kam jetzt ein sehr irdisches Problem auf mich zu: „Hello, where do you come from?" *„Hallo, woher kommst du?"*, winkte der schlaksige junge Mann schon von weitem. Erwischt! Auch das gehört zu diesem Land. „From Luxor" *„Von Luxor"*, rief ich wahrheitsgemäß zu ihm hinunter, bemüht, recht unwirsch zu klingen. „And I am Seti the first", *„Und ich bin Seti I."*[7], kam es schlagfertig zurück. Wenigstens hatte er Humor, der Störenfried.

Das Adlerauge des ausgefuchsten Bürschchens musste mich als winzigen Punkt im Hang ausgemacht haben, der im Zeitlupentempo bergan zuckelte – so langsam konnte nur ein Tourist dahintrödeln. Selbstverständlich hatte er sofort die Verfolgung aufgenommen. „Wenn etwas geschieht, was du nicht willst, dann wolle, was geschieht", lautet ein arabisches Sprichwort. Also gab ich klein bei. Und obwohl ich mir ursprünglich vorgenommen hatte, den Händler so kaltschultrig zu empfangen wie nur irgend möglich, konnte ich nicht umhin, meine Krallen wieder einzuziehen, als ich das offene Jungengesicht sah, das in frischer Unbefangenheit auf mich zustürmte. Atemlos nach seinem Marathonsprint, hielt er mir freudestrahlend die miesepetrig dreinblickende Katzengottheit Bastet entgetgen.

„Real Alabaster", *„echt Alabaster"*, grinste der junge Nachfahre eines der kulturträchtigsten Völker und wischte mit dem baumwollenen Ärmel über sein schweißnasses Gesicht. „For you very cheap", *„Für dich sehr billig"*. Tatsächlich werden in den umliegenden Alabaster-Werkstätten sehr gute Nachbildungen antiker Skulpturen und wunderschöne, hauchdünne Schalen und Gefäße aus dem edlen Material hergestellt. Jedoch die angebotene Ware der fliegenden Händler ist oft aus ganz anderem Holz geschnitzt. Auf einer früheren Reise hatte eine meiner mitreisenden Frauen ihren verstaubten Alabaster-Anubis[8] abends im Hotel baden wollen. Da verwandelte sich die Gottheit unter dem Wasserhahn in eine gipsartige Brühe und verflüchtigte sich durch den Abfluss. Die Gunst der Götter ist manchmal launisch und unberechenbar.

Dass die Touristin eine seiner Skulpturen dringend benötigen und auch kaufen würde, das war für das sympathische Händlerschlitzohr beschlossene Sache. Man musste ihr nur noch verklickern, welches der Objekte für sie lebensnotwendig sein würde für eine glückliche Zukunft ohne Reue. Die Katzengöttin war nicht der Hit gewesen. Deshalb kramte er in seinem Stoffbeutel nach einem neuen Trumpf.

Der junge Ägypter stand ein paar Schritte unter mir, stemmte sich im Ausfallschritt gegen die abschüssige Böschung und ich blinzelte ins Gegenlicht auf seinen neuen Verkaufsschlager. In dem Moment umfasste die Morgensonne in einem dramatischen Regie-Einfall seinen Kopf mit einer strahlenden Glorie und durchlöcherte das dunkle Lockengewirr mit blitzenden Lichtern. Im krausen Nackenhaar gab es ein paar glitzernde Schweißperlen, die farbige Funken verschossen wie geschliffene Brillanten, die dann aber, als sie auf den Stoff der Galabiya tropften, doch nur ein paar plebejische Wasserflecken verursachten. Das brachte mich wieder auf den Boden.

„You like Tutank?", *„Du magst Tutank?"* Irritiert registrierte ich die verblüffende Ähnlichkeit der Physiognomie meines Gegenüber mit der Totenmaske Tutanchamuns, die der junge Ägypter mir in Miniatur unter die Nase hielt. Das leibhaftige Ebenbild aus Fleisch und Blut stand mir gegenüber, als hätte er, der mit seinen abgewetzten Sandalen im Geröll nach festem Stand suchte, für den antiken Abguss Modell gestanden. Erwartungsvoll richteten sich die mandelförmigen Augen Tutanks auf mich – einmal mit lapislazuli- und kholumrandetem starren Blick und einmal, ebenso mandelförmig, aber hellwach, blitzgescheit und sehr lebendig in dem hübschen Gesicht mit dem weltberühmten Lippenschwung.

Der charmante Kerl hier mochte in dem Alter sein, in dem der andere Schöne, dessen ausgedörrte Mumie ich besuchen wollte drüben im Tal, schon hatte sterben müssen. Der kurze Augenblick meiner Verblüffung wurde prompt als Kaufinteresse ausgelegt, denn nachhaltig hielt das Bürschchen mir das lausige Imitat der Maske hin, deren Original aus reinem Gold einst Gesicht, Schulter und Brust des Toten bedeckt hatte

und deren Schönheit sich durch die unzähligen Vervielfältigungen und Vergewaltigungen als Buchstützen, Briefbeschwerer und Magnetbuttons für Kühlschranktüren inzwischen etwas abgenutzt hat.

Ahnungslos über seine hohe Abstammung, kramte die Reinkarnation Tutanchamuns geschäftstüchtig weiter in seinem Warenbestand mit schlanken, bronzefarbenen Händen, die in seinem früheren Leben gewiss nicht in staubigen Stoffbeuteln herumgewühlt, sondern allenfalls spitzfingrig gebratene Kaldaunen zum Munde geführt und die königlichen Insignien, Krummstab und Geißel, gehalten haben mochten. Unbekümmert wickelte der junge Pharao sich jetzt, anstelle des gold-blau gestreiften Nemes-Tuches, zum Schutz vor der Sonne einen kreideweißen Baumwollchech um den Kopf und lachte dabei sein unbekümmertes Lachen – sprühend vor Lebenslust und Optimismus. Ich entschied mich dann doch für die hochmütige Katzengöttin – die würde am problemlosesten zu verschenken sein – unter der Auflage, dass er mir die nachfolgenden Händler, die bereits die Witterung meiner Fährte aufgenommen hatten, vom Leib halten müsse. „Tamam", „okay".

Unter seinem erfolgreichen Protektorat erreichte ich unbehelligt die canyonartig abfallenden Schluchten und endlich die Stelle, wo sich die Sicht öffnet hinunter zum weiten Talkessel, der berühmten Nekropole mit den schlichten Eingängen zu den Pharaonengräbern, den großen Wundern dieser Erde. Welch erhabenes, großartiges Gefühl, hier zu stehen! Irgendwo, weit unter meinen Füßen, an geheimen, unzugänglichen Orten,

liegen vielleicht noch unentdeckte Grabstätten im Verborgenen. Niemand weiß, welch geheimes Labyrinth an Kammern und Schächten noch existieren mag hinter vermauerten Türen mit königlichen Siegeln. Der ehrliche Kampf der Archäologen, die früher dem Berg mit Pickel und Schaufel seine Geheimnisse entrissen, ist durch die fortgeschrittene Technologie ein wenig unfair geworden. Heute rückt man ihm mit Bodenradar und Detektoren zuleibe. Damit ist es den Wissenschaftlern möglich, die Dichte des unterirdischen Materials zu messen, Kammern und Hohlräume aufzuspüren und so die einstmals Mächtigen in der Stille ihrer Grabkammern aufzustöbern. Mit welcher Sorgfalt waren diese Toten einbalsamiert und gebettet worden, um die Unversehrtheit der Mumie und damit ihre Unsterblichkeit sicherzustellen als persönlichen Sieg über den Tod. Und dann ließ man es geschehen, dass das Bestattungsmobiliar, das für ein würdiges Weiterleben im Jenseits unentbehrlich war, verteilt wurde auf die Museen der imperialistischen Welt oder gar – unter der Hand teuer verschachert – in Wohnzimmervitrinen reicher Wurst- und Nudelfabrikanten landeten. Aber noch hütet der Berg wacker seine weiteren Mysterien. Schadenfroh streichelte ich mit meinem Schuh den unwirtlichen Boden.

TUTANCHAMUN – KV 62 (King valley Grab Nummer 62), so lautet seine Adresse. Anmeldung ist nicht nötig, es gibt feste Besuchszeiten und die Majestät ist immer zu Hause. Ich musste mir nur ein Ticket kaufen im Verwaltungskiosk, dann wurde ich von einem seiner sonnverbrannten Diener, einem zahnlosen Männchen in abgetragener Galabiya, der meine Eintrittskarte abriss, eingelassen in sein Haus.

Mein frühzeitiger Aufbruch hatte sich gelohnt. Noch war ich der einzige Besucher in dem kleinen, schmucklosen Vorraum, den 1924 Howard Carter, der Entdecker des Grabes und sein Geldgeber, Lord Carnarvons, vollgestopft mit Kostbarkeiten, in einem chaotischen Durcheinander aufgetürmt, vorfanden. Einen Tag vor der offiziellen Öffnung des Grabes, im Beisein der ägyptischen Delegation, konnten die beiden ihre Ungeduld nicht mehr bezähmen und brachen heimlich die Wand auf, die sie dann wieder sorgfältig verschlossen. Ihre Erregung ist gut nachzuvollziehen, als Carter mit einer Kerze durch das Mauerloch in die Grabkammer, in der ich jetzt stand, leuchtete und in die nach annähernd 3500 Jahren wieder ein menschlicher Blick fiel. „Yes, wonderful things" *„Ja, wundervolle Dinge"*, antwortete er auf die ungeduldige Frage Lord Carnarvons, ob er etwas sehen könne.

Und ob etwas zu sehen war! Tutanchamuns Grabstätte war die einzige, deren Siegel bei ihrer Entdeckung noch nicht von Grabräubern aufgebrochen war und in ungeplündertem Zustand vorgefunden wurde. Die unermesslichen Schätze, die dort bis zur Decke wie Kraut und Rüben so schludrig und kunterbunt übereinandergestapelt waren, als wäre die Arbeit überstürzt und in fliegender Hast erledigt worden, nehmen heute in einem riesigen Ausstellungstrakt im Ägyptischen Museum in Kairo beinahe eine ganze Etage ein.

Doch du, Pharao, du bist noch hier in deiner Totenkammer – eine unversehrte Mumie, die man im Innersten von vier ineinandergeschachtelten Sarkophagen fand. „Schlafe, mein Prinzchen, es ruhn ... Schäfchen und Vögelchen nun ... Wälder und Wiesen verstummt, auch nicht ein Bienchen mehr summt ...".

Eine Touristengruppe polterte die zwölf flachen Steinstufen herab in die kleine Vorkammer und trug mit ihrem Lärm den Alltag hinein in die Totenruhe. Die Besichtigung der Örtlichkeit war aber schnell erledigt. Verglichen mit anderen Gräbern sind die Wanddekorationen – wohl wegen des unerwarteten Todes des 18-Jährigen – eher bescheiden, und die Grabkammer ist verhältnismäßig klein. Widerstandslos ließ ich mich abdrängen von der Absperrung, von der aus man hineinsehen kann in den Sarkophag aus rosarotem Quarzit, in dem die Mumie ruht – zum Schutz vor Umwelteinflüssen zusätzlich im klimatisierten Plexiglassarg. Neugierige Besichtigungsblicke wurden hineingeworfen, lautstark die Kunststoffscheibe kommentiert, die muffige Luft und der Hut des Reiseleiters – der berühmte Pharao war abgehakt. Schon beim Hinausgehen schwenkte das Geplapper in einem abschwellenden Geräuschpegel zum nächsten Punkt der Tagesordnung über. Wissen diese Wilden nicht, dass man sich ruhig verhält, wenn jemand schläft? Hinaus mit euch! Fort zu eurem Nildampfer!

Nein, für dieses Prinzchen hier summt ganz bestimmt kein Bienchen mehr – und auch Lunas silberner Schein reicht nicht in die Düsternis seiner Grabkammer. Dennoch wusste ich, dass zwischen den Mumienbinden in der Nähe seines Herzens das Symbol der Wiedergeburt lag, ein Skarabäus aus Lapislazuli und gefärbtem Glas, mit einer Inschrift aus dem Totenbuch: „Oh mein Herz, lege kein Zeugnis ab gegen mich vor dem Gericht". Ich verabschiedete mich leise.

Draußen empfing mich die brütende Mittagshitze. Reiseleiter schwirrten durch das Tal, die alle einen Schwarm Touristen hinter sich herzogen. Ein Ägypter mit fein geschnittenen Gesichtszügen unter dem leuchtend weißen Chech hob sich von der Masse ab. Der Stoffbeutel mit seiner Dutzendware schlackerte an seiner Schulter. Im Tauziehen

213

um einen guten Preis war er gerade verstrickt in ein Geplänkel mit zwei hypertonieverdächtigen Damen, die sich anstecken ließen von seinem jungenhaften Lachen, das bis zu mir herüberdrang. Gut so, gute Laune war schon die halbe Miete. Gleich würde er sie eingewickelt haben. Mit königlicher Geste, als würde er eine Gesetzestafel verlesen, hielt der Nachfahre legendärer Generationen in aller Unschuld die Reproduktion seines Ebenbilds in die Höhe. Im Vorbeigehen warf ich noch einmal einen kurzen Blick auf sein Gesicht und das jahrtausendealte Lächeln seiner schönen Lippen, die gerade beteuerten: „Real Alabaster".

Nachtrag zur Mumie von Tutanchamun: Am 6. Jan. 2005 wurde seine Mumie durch die ägyptische Altertümerverwaltung aus ihrem Sarkophag im Tal der Könige entfernt und nach Kairo gebracht, um sie vor Schäden und Verfall zu bewahren und um die wahre Todesursache zu untersuchen.

Nachtrag zur Mumie von Hatschepsut: 1903 wurde im Tal der Könige von Howard Carter ihr Grab gefunden (KV 20), das für sie und ihren Vater Thutmosis I. angelegt war, mit den riesigen Ausmaßen von 213 m Länge 97 m tief im Felsen, nicht aber ihre Mumie, die Sarkophage waren leer. Fast gleichzeitig entdeckte Carter das Grab der Amme Hatschepsuts, Sit-Ra (KV 60) mit zwei weiblichen Mumien. Eine davon schickte er nach Kairo und beachtete die andere nicht, wohl in der Annahme, sie sei unbedeutend. 2007 haben Wissenschaftler diese zurückgelassene Mumie (glatzköpfig, fettleibig und mit Wirbelsäulenschaden) als Hatschepsut identifizieren können, mittels DNA-Analyse und computertomographischer Tests und nicht zuletzt aufgrund eines Zahnes, den man in einem Holzkästchen mit ihrer Namenskartusche im Totentempel gefunden hatte. Der Zahn passte exakt in die Zahnlücke und zur noch vorhandenen Zahnwurzel der Mumie, der Carter keine Bedeutung beigemessen hatte.

[1] **Tal der Könige** – 500 Jahre dauerte die Bauphase, zwischen 1500 bis 1000 v. Chr., ab Thutmoses I. Bis heute hat man 64 Gräber entdeckt. Um die Gräber vor Schäden durch die Ausdünstungen der Besuchermassen zu schützen, sind im Wechsel immer nur einige zur Besichtigung freigegeben. Die Gräber und die wenigen verbliebenen Sarkophage sind bis auf die wunderschönen Wandbemalungen und Reliefs leer. Schon zu pharaonischen Zeiten waren viele Siegel durch Grabräuber aufgebrochen und kostbare Grabbeigaben und königliche Mumien (wegen des wertvollen Skarabäus auf der Brust) geraubt worden.

[2] **Deir el-Bahri** – Tempel der Hatschepsut, auch "Kloster des Nordens" und Bezeichnung der Gebirgskette. Der Tempel Hatschepsuts wurde im 6. Jd. in ein Kloster koptischer Christen umgewandelt. Dies dürfte der Grund sein, warum die Tempelanlage so gut erhalten blieb.

[3] **Tutanchamun** – Regierte von 1333 – 1323 v. Chr. (KV 62), Pharao der 18. Dynastie, Sohn des Echnaton, kam mit acht Jahren auf den Thron, starb als 18-Jähriger, evtl. war Nofretete seine Mutter. Sein Grab blieb bis 1924 unentdeckt und war bis dahin nicht geplündert worden.
<u>Haremhab 1319 – 1292 v.Chr. (KV 57),</u>
letzter Pharao der 18. Dynastie und Nachfolger von Tutanchamun, obwohl in seinen Adern kein königliches Blut floss. Zuvor war er Bogenschütze und General im Militärdienst gewesen. Gnadenlos vernichtete er das Andenken von Tutanchamun. Er ließ den Namen seines Vorgängers aus der Liste auslöschen und von den Wänden abkratzen und ersetzte ihn durch seinen eigenen, sodass der Name Tutanchamun in keiner Königsliste auftauchte.

[4]**Hatschepsut** – 1479 – 1458 v.Chr. 18. Dynastie (KV 20) Hatschepsut war der einzige weibliche Pharao der ägyptischen Geschichte, ihre Herrschaft dauerte 22 Jahre.
Sit-Ra (KV 60)
Amme von Hatschepsut. Sie ist die einzige Privatperson, für die ein Grab im Tal der Könige errichtet wurde (mysteriöse Auffindung zweier weiblicher Mumien, siehe Nachtrag zur Mumie Hatschepsuts).
[5]**Thutmosis III.** – Ca.1490– 1436 v.Chr. 18. Dynastie (KV 34). Als der Gatte Hatschepsuts, Thutmosis II., starb, wurde ihr zweijähriger Stiefsohn Thutmosis III. zum Pharao erklärt. Hatschepsut übernahm die Regierungsgeschäfte und hinderte ihren Stiefsohn, den Kindpharao, 22 Jahre lang an seiner Machtübernahme. Nach ihrem Tod löschte er systematisch den Namen der verhassten Königin und ließ an dessen Stelle seinen und den seines Vaters einsetzen.
[6]**Skarabäus** – Gehört zur Gattung der Mistkäfer, galt als Glücksbringer und Symbol für Auferstehung. Der kleine Käfer („Pillendreher") bildet eine Kugel aus Dung, worin er seine Eier ablegt und rollt sie vor sich her. Die Ägypter brachten dies in Zusammenhang mit dem Rollen der Sonnenkugel über den Himmel.
[7]**Seti I.** – Pharao 1290 – 1279 v.Chr. (KV 17) 19. Dynastie, eines der größten und schönsten Gräber – Vater von Ramses II.
[8]**Anubis** – Schakalköpfiger Gott im alten Ägypten, Hüter des Totenreiches. Er bediente die Waage, wenn beim Totengericht Osiris das Herz des Toten gegen die Feder der Maat, der Göttin der Wahrheit, aufwiegen ließ. Wog das Herz schwerer als die Feder, wurde es gefressen vom krokodilartigen Ungeheuer Ammit (siehe Inschrift der goldenen Bodenplatte des Skarabäus auf der Brust der Mumie Tutanchamuns: „Oh mein Herz, lege kein Zeugnis ab vor dem Gericht gegen mich").

Merksatz raqm sittatasch
Ayunek schamila mi*th*l ayun al baqara
Deine Augen sind so schön wie die Augen einer Kuh

ay   sch*a*ria yar*uh* ila Medersa?
welche Straße   geht   zur Medersa
Welche Straße geht/führt zur Medersa?

kif aruh   ila Meydan el Hussein?
Wie gehe ich zum Medan el Hussein **(Platz el Hussein)**

ana la   *a*rif atariiq bi*th*abt
ich   nicht weiß den Weg genau
Ich kenne den Weg nicht genau

alatul   wa ba*a*d aljamin / aljass*aa*r
geradeaus und dann   rechts   /links

Mumkin aru*h*   kul atar*ii*k bil qadamein
möglich   ich gehe all   den Weg zu   zwei Beinen
Kann ich den ganzen Weg zu Fuß gehen?

a*h*san *a*chud   taxi?
besser ich nehme Taxi
Ist es besser, ich nehme ein Taxi?

atariiq qarib au   baid?   **(Lied von Umm Kalthum „baid anak …", „*weit von dir*")**
der Weg nah   oder weit
Ist der Weg nah oder weit?

kam   waqt bil qadamein?
wieviel Zeit   zu   zwei Füßen
Wie lange zu Fuß?

warrini a-sch*a*ria ila Medersa min fadlik
Zeig mir   die Straße zur Medersa   bitte

mumkin turafekna   / turafekini/f/turafekni/m
möglich   du begleitest uns / du begleitest mich?
Kannst du uns begleiten / mich begleiten?

Es ist tausendmal mehr Wert,

wenn ein guter Clown eine Stadt betritt,

als dreissig mit Medikamenten beladene Esel

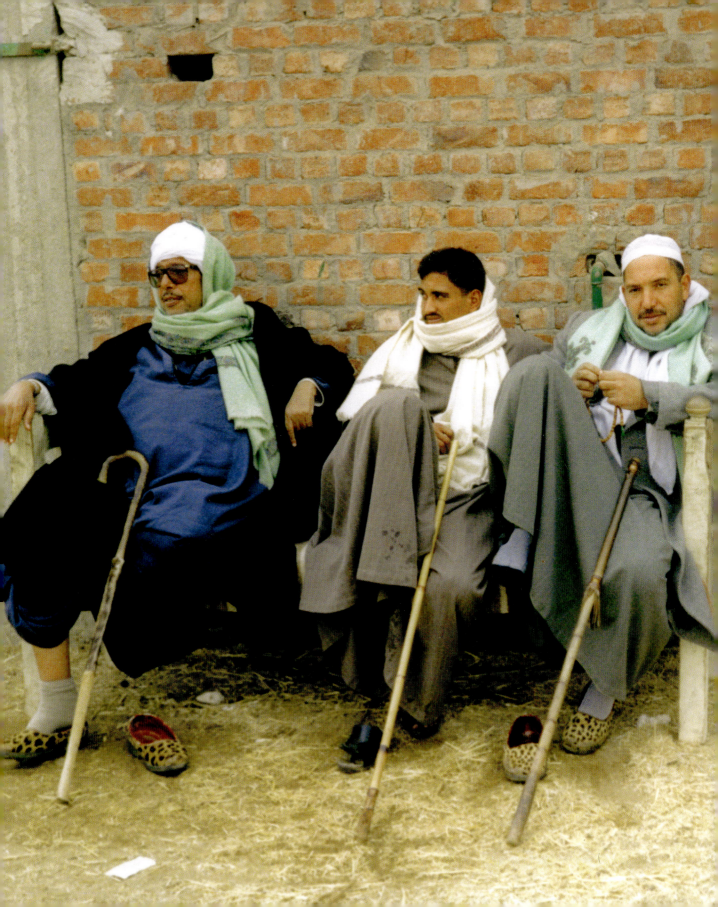

17. Moussem

Die schmale Straße, auf der wir fuhren, schlängelte sich in endlosen Serpentinen aus dem Tal den kahlen Berg hinauf. Vor uns sah man viele dunkle Punkte auf dem Rotbraun des Hügels im Schneckentempo vorwärts kriechen. Ein Strom von Fahrzeugen mit Pilgern, Händlern, Schaulustigen und Schaustellern war durch den Schotter der kargen, bröseligen Berglandschaft unterwegs zur Hochebene.

Niemand kam uns entgegen. Alles, was Beine, Hufe oder Räder hatte, strebte mit uns die Anhöhe hinauf, dem Moussem[1] zu, das zu Ehren eines Heiligen gefeiert werden sollte, um für ein weiteres Jahr Baraka, den Segen des Marabous[2], des Ortsheiligen zu erbitten. Einige der Pilger würden vor seinem Grabmahl ein Schaf opfern – ein Überbleibsel aus vorislamischer Tradition der Berberstämme - um mit Nachdruck die wundertätige Kraft des Heiligen herabzubeschwören. Andere würden dem Marabou ihre persönlichen Nöte vortragen und dann die Nacht in unmittelbarer Nähe der Kuppa[3], seinem Mausoleum verbringen, in der Hoffnung, dass ihnen im Traum die Lösung ihres Problems gegeben würde.

Der schlichte, weißgetünchte kapellenartige Bau mit dem Kuppelgewölbe, in dessen Mitte sich der Sarkophag befindet, bedeckt mit einem grünen Tuch, der Farbe des Islams, ist – nicht anders als an unseren Wallfahrtsorten – umlagert von Devotionalienhändlern mit Kerzen und Amuletten für die Daheimgebliebenen als Mitbringsel, damit auch auf sie Baraka, etwas von der heilbringenden Segenskraft, übergehen möge. Ungläubige wie ich sollten beim Moussem um das Heiligtum besser einen diskreten Bogen machen. Es gibt genug anderes zu sehen. An einem Ort, wo die Seele Erbauung findet, wird immer auch für das leibliche Wohl der Pilger gesorgt.

Über Nacht stampfen Gastronomen, Händler und Schausteller eine Zeltstadt aus dem Boden mit all den Zerstreuungen, die die Bewohner in diesen abgelegenen Regionen so lange entbehren. In einer Gegend, in der das nächste Stoffgeschäft und der Laden für landwirtschaftliche Geräte und Saatgut oft eine halbe Tagesreise mit dem Maulesel entfernt liegen, freut sich jeder

auf den Jahrmarkt. Jetzt, im September, ist die Ernte eingebracht und verkauft. Jeder Haushalt hat ein bisschen Geld übrig und wird es auch loswerden. Denn der Einkaufsbummel bietet alles, was das Herz begehrt: Süßigkeiten, Gewürze, Haushaltswaren, Werkzeug und Bekleidung, auch Schmuck, Schminke und Stoffe, die von mobilen Schneidern auf robusten Nähmaschinen an Ort und Stelle verarbeitet werden. In den Garküchen und Teebuden trifft man mit Leuten aus den Nachbartälern zusammen. Bekanntschaften werden gemacht, Geschäftsbeziehungen geknüpft und vielleicht wird sogar die Tochter unter die Haube gebracht an eine Familie mit gutem Ruf bei einem „Whisky Berber", dem süßen heißen Tee, der tatsächlich in seinem Gläschen schimmert wie edelster Bourbon. Manch einer holt sich Rat und Medizin bei einem ambulanten Heiler, oder lässt, umringt von aufmerksamen Zuschauern, eine Behandlung mit groben Werkzeugen über sich ergehen vom lang ersehnten Wanderzahnarzt. Abends bilden sich Menschenkreise um die Akrobaten, und gebannt hängen Männer und Frauen an den Lippen des Hakawat, des Geschichtenerzählers, der inmitten eines blühenden Paradiesgartens sitzt, einer Illusion aus großartig gemusterten Plastiktischdecken und einer Fülle von Papierblumen in unzähligen kleinen Väschen.

Höhepunkt jedes Moussems ist das eindrucksvolle Schauspiel der Fantasia. Ein Trupp blütenweiß gekleideter Reiter prescht in einem Scheinmanöver in geschlossener Reihe unter lautem Geschrei auf einen unsichtbaren Gegner zu. Die Krieger reißen in vollem Galopp ihre Vorderlader hoch und feuern gleichzeitig eine Gewehrsalve in die Luft, um dann kurz vor dem Publikum in einer Staubwolke zum Stehen zu kommen. Das atemberaubende Spektakel lässt nicht nur den Puls der Zuschauer in die Höhe schnellen. Auch die herausgeputzten Pferde in ihrem edlen Zaumzeug scheinen um ihre attraktive Wirkung zu wissen, wenn sie nervös tänzelnd wieder zum Ausgangspunkt zurücktraben. Die stolzen Reiter laden ihre Schwarzpulvergewehre nach, um

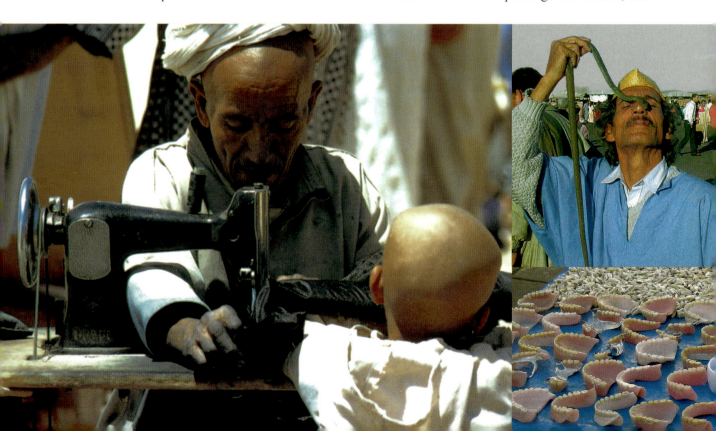

aufs Neue die unerschrockene Angriffstechnik vergangener Berbergenerationen zu simulieren, in der die Stämme untereinander ihre ruhmbringenden Raubzüge durchführten und kriegerische Auseinandersetzungen im offensiven Angriff Mann gegen Mann ausfochten. Heute ist diese Art von Reiterspiel ein Volkssport geworden, vergleichbar mit Fußball.

Auch meine Vermieterfamilie wollte dieses große Ereignis in ihrem Heimatdorf bei Verwandten miterleben und teilhaben an der segensreichen Wirkung, die ganz besonders in diesen Festtagen vom Ortsheiligen ausgeht. Da man mich anscheinend nicht alleine und schutzlos in der Stadt zurücklassen konnte, hatte man mich mit all den Utensilien, die man brauchte für eine mehrstündige Autofahrt und einen dreitägigen Verwandtschaftsbesuch, mit auf die Ladepritsche des kleinen Transporters aufgeladen. Ich freute mich, am Familienausflug teilnehmen zu dürfen. Außerdem war ich neugierig auf das Moussem. Touristen werden in der Regel nicht gerne gesehen bei religiösen Festen. Und dorthin zu kommen, war auch nicht einfach. Der öffentliche Bus fuhr nur ein Teilstück der Strecke. Das letzte Stück hätte man zu Fuß, per Maultier oder eigenem Auto zurücklegen müssen und als Unterkunft stehen den Auswärtigen – bestimmt ein Erlebnis für sich – die riesigen, provisorisch aufgestellten Gemeinschaftszelte zur Verfügung. So war ich froh, mit Kind und Kegel und dem ganzen Sack und Pack der Familie auf dem offenen Lastwagen mitfahren zu dürfen.

Zwar war es nicht ganz einfach, während der Fahrt im Einklang mit den anderen Passagieren das Gleichgewicht zu halten. Bei jedem Bocksprung, den der Mini-Transporter auf der holprigen Piste vollführte, flogen unsere Hinterteile in die Luft und landeten wieder unsanft auf der harten Kante der eisernen Ladeklappe, auf der wir Erwachsenen reihum wie die Hühner auf der Stange saßen. Man musste sich auf dem schwankenden Gefährt schon gut festhalten an dem schmalen Rand und dem umlaufenden Gestänge,

das für eine Plane gedacht war, um nicht im unfreiwilligen Salto rücklings über die Reling zu kippen. Ohne Berührungsängste griffen wir Frauen nach allem, was festen Halt versprach.

Uns zu Füßen, auf der Ladefläche, waren die kostbaren Güter verstaut. Unter Bergen von Taschen, Schachteln und Bündeln, rutschsicher eingekeilt zwischen Mehlsäcken und zusammengerollten Schlafmatten, thronte die Oma. In die Arme hatte man ihr einen geflochtenen Käfig gedrückt, in dem das Gastgeschenk, drei schön gefiederte Legehühner, ergeben ihr Los ertrugen und nur manchmal ein gackerndes Seufzen von sich gaben. Die Kinder saßen sicher auf dem Boden der Pritsche und waren schraubstockartig verankert zwischen den Knien der Frauen. Die Kleinen genossen die luftige Achterbahnfahrt, quietschten vor Begeisterung bei jedem Schlagloch und hatten ihren Spaß. Eine der Frauen hielt zwischen ihren Waden ein Zicklein fest. Anstatt seine privilegierte Position zu genießen, stemmte es sich mit federnden Kniegelenken empört jeder Schlingerkurve entgegen wie ein Leichtmatrose bei hohem Seegang und schrie aus Leibeskräften. Das Gemecker beeindruckte niemanden und konnte die heitere Urlaubsstimmung der fröhlichen Reisegesellschaft nicht trüben. Auch die Männer uns gegenüber schäkerten untereinander und brachten das Kunststück fertig, sich mit nur einer Hand festzuhalten, um durch die Finger der anderen spielerisch ihre Gebetsketten laufen zu lassen – einfach cool.

Unser Auto überholte einen Mann, der neben seinem bepackten Esel herging. Freudig überrascht erkannten meine Gastgeber in ihm ein Familienmitglied aus ihrem Dorf und hielten an. Wie viele Marokkaner, trug er eine Wollmütze und trotz der milden Temperaturen über seiner grauen Dschellaba das dunkelblaue Sakko eines Anzugs, dessen Hose vielleicht längst hinüber war. Sein Schuhwerk für diese unwegsame Trekkingstrecke waren offene Sandalen. Ein paar Sätze wurden gewechselt und eine Wasserflasche wurde vom Auto hinuntergereicht. Schon als der Wagen langsam wieder anrollte, reichte ich dem Mann schnell noch ein Bonbon hinunter, das gegen den Durst und die Langeweile helfen würde auf seinem langen Weg. Als er mir zulächelte, entblößte er unter seinem feinen Bärtchen eine Reihe Goldzähne, das Statussymbol der Wohlhabenden. Ich sah das Zellophanpapier noch einmal bunt aufleuchten, bevor das Bonbon durch den seitlichen Schlitz seiner Dschellaba in einer Innentasche verschwand. Und da war er schon eingehüllt in die Staubwolke, die wir hinter uns herzogen.

Mit Freudentrillern wurden wir in dem Bergdorf auf der Hochebene empfangen. Ein Trommelfeuer schmatzender Küsse setzte unter den Verwandten ein auf Wangen, Stirn und die Hände der Alten, rundum und in vielen Wiederholungen. Endlich wurden die Lebensmittel und die Oma abgeladen, Geschenke verteilt, das Gepäck wurde verstaut, es wurde geredet und gelacht und wieder umarmt und geküsst. Mich hatte man mit höflichem Respekt mit Tee bewirtet, auf eine Polsterbank gesetzt und sofort wieder vergessen.

Unauffällig verzog ich mich nach draußen in den hübschen Hof unserer Gastgeber und setzte mich auf den untersten Ast eines ausladenden Feigenbaumes. Hier war es schön ruhig. Ein Falke hoch oben zog seine Kreise und ließ sich plötzlich in Spiralen auf irgendeine Beute herunterfallen. Durch das Blätterwerk über mir flimmerten helle Lichtreflexe und verbreiteten einen gefleckten Schatten auf dem rötlichbraunen Boden des sauber gefegten Hofes.

In der festgetretenen Erde vor mir zeichnete sich ein geometrisches Muster ab. Beim genaueren Hinsehen erkannte ich im Aufbau der eingeritzten Quadrate das Spielfeld für „Himmel und Hölle". Als Kinder waren wir nach einem bestimmten System einbeinig von Kästchen zu Kästchen gehüpft, hatten versucht, mit wackeligem Standbein den flachen Stein wieder aufzuheben für einen neuen Wurf und es mit Glück und Geschicklichkeit, am „Höllenkästchen" vorbei, geschafft bis hinauf zu dem halbrunden Bogen, dem Himmel.

Vom Haus drangen die Stimmen der Erwachsenen herüber. Bei mir in meinem Baum war es still. Ein paar Hühner patrouillierten im Hof auf und ab, pickten hin und wieder nach einer nahrhaften Entdeckung, scharrten ein wenig und wurden erstaunlicherweise wieder fündig – ein einsames Samenkorn, oder etwas Besseres. Ein Katzenjunges versuchte mit verzweifelter Ausdauer, den Stamm meines Baumes zu erklimmen. Seine Geschwister jagten ein Blatt über den Parcours von „Himmel und Hölle" und scherten sich einen Pfiffkäse um die Regel, dass man auf keinen Fall auf die Linien treten durfte.

Gerührt betrachtete ich die eingravierten Kästchen unter mir. Wie kam es, dass man hier, im tiefsten marokkanischen Hinterland, dieses Kinderspiel aus meiner Heimat kannte?

Wer sagt denn, dass dieses Spiel nicht schon im Hinterhof meiner Ururgroßeltern und deren Vorfahren im alten Germanien gespielt wurde? Und zogen nicht die germanischen Stämme mit Kind und Kegel während der Völkerwanderung durch ganz Europa? Offensichtlich hatte der Tross auch in einem Abstecher die Heimat meiner Stammväter im markomannischen Süden gestreift. Von dort musste im Söldnergepäck das Hüpfspiel mitgewandert sein bis nach Afrika. Hatte nicht Geiserich, der markante germanische Vandalenkönig[4], mit seinem Volk den Sprung nach Nordafrika, der begehrten Kornkammer, gewagt, den Römern Karthago entrissen und auf dem Terrain der römischen Kolonien ein blühendes vandalisches Königreich aufgebaut? Und was wohl wird die erste Tat der Kinder gewesen sein nach all dem Herumziehen im Schlepptau ihrer Söldnerväter? Sie markierten ihr neues Zuhause, ritzten mit spitzen Stöckchen die bekannte Kästchenreihenfolge in die Erde, wie sie sich auch jetzt vor mir am Boden ausbreitete und hüpften erst mal eine Runde, bevor sie sich sesshaft machten.

Froh, das Rätsel gelöst und den Kopf wieder frei zu haben, wandte ich meinen Geist dem Diesseits zu.

Ich war umzingelt. Auch den Kindern war es bei den Erwachsenen zu langweilig geworden. Gebührend geherzt und geküsst, fühlten sie sich jetzt in der allgemeinen Aufregung des Begrüßungstumults überflüssig und vertrollten sich ebenfalls in den Hof. Wie durcheinander geratene Orgelpfeifen standen sie um mich herum, dunkelhäutig und schwarzäugig. Wo war Geiserichs germanisch-blauer Blick und wo seine lange blonde Mähne? Diese Gene sind wohl in den Generationen der läppischen 2400 Jahren untergegangen, zumal die Berber sich später noch vermischten mit den Arabern und Einwanderern aus dem afrikanischen Süden. Doch gar nicht so selten taucht heute

225

noch in einem Berbergesicht ein blaues oder grünes Augenpaar auf unter einem flammend roten Haarschopf. Ein bisschen bin ich mit denen doch noch blutsverwandt.

Verlegen die Buben, neugierig die Mädchen, rückten die Kinder allmählich vor zum Besuch, der in ihr Revier eingedrungen war und musterten die Fremde wie ein seltenes Tier. Gelassen ließ ich mich betrachten und betrachtete zurück. Als wir genug hatten, mussten wir lachen. "Ismi Maria", „ich heiße Maria", sagte ich. Mein wirklicher Zungenbrechername war hierzulande unaussprechlich und hätte nur Verwirrung und Kommunikationsblockaden verursacht. Mit „Maria" konnte jeder etwas anfangen, die Anrede war leicht zu merken und hatte einen religiösen Hintergrund. „Maria" gurrte, lärmte und piepste es vielstimmig. Und sie zählten mir ihre Namen auf.

Ein uraltes Gesetz der Menschheit besagt: will man in eine Gemeinschaft aufgenommen werden, muss man in irgendeiner Weise Einstand zahlen. Diese Spielregel gilt rund um den Globus. Wieder einmal hätte ich mich verwünschen können, dass ich jetzt nicht im Stande war, wenigstens mit drei Orangen zu jonglieren. Wie oft hätte ich auf meinen Reisen Barrieren abbauen können, wäre ich in der Lage gewesen, mal eben eine Runde auf zwei Händen zu laufen oder ein Taschentuch im Ohr verschwinden zu lassen, um es zum anderen wieder herauszuzaubern. Vielleicht hätte auf fernen Expeditionen so manches Opfer seine weiße Haut vor Kannibalen und Schrumpfkopf-Jägern mit ein paar einfachen Kunststücken retten können. Jetzt war auch ich in der Pflicht. Aber einen Salto brachte ich selbst mit Anlauf nicht zuwege. Also verteilte ich, um wenigstens ein paar Pluspunkte einzuheimsen, die paar Bonbons, die ich gerade noch in meiner Tasche zusammenkratzen konnte. Normalerweise führte ich, wenn ich alleine und selbstverantwortlich unterwegs war, die begehrten Süßigkeiten pfundweise mit mir, denn sie öffneten nicht nur die Herzen der Kinder, sondern oft auch Tür und Tor zu den Erwachsenen. Aber dieses Mal hatte ich kläglich versagt und meinen Vorrat unten in der Stadt vergessen. Unverzeihlich!

Vor dem Haus baute man die Oma auf an der warmen Wand, mit einer ausladenden Schüssel im Schoß. Wie ein Knetautomat, der sich nicht mehr abschalten lässt, begannen ihre knöchernen Fäuste, den Teig zu traktieren. Die Oma fühlte sich wichtig und würde kneten bis zum Jüngsten Gericht, würde man ihr nicht vorher den fertigen Brotteig abnehmen. Die Frauen des Clans schürten den Backofen an und bereiteten das Essen vor für die Großfamilie. Und während sie unter geräuschvollem Aufwand mit unaufhörlichem Gekicher und Geschäker mit Tiegeln und Töpfen herumscharrten, fingen wir Kinder im Hof zu spielen an: "Sama wa dschahanam", „Himmel und Hölle" – wie in alten Zeiten. Tapfer hopste ich, um viele Jahrzehnte verjüngt, mit durch den Parcours der Kästchen. Dabei musste man, wenn man an der Reihe war, einen Reim aufsagen und im Rhythmus der Silben hüpfen.

Eine entzückende Vierjährige mit wilden Spirallocken war an der Reihe, deren hübsches Gesicht unter einer Schmutzschicht vor den Neidattacken der Dschinnen bestens getarnt war. Ordnungsgemäß warf sie den flachen Stein in eines der Kästchen und hoppelte ihm auf einem Bein nach: "Qettati saghira … wa s'muha Dschamila …", „Meine

Katze ist klein ... und ihr Name ist Dschamila ...". Vor Anstrengung und Konzentration, ja nicht auf eine der Linien zu treten, was Disqualifizierung bedeutet hätte, tat sie einen falschen Atemzug und ihr kostbares, erst ganz kurz angelutschtes Bonbon flog in hohem Bogen aus ihrem Mund. Ein Huhn, das am Rande des Spielfeldes gescharrt hatte, pickte blitzschnell danach und eilte mit dem klebrigen Ding im Schnabel davon.

Die Trauer war fürchterlich. Das Kind weinte sich die Seele aus dem Leib. Doch es gab keinen Ersatz, es war das allerletzte Bonbon gewesen. Erst morgen, beim Moussem, würden die Süßwarenhändler ihre Buden aufschlagen. Aber wie heute eine unglückliche Kinderseele vertrösten auf später, wenn der Kummer jetzt im Nacken saß?

In diesem Abschnitt der Welt, in dem niemand ein weinendes Kind ignorieren kann, ließen die Frauen erschrocken Feuer, Kocherei, Oma und Teigschüssel im Stich und eilten zum Unglücksort. Aber keiner der Busen, an die es gedrückt und mit Zärtlichkeiten überschüttet wurde – „chalas ya habibti...ya kubida", *„hör auf mein Liebling...oh mein Leberchen"*[5] – war weich genug, um das Elend zu lindern. Auch die gezuckerten Orangen- und Dattelstückchen wurden verschmäht und konnten das entgleiste Gemüt der Kleinen nicht besänftigen.

In der allgemeinen Ratlosigkeit und konfusen Stimmung wollte auch ich einen Beitrag leisten, um den aus den Fugen geratenen Frieden wiederherzustellen. Ich nahm das schluchzende Bündel aus den Armen seiner Tante und begann das erstbeste Lied zu singen, das mir einfiel. Und all die gottesfürchtigen Ohren, die reinen Kinderseelen, die friedvollen sanften Tiere, die unschuldigen zarten Blütenblätter der „Fleißigen Lieschen" in ihren Blecheimern neben der Tür, die Kakteenhecke und auch der würdevolle Feigenbaum hörten das Lied der Fremden, das – davon bin ich heute überzeugt – Scheitan, der Teufel selbst, ihren Sinnen eingeflüstert hat:

„Nuur nicht .. aus Liebe wei-nen" – mit der Kleinen auf meinem Arm ging es im Tango-Tigerschritt in Richtung geflüchtetes Huhn:
„ es gibt im Leben nicht nur den ei-nen..." – ein paar Wiegeschritte vor und zurück
„es gibt so viele auf dieser Welt,
ich liebe jeden, der mir gefälllt"
Das Weinen war, schon aus reiner Neugierde oder aus Entsetzen über den ungewohnten Gesang, leiser geworden. Eine weitere Strophe war nötig:
„Und darum will ich heut dir gehö-ren,
ich will dir Treue und Liebe schwö-ren.
Wenn ich auch füh-le, es muss ja Lüge sein,
ich lüge auch und binn dein."
Die kleine Krabbe war sich noch nicht sicher, ob sie weinen oder lachen sollte. Also noch eins drauf:
„...und als ich mich an dich verlo-ren,
hab ich an den andern gedaaaaaacht
so waar die Lüge gebo-ren
schonn in der ers-ten Naaaaaacht."
Gerade, als ich zum Finale, mit einem jauchzenden Kind im Arm, in frenetischen Derwischdrehungen endete, bog der Mann, den wir auf der Herfahrt mit seinem Esel überholt hatten, in den Hof ein. Die Kleine, mit der Welt frisch versöhnt, strampelte sich

> *Der verdient es, ins Paradies zu kommen, der seine Freunde zum Lachen bringt.*

227

frei und stürmte aufgeregt auf ihn zu., „Baba, Baba", „*Papa*". Er hob sein Töchterchen auf den Arm, griff freudestrahlend in den Schlitz seiner Dschellaba und überreichte seinem Augenstern das Bonbon im bunten Knisterpapier, das ich ihm als Wegzehrung schnell noch vom Laster heruntergereicht hatte. Seine goldene Zahnreihe funkelte und glänzte um die Wette mit dem glücklichen Gesicht der Kleinen.

Das schöne Lied[6] und seine heilsame Wirkung bewegte noch während des Abends die Gemüter des Familienclans, und ich musste es noch einmal vortragen zur Freude aller Anwesenden und zum Lobpreis des Universums. „Wovon handelt der Text?" „Von der Liebe" sagte ich wahrheitsgemäß, deutete mit meiner Rechten einen Segensgruß an, wie ihn Queen Elizabeth aus ihrer Staatskarosse verteilt und schickte einen verklärten Blick zum Himmel. Oh, alle verstanden sofort: ein heiliges Lied – die Erzengel selbst hatten das Kind beruhigt. Fürwahr, so wird es wohl gewesen sein.

[1] **Moussem** – Eine Mischung aus Wallfahrt, Heiligenverehrung und Jahrmarkt. In Zeiten der Stammesfehden herrschte früher während der Festlichkeiten Waffenstillstand unter den Stämmen. Moulid heißen vergleichbare religiöse Feste in Ägypten (z.B. Moulid Zayeda Zeinab in Kairo oder Moulid Abu El Hagag in Luxor).

[2] **Marabout** – Heiliger, frommer Mann (manchmal auch eine Frau) und Friedensstifter, neutrale Vermittler zwischen den Stämmen mit segensbringender Heilkraft.

[3] **Kubba** – Das Heiligengrab des Marabout, weißgekalkte, viereckige Bauten mit Kuppelgewölben und maurischer Prägung.

[4] **Vandalen** – 429 n.Chr. führte der germanische Vandalenkönig Geiserich, von Jütland und der Oslobucht kommend, rund 15 000 Krieger und ihre Familien – insgesamt 80 000 Menschen – nach Nordafrika. Der Name stammt evtl. von „Wandalusien", weil sie über Andalusien kamen. Das im Gegensatz zu den Römern ungebildete Volk kannte weder Schrift noch Geld als Zahlungsmittel, auch keine Wasserleitung usw. und im Umgang mit seinen Feinden war es nicht gerade zimperlich. Ihr schlechter Ruf, „aufgeführt wie die Vandalen", mag aber daher rühren, dass es über die V. lediglich Berichterstattungen aus der Perspektive ihrer Feinde gibt.
Nach der Eroberung von Rom (455 n. Chr., nach nur 14-tägigem Kampf – sie zerstörten nicht, sondern plünderten die Stadt nur restlos aus) und Karthago (im heutigen Tunesien) siedelten sie sich im Maghreb an. Es entstand ein blühendes, ca. 100-jähriges vandalisches Königreich in Afrika auf dem Gebiet der ehemals römischen Kolonien.

[5] „**Kubida**" – Heißt im Maghreb „Leber", ägyptisch: „kebdi" „meine Leber". Sehr liebevolles Kosewort, da die Araber glauben, dass das Gefühlszentrum im menschlichen Körper in der Leber liegt.

[6] **Lied** – „Nur nicht aus Liebe weinen…", russisches Lied aus dem Film „Es war eine rauschende Ballnacht", 1939 gesungen von dem Ufa-Star Zarah Leander. Der Film (und auch der Schlager) waren so ein Erfolg, dass er noch nach Kriegsbeginn in den Kinos gespielt wurde. Mit ihrer tiefen, leidenschaftlichen Stimme und ihrem sehnsuchtsvollen Augenaufschlag verkörperte Zarah Leander in den 30er und 40er Jahren die Rolle des männermordenden Vamps. Bei einem ihrer Auftritte schockierte sie ihr Publikum in einem schwarzen Spitzenkleid mit einem Dekolleté bis zum Bauchnabel.

DAS WEINEN EINES KINDES

„Es gibt ein Hadith, anhand dessen Scheich Salah, ein Sufi-Lehrer, uns vermittelt hatte, was es heißt, auf Gott ausgerichtet zu sein: Wenn ich bete, bete ich – also mein Haus kann abbrennen, ich selbst kann umkommen, der Dieb kann mir mein Hab und Gut nehmen, mein Nachbar kann umfallen – all das wäre kein Grund, das Gebet zu unterbrechen – der einzige Grund wäre das Weinen eines Kindes".

Zitat aus dem Buch „Das offene Siegel" von Anna Platsch

DAS KIND

Der Koran lehnt die christliche Vorstellung von „Erbsünde" ab. Deshalb hat ein neugeborenes Kind den reinsten Seelenzustand, den ein Mensch haben kann. Kinder sind sündenfrei und engelsgleich und als solche zu behandeln.
Umgekehrt aber werden die Kinder erzogen zu äußerst respektvollem Verhalten gegenüber den Erwachsenen und ganz besonders gegenüber den Alten.

DIE ELTERN

Der Koran ruft Muslime auf, Eltern zu ehren und auf die beste und schönste Weise zu behandeln mit größtmöglicher Freundlichkeit, Güte und Liebe.

Auszug aus dem Koran, Auslegung von Sohaib Sultan:

„Und dass ihr niemandem dient, außer Ihm, und den Eltern Gutes tut. Wenn einer von beiden oder sie beide das Alter erreichen, so sage nicht zu ihnen „Hmm!" und schelte sie nicht, und sage ihnen ein ehrendes Wort. 24: Und senke für sie beide den Arm der Duldsamkeit aus Barmherzigkeit und sag: Mein Herr, erbarme dich ihrer, wie sie mich aufgezogen haben als kleines Kind." Sure 17, 23/24

DIE MUTTER

In der islamischen Gesellschaft ist die Position der Mutter die angesehenste. Der Koran bittet insbesondere um Respekt und Liebe gegenüber der Mutter. Dabei weist der Prophet den alten Frauen einen ganz besonderen Platz zu. Ein runzliges Weiblein kam zu ihm und fragte, ob denn auch triefäugige alte Weiber ins Paradies kämen, und als sie auf die verneinende Antwort des Propheten betrübt seufzte, lächelte er und sagte: „Nein, alte triefäugige Weiber kommen nicht ins Paradies, sie werden alle in schöne Jungfrauen verwandelt."

Annemarie Schimmel „Meine Seele ist eine Frau"

DAS LACHEN UND DIE LÜGE

Höre oh Freund und Bruder:
Wenn du ein Pferd hast,
lasse dich leicht sein auf seinem Rücken,
dass es dich wie eine Wolke fühle
und daher fliege gleich dem Wind.

Wenn du einen Gedanken hast,
oh Freund und Bruder, so lasse ihn leise schreiten,
mit des Kameles weichen Füßen,
lasse ihn daherbrausen mit des edlen Pferdes heißer Hast
und bleibe du selbst verborgen wie in einer Wolke.

Wenn du aber in deinem Geiste eine wunderbare Lüge birgst,
so mache aus ihr ein Gedicht oder ein Lachen oder beides
und reite schnell, sehr schnell –
denn wer ein Lachen bringt mit dem Atem einer Lüge,
bringt ein Geschenk

Elsa Sophia von Kamphoevener: Die „Märchenbaronin" (1878 – 1963), Schriftstellerin und Märchenerzählerin. Ihr bekanntestes Werk: *„An den Nachtfeuern der Karawan-Serail"*. Sie wuchs in Konstantinopel auf, da ihr Vater von Kaiser Wilhelm I. als osmanischer Marschall dorthin entsandt wurde. Als „Sohn des Bey" verkleidet, reiste sie mit den Nomaden durch Anatolien. Ihre letzten Lebensjahre verbrachte sie in Traunstein/Oberbayern.

Die Berber
Urbevölkerung des Maghreb

Ab dem 7. Jd. haben sie sich – bis auf wenige Stämme – mit den arabischen Eroberern vermischt, ihre Religion und zum Teil auch deren Sprache angenommen. Obwohl Moslems, haben sie viele ihrer vorislamischen Traditionen und religiösen Riten beibehalten. Die Berber verstehen sich nicht als ethnologische Volkseinheit, sondern gliedern sich in verschiedene Stammeseinheiten, denen sie sich zugehörig fühlen. Die Stämme unterscheiden sich durch ihre individuellen Trachten, Musik und Tänze, Sitten und Gebräuche und oft auch ihren eigenen Dialekt. Nach Schätzungen sprechen immer noch 30 % der Berber weder Arabisch noch Französisch, sondern einen der vielen Berber-Dialekte. Seit 2009 gibt es, mit finanzieller Unterstützung des Königshauses, einen speziellen Fernsehsender, der Nachrichten, aktuelle Themen, Spielfilme usw. in „Tamazight", dem Standarddialekt der Berber, ausstrahlt mit arabischen oder französischen Untertiteln. Bisher gab es in dieser Sprache nur einen Radiosender, dessen Programm jedoch überwiegend folkloristisch war.

BERBERSTÄMME

Trotz der Arabisierung und Islamisierung im 7./8. Jd. konnten die Berberstämme der einzelnen Regionen ihre Traditionen weitgehendst erhalten. Neben den Chaoui, Thamoscheck, Soussi, Siwi, Beraber und zahlreichen anderen zählen zu den bekanntesten:

Die Rif-Kabylen – Ein freiheitsliebendes Bergbauern-Volk im kargen Rif-Gebirge von Tanger entlang der Mittelmeerküste, betreibt hauptsächlich Schaf- und Ziegenzucht (früher auch illegaler Haschischanbau und -handel). Rif-Kabylen sind berüchtigt wegen ihrer Wehrhaftigkeit. Trotz der Bekehrungs- und Unterwerfungsversuche der arabischen Einwanderer leistete dieser Stamm erbitterten Widerstand gegen die Fremdherrschaft. Während fast alle anderen Berberstämme sich mit den Arabern vermischten, blieben die Rif-Berber größtenteils unter sich. Sie haben heute noch ihre eigene Sprache, das Tarifit, erhalten und erkannten lange keine andere Obrigkeit und Gerichtsbarkeit an, als die von ihnen gewählten Häuptlinge.
1921–26 führte dieser Stamm einen erbitterten Guerillakrieg gegen die spanischen und französischen Kolonialmächte. Der Aufstand wurde niedergeschlagen – siehe „Fremdherrschaften" (Die Vorfahren der französischen Sängerin Edith Piaf stammen mütterlicherseits aus dem Rif).

Die Schlöh leben in Südmarokko als Bauern und wohlhabende Kaufleute. Sie sind geschäftstüchtige, gewiefte Händler, gelten aber auch als geizig und einfältig. Über diesen Stamm werden Witze gemacht wie bei uns über die Ostfriesen oder in Ägypten über die Saidis.

Die Tuareg sind als einziger Berberstamm ein Nomadenvolk (Sahara, Sahelzone, Algerien, Libyen, Niger, Mali, Burkina Faso), sofern sie für ihre Rinderherden noch genügend Zugang zu Weidegründen und Wasserstellen vorfinden und nicht gezwungen wurden, sesshaft zu werden. Bis heute müssen die Tuareg um ihr traditionelles Recht kämpfen, als freies Volk anerkannt zu werden, um ihre nomadische Lebensweise in der Sahara und im Sahel fortzuführen. Bei den Tuareg-Berbern verschleiern die Männer ihr Gesicht – siehe Kapitel 8.

GESELLSCHAFTSFORM DER BERBER

Obwohl Moslems, haben die Berber eine matriarchalisch angehauchte Gesellschaftsordnung. Die Frauen sind sehr selbstbewusst, haben Mitspracherecht bei Entscheidungen, sind unverschleiert und tragen sehr oft Tätowierungen im Gesicht und an den Händen als Schutz vor dem bösen Blick. Scheidungen auf Wunsch der Ehefrau sind durchaus üblich und werden respektiert.

Ein Beispiel für das Selbstbestimmungsrecht der Frauen des Stammes der Ait Haddidou ist der Heiratsmarkt in Imilchil im Hohen Atlas, der jedes Jahr Ende August gleichzeitig mit dem Moussem stattfindet. Verwitwete oder Geschiedene suchen sich dort ihren neuen Ehemann selbst aus. Als Erkennungszeichen tragen die heiratswilligen Frauen spitze Hauben. Am dritten Tag des Festes gibt es an Ort und Stelle eine Massenhochzeit und die Paare können ab sofort zusammenleben. Die Ehen junger Mädchen werden in der Regel immer noch von den Eltern arrangiert, die Tochter hat aber das Recht, den Bräutigam abzulehnen und bekommt dann einen neuen Vorschlag.

FREMDHERRSCHAFTEN ÜBER DIE BERBER IN MAROKKO

Phönizier ab ca 1000 v.Chr. – 200 v.Chr.
Das semitische Seefahrervolk aus dem Libanon hatte seine Blütezeit um 1000 v.Chr. (vorher waren diese selbst unter ägyptischer Herrschaft) und beherrschte den gesamten Mittelmeerraum, gründete in Nordafrika 814 v.Chr. die phönizische Kolonie Karthago, nahe der heutigen Stadt Tunis. Ihnen verdanken wir die „Buchstabenschrift", die Urform des europäischen Alphabets (vorher gab es Bildzeichen) und die Herstellung der Farbe Purpur.

Römer 200 v.Chr.–429 n.Chr.

Germanische Vandalen von 429–534 Kirchenvater Augustinus war ein zum Christentum bekehrter Rif-Berber und lebte während der Zeit des vandalischen Königreichs als Bischof in der Hauptstadt Hippo – siehe Anmerkung Nr 4.

Oströmisches Reich ab 534 unter Kaiser Justinian I.

Einfall der Araber ab 682, Fremdherrschaft in gemäßigtem Sinne, aber totale Islamisierung. Da die arabischen Eroberer ohne Frauen in den Westen kamen, gab es viele Mischehen mit Berber-Frauen.

Spanier und Franzosen von 1912–1956
Durch Unterzeichnung eines Protektoratsvertrags durch den arabischen Sultan Abd el Hafiz (der in Bedrängnis mit aufständischen Berberstämmen geraten war) geriet Marokko unter spanische und französische Herrschaft mit Ausnahme der Städte Ceuta und Melilla. Französisch wurde zweite Landessprache. Die Berber, deren Stämme eine eigene Gesetzgebung hatten, sollten sich plötzlich der französischen Gerichtsbarkeit unterwerfen. Dies gelang erst nach und nach.

1921–1926 gab es einen Guerillakrieg der Rif-Kabylen gegen die spanischen und französischen Kolonialmächte. Die aufständischen Berber wurden von den Franzosen in brutalster Weise mit chemischen Waffen (10000 Giftgasbomben) zurückgeschlagen, entgegen völkerrechtlicher Verträge und Ächtung.

Deutschland war, um im kolonialen Wettlauf mit den Nachbarländern mithalten zu können, im Poker um Marokko zwischen Frankreich, Großbritannien und Spanien nicht ganz unbeteiligt. Als Kompromiss, im Gerangel um Marokko leer ausgegangen zu sein, erhielt Kaiser Wilhelm II. 1911 einige Landstriche in Kamerun.

Seit 1956 ist Marokko wieder unabhängig. Sultan Mohammed V. aus dem arabischen Herrschergeschlecht der Alaouiten nahm 1957 den Königstitel an, seitdem ist Marokko ein Königreich (konstitutionelle parlamentarische Monarchie), von 1961–1999 regierte König Hassan II., jetziger Monarch ist sein Sohn Mohammed VI. Die Alaouiten (sie lösten 1631 das Berbergeschlecht der Saadier ab) berufen sich auf ihre direkte Abstammung vom Propheten Mohammed und haben dadurch absolute politische und religiöse Autorität.

Ein Schlöh-Berber fuhr mit seinem Pferdegespann zum Markt. Während der Fahrt wurde er so müde, dass er sich unter einen Baum legte und einschlief. Da kamen zwei Diebe des Weges und stahlen das Pferd. Der eine ging damit zum Markt, der andere legte sich das Pferdegeschirr an und spannte sich vor den Wagen. Als der Schlöh aufwachte, staunte er nicht schlecht. Der Dieb erzählte, er sei von einem Dschinn wegen seines schlechten Lebenswandels in ein Pferd verwandelt worden, aber wegen seines guten Betragens als Pferd habe er jetzt seine menschliche Gestalt wieder zurückerhalten. Der Bauer hatte Mitleid, ließ den Mann von dannen ziehen und zog nun seinen Wagen selbst zum Markt. Als er dort sein Pferd sah, das zum Verkauf angeboten wurde, musste er lachen und raunte dem Tier zu: „Na, das ging aber schnell, hast dich wohl schon wieder danebenbenommen als Mensch?" und kaufte seinen eigenen Gaul zum zweiten Mal.

Merksatz raqm saba*a*tasch:
Al dschanna ta<u>h</u>ta aqdaam al ummahat
Das Paradies liegt unter den Füssen der Mütter

mumkin tusaidni   min fadlik?
können   Sie helfen mir bitte
Können Sie mir bitte helfen?

ana nassit   schantati   fi taxi / fi mat'*a*m
ich   vergessen meine Tasche im Taxi / im Restaurant
Ich habe meine Tasche im Taxi/Restaurant vergessen

ana day*a*t mifta<u>hi</u>   / fi<u>l</u>usi   / ma<u>h</u>fasa
ich verloren meinenSchlüssel / mein Geld / Brieftasche
Ich habe meinen Schlüssel / Geld / Brieftasche verloren

ana uffätisch ala   halaka dahab
ich   suche   nach Ohrring gold
Ich suche einen goldenen Ohrring

mumkin tufätisch ma*a*i?
können   suchen   mit mir
Können Sie mir suchen helfen?

hua dayat   nadd*a*rat schams
er   verloren Brille   Sonne
Er hat die Sonnenbrille vorloren

hia dayat   schauäs asaffar
sie   verloren Paß
Sie hat ihren Paß verloren

schantati   / hakibati masruka   (schanta = Tasche, hakiba = Koffer)
meine Tasche / mein Koffer gestohlen
Meine Tasche / mein Koffer wurde gestohlen

kallim min fadlek a-schorta   (oder: bulis)
Ruf   bitte   die Polizei

fin maktab a-schorta / oder auch: al bulis? (fi aina = fin : wo)
Wo Büro   der Polizei?
Wo ist das Polizeibüro?

fin asef*a*ra l-alm*a*nia
Wo ist die Deutsche Botschaft

17. *Moussem* / vergessen, verloren, gestohlen

BASAR-ARABISCH

233

Verlache nie den Samenkern,

er wird einmal ein grosser Feigenbaum sein

18. Trommel

„Nein, wirklich nicht" – beim besten Willen nicht. Wie konnte er nur auf die glorreiche Idee verfallen, ich würde ihm eine Trommel abkaufen. Wir befanden uns auf der „Publik-Fähre", der wesentlich billigeren Variante der beiden Fährboote, die den Nil ständig von einem Ufer zum anderen überqueren und die Luxor mit der berühmten Westbank auf der anderen Seite des Flusses verbinden.

Dort wollte ich, an den Memnonkolossen[1] vorbei, einen Streifzug unternehmen durch das Hinterland des fruchtbaren Nilgürtels. Ich freute mich, von öffentlichen Verkehrsmitteln unabhängig zu sein und darauf, mit meinem Drahtesel von der Asphaltstraße abbiegen zu können, um auf unasphaltierten Nebensträßchen und Feldwegen zwischen wogenden, lichtgrünen Zuckerrohrfeldern zu radeln, an Bewässungsrinnsalen entlang, vorbei an Altwassern, in denen unter ihren weit ausladenden weißen Hörnern die breiten Köpfe der Wasserbüffel schwammen. In dieser archaischen Landschaft, in der Esel mit emsigen Trippelschritten seit Jahrtausenden am Straßenrand entlangklappern, scheint die Zeit stehengeblieben zu sein. Die Männer bearbeiten immer noch mit der Harke den kostbaren Boden, ernten mit der Sichel und laufen, wie zu Pharaos Zeiten – die Zipfel ihrer Galabiya in den Gürtel gesteckt – hinter dem Pflug und ihrem Ochsen her.

Ich wusste, ich würde wieder die Sensation der Dörfer sein. Das wagemutige Kunststück, sich mit dem Fahrrad fortzubewegen, können in Ägypten nur die Männer vollbringen. Barfüßige Kinder, plärrende Hühner und Enten würden in den Straßenrandsiedlungen jubelnd neben dem bunten Elefanten herlaufen. Die Frauen würden mit dem Finger auf mich zeigen und sich schier zu Tode kichern über die Witzfigur, die da freundlich grüßend auf hohem Ross an ihnen vorbeistrampelte, während sie, ihre Gesichter nur halbherzig verhüllt, ihre Schleier mit den Zähnen festhielten, um die Hände frei zu haben für ihre Arbeit. In der Tat habe ich im arabisch sprechenden Raum noch nie auch nur eine einzige Frau die Männerprivilegien Fahrradfahren oder Schwimmen ausüben sehen.

Für den Rückweg hatte ich noch einen Abstecher zum Deir el Medina[2] geplant, um die Überreste jenes Dorfes zu besichtigen, in dem seit Thutmosis I. die Arbeiter, die am Bau der Gräber im benachbarten Tal der Könige beteiligt waren, gewohnt hatten. Als Mitwisser und Geheimnisträger lebten sie wie Gefangene mit ihren Familien un-

237

ter strenger Bewachung, abgeschottet von der übrigen Welt durch einen umlaufenden Wall, dessen Grundriss heute noch deutlich zu erkennen ist. Diese wenig spektakulären Mauerreste wollte ich unbedingt sehen und der Handwerkergenerationen gedenken, deren Kunstfertigkeit und Begabung den Pharaonen zu Unsterblichkeit und Ruhm verhalf, deren eigene Existenzen jedoch, bis auf wenige Ausnahmen, namenlos verschwanden wie die ungebrannten Lehmziegel ihrer Häuser.

Ausgerüstet für meine staubige Tagestour, hatte ich geglaubt, unter den Einheimischen nicht weiter aufzufallen. Das obligatorische Brandzeichen der Ausländer, der Fotoapparat, harrte tief unten in meinem Rucksack auf seinen späteren Einsatz. Alles Fleisch war nach Landessitte züchtig verpackt, der Kopf bedeckt mit einem langen Wickeltuch gegen Sonne, Wind und Männerblicke. Darüber hinaus, für Touristen unüblich, führte ich den besten aller klapprigen Schinder aus dem Fahrradverleih mit mir. Die Tarnung schien beinahe perfekt.

Der dunkelhäutige Mann mit seiner prallen Umhängetasche und einer Darabuka[3] unter dem Arm war eindeutig auf dem Weg zur Arbeit. Vielleicht zu der großen Asphaltfläche vor dem Tempel Hatschepsut mit seiner fliegenden Händlerallee, oder zu dem riesigen Parkplatz im Tal der Könige, wo die Touristen sich massenhaft aus den Bussen ergießen. Eigentlich hätte er so früh am Morgen noch Ruhe geben, sich entspannen und sinnend die leise plätschernden Wasser des grünen Nils betrachten können, so wie ich. Er hätte sich noch schonen können, bevor sein langer Arbeitstag begann mit seinem zermürbenden Job.

Aber der Jagdhund in ihm kam sofort zum Einsatz, als sein geschultes Auge mein sommersprossiges Gesicht auf der Fähre entdeckte. Die Gelegenheit durfte er auf gar keinen Fall ungenutzt verstreichen lassen. Ein Beuteobjekt ohne Fluchtmöglichkeit auf konkurrenzlosem Feld – das war seine Stunde, gesegnet der Tag! Umgehend holte er sein Warenangebot aus der Tasche und warf sich in sein Business-Outfit, wie es der Anlass erforderte. Um seine Schultern drapierte er eine farbenfrohe Kaskade wallender Tücher und sein schöner Ebenholzarm wurde bis zum Ellenbogen bestückt mit einem Auszug quer durch die Schmuckabteilung des Ägyptischen Museums. Solchermaßen dekoriert, wandte sich nun der Prächtige in konzentrierter Aufmerksamkeit mir zu.

Und dann machte ich einen entscheidenden Fehler: Anstatt weiterhin unbeteiligt die Wasser des Nils zu studieren, strich ich, weil das Material so schön war und auch, um nicht den billigen Armreif beachten zu müssen, den er mir unter die Nase hielt, mit den Fingerspitzen leicht über die Perlmutt-Intarsien der Darabuka, die unter seinem schmuckbeladenen Arm klemmte. Diese kleine Bewegung war das Schlüsselereignis und sollte den Ausgang der Handlung bestimmen. Augenblicklich stand der Entschluss des Tücher- und Schmuckbehangenen fest, sie mir zu verkaufen. Eine Trommel war ja nun das Allerletzte, was ich hätte gebrauchen können auf meiner Tour mit mühsamem Auf und Ab über die unwegsamen Straßen am Rande der Wüste und einem todsicher einsetzenden Gegenwind mit meinem altersschwachen Klepper von Fahrrad ohne Gangschaltung und Gepäckträger.

Die Trommel aber lachte mich an. Sie war schön gearbeitet, gab beim kurzen Probeanschlag einen angenehm warmen Ton von sich und wollte zu mir. Bereits in der Mitte des Flusses erlag ich innerlich ihrem Ruf und, weil ich mich über mich und meinen verwerflichen Anfall von Habgier ärgerte, machte ich ein extrem niedriges Preisangebot. Die anschließende Verhandlungsphase gestaltete sich spannungs- und tempogeladen. Ohne Umschweife galoppierten wir im zügigen Stechschritt durch die Riten des unvermeidlichen Verkauf-Hickhacks. Die Situation schaukelte, gemeinsam mit der Fähre, die sich bereits dramatisch der Anlegestelle näherte, in einer steilen, blutdrucksteigernden Spannungskurve auf ihren Höhepunkt zu, der nun dringlichst zu einem raschen Happyend für beide Teile führen musste und einen harmonischen Schlussakkord erforderte. „Bismillah", „in Gottes Namen", ich nehm sie. Aber du musst mir die Trommel heute Abend in mein Hotel bringen, jetzt kann ich sie nicht gebrauchen." Die Fähre hatte inzwischen angelegt, der endgültige Kaufpreis hing aber immer noch in der Luft.

Der Menschenstrom setzte sich schubsend und drängelnd in Bewegung und spülte mich samt Fahrrad und ihn, den Tuch- und Schmuckbehangenen, mit ans Ufer. Hektisch zerstreute und verteilte sich alles auf die bereitstehenden Fahrzeuge. Das Geschäft musste jetzt zügig über die Bühne gehen, er durfte seine Mitfahrgelegenheit nicht verpassen. Blitzschnell wurden wir uns über den Preis einig. Hastig kritzelte ich mit Kugelschreiber den Namen meines Hotels in seine Handfläche, eine kleine, einigermaßen manierliche Unterkunft in einer Nebenstraße der Televisionsstreet. Die schäbige Adresse und mein rustikaler, kampftüchtiger Aufzug zeichneten mich wahrscheinlich als nur „halbreich" aus und ließ vielleicht in diesem Moment den Sympathiepegel ansteigen, den er bereit war, mir entgegenzubringen. „Allah yarhamek", „Gott segne dich", mit vielen gegenseitigen guten Wünschen trennten wir uns gut gelaunt im Bewusstsein, dass unter diesen günstigen Vorzeichen „inshallah", „so Gott will", ein glücklicher, umsatzträchtiger Tag auf ihn zukommen würde – und mir stand ein herrlich langer Tag bevor mit einem Meer von Zeit – „al hamdulillah", „Gott sei's gedankt".

Der Rest ist schnell erzählt: Abends erschien der Trommelmann in meinem Hotel und hielt mir freudestrahlend die Darabuka entgegen. Und ich ihm den ausgemachten Betrag, passend in abgezählten Scheinen.

„La, la", „nein, nein", brach es da aus ihm heraus, die ganze Person stellte die Stacheln auf. Widerspenstig wich er, das begehrte Prunkstück in die Falten seiner Galabiya gepresst, vor mir zurück und streckte fünf gespreizte Finger seiner Abwehrhand gegen mich, als gelte es, den bösen Blick zu bannen. Der hübsche Krauskopf flog, geschüttelt und gebeutelt in empörtem Widerstand, so energisch hin und her, dass ich fürchtete, der schlanke Hals könnte dieser Belastung nicht lange standhalten. In meinem Inneren fing es an zu brodeln: ja sollte denn jetzt das Theater wieder von vorne losgehen gegen alle Spielregeln? Der Preis war abgemacht und basta. Sollte er doch seine blöde Trommel behalten! Verstimmt schickte ich mich zum Gehen an.

Entgeistert verfolgte mich sein samtschwarzer Nuba-Blick[4]. Und in seiner Verzweiflung, weil er die letzten Felle davonschwimmen sah, sprang er mir, konfus gestikulierend, wie von Dschinnen aus den schlimmsten Sandstürmen des Chamsin[5] befallen, entschlossen in den Weg. Der Wasserfall einer unverständlichen Sprache prasselte auf mich nieder. Erst nach einiger Zeit konnte ich aus dem Tohuwabohu die Wortfetzen „la filus", „kein Geld", herausfiltern. Richtig, da fiel es mir wieder ein: „Ya salam", „du meine Güte" – in der allgemeinen Hektik an der Fähre hatte ich ihm das Geld schnell noch zugesteckt.

„Allah schicke dir viele gute Geschäfte", murmelte ich beschämt, als ich mit meiner Trommel unter dem Arm die Treppe hinaufstieg zu meinem Zimmer.

[1] **Memnon-Kolosse** – Zwei sitzende, 23 Meter hohe Steinfiguren, einstmals Wächter eines vom Erdbeben zerstörten Tempels Amenophis III.

[2] **Deir el-Medina** – Dorf der Arbeiter und Handwerker während der 500 Jahre dauernden Bauphase der Pharaonengräber im Tal der Könige, 1500 – 1000 v.Chr..

[3] **Darabuka/Tabla** – Trichterförmige Trommel aus Ton, Metall oder Aluguss, mit Tierhaut (Ziege oder Fisch) oder Kunststoffbespannung. Wird unter dem Arm gehalten und beidhändig gespielt, sowohl in der Folklore, als auch im klassischen Orchester.

[4] **Nuba** – Bewohner Oberägyptens, Nubiens, zwischen Assuan und dem Sudan mit schwarzafrikanischem Einschlag. Beim Bau des Assuan-Staudammes mussten viele aus ihrer ursprünglichen Heimat ausgesiedelt werden und leben heute in Assuan und in den Oasen.

[5] **Chamsin** – 50 Tage lang andauernder Sandsturm, siehe Kap. 10.

Reisende Frauen im Orient

Zitate aus „*Die Wüste atmet Freiheit*" von Barbara Hodgson

Isabelle Eberhardt 1877–1904

„Im korrekten Kleid eines jungen europäischen Mädchens hätte ich nie etwas gesehen, die Welt wäre mir verschlossen geblieben, denn das Außenleben scheint für den Mann und nicht die Frau gemacht zu sein". Isabelle Eberhardt reiste als Mann verkleidet unter dem Decknamen Si Mohamoud alleine mit einem Araberhengst sieben Jahre durch die Sahara und die nordafrikanischen Länder und lebte vom Honorar ihrer Reiseaufzeichnungen. Sie wurde scharf angegriffen, denn sie „rauchte Kif, trank wie ein Mann und kleidete sich in Burnus und Reitstiefel". Sie starb 26jährig alleine in der Sahara, als ihr Zelt bei einem Wolkenbruch von einer Flutwelle mitgerissen wurde.

Lady Hester 1846 in Kairo:

„Ich mochte Ägypten sehr, trotz der engen Gassen, der üblen Gerüche und der bösen Blicke. Hätte ich Frauenkleider getragen, hätte ich dieses Land nie lieben können, denn ich hätte nichts davon gesehen." Sie trug auf ihren Reisen das Reisekostüm im Stil der Mamelucken. In der Regel hielt man sie in dieser Verkleidung für einen noch bartlosen jungen Mann, was die Engländer zutiefst missbilligten.

Jane Digby und ihre Kammerzofe Eugenie 1853

Die beiden trugen auf ihrer Expedition in die syrische Wüstenstadt Palmyra, die um diese Zeit als berüchtigt galt, sicherheitshalber Beduinenkleidung.

Lady Isabel Burton 1831 – 1896

Für ihre Exkursionen über Land durch Syrien trug sie ein Reitkostüm, das sie als „sehr vernünftigen Kompromiss zwischen männlicher und weiblicher Tracht" ansah. Sie steckte einen Revolver und ein Messer in ihren ledernen Gurt, bedeckte ihr Haupt mit einem Fes und drapierte das Ganze mit einem Kifije-Tuch. In dieser Vermummung konnte sie „all die Orte betreten, die zu sehen Frauen als nicht würdig erachtet werden und dieselbe Achtung und Wertschätzung erfahren, die man dem Sohn eines hohen Würdenträgers gezollt hätte." Isabel Burton hoffte, als Sohn ihres Ehemannes durchzugehen und pries die Vorzüge dieses Reisekostüms, „denn der unzivilisierte Mensch der Wildnis würde, obwohl er sich nichts anmerken ließe, keine Achtung vor einer unverschleierten Christin haben". Europäerinnen hielt man lieber auf Abstand zu den Männern und brachte sie bei den Tieren und Gepäckstücken unter.

Lady Belmore 1817

Als sie nach Ägypten aufbrach, riet man ihr, einen Schleier anzulegen, damit man ihr die Achtung erweist, die der Frau eines hochstehenden Mannes gebührt, empfinden doch die Türken in Syrien einen unsäglichen Abscheu vor der Tracht der Europäerinnen.

Freya Stark 1893–1993

Sie sprach Arabisch und Persisch und studierte Geschichte. Zwischen 1927 bis 1979 bereiste sie den Nahen Osten und Persien mit Maulesel, Feldbett, Moskitonetz und einheimischen Führern, hauptsächlich unbekannte Gegenden, die auf den Landkarten noch nicht eingezeichnet waren. Sie wurde anerkannt als Forschungsreisende und verfasste vielbeachtete Reiseberichte.

In ihrem Buch „Die Südtore Arabiens" beschreibt sie ihre Reise, die sie 1934 in den Jemen, entlang der ehemaligen „Weihrauchstraße" machte. Zu ihrem Schutz erhielt sie ein „freundschaftliches Leumundszeugnis, das ich hütete wie einen Schatz":

„*Dies ist eine Bescheinigung für Miß Freya Stark, Engländerin, eine Reisende im Hadhramaut, dass sie mit den Gesetzen vertraut und vom Glauben geleitet ist und dass sie aus einem ehrbaren Hause und die erste Frau ist, die allein von England nach Hadhramaut gereist ist, und über Ausdauer und Tapferkeit auf Reisen und im Ertragen von Schrecknissen und Gefahren gebietet. Wir danken ihr herzlich, sehr herzlich*".   Sayyid 'Ali Al 'Attas Al Bedawi

Annemarie Schimmel 1922–2003

Deutsche Islamwissenschaftlerin, Lehrbeauftragte und Professorin an mehreren Universitäten. Mit 15 Jahren begann sie Arabisch zu lernen. Neben Französisch, Englisch und Schwedisch erlernte sie Türkisch, Azeri, Turkmenisch, Kurdisch, Persisch, Urdu, Paschtu und Sindhi.

Mit 16 machte sie Abitur, mit 19 Jahren promovierte sie bereits mit ihrer Doktorarbeit: „Die Stellung des Kalifen und der Qadis im spätmittelalterlichen Ägypten". Sie veröffentlichte mehr als 100 Bücher, erhielt 1995 den Friedenspreis des Deutschen Buchhandels: „…setzte sich Zeit ihres Lebens ein für ein besseres Verständnis des Islams im Westen und für ein friedliches Miteinander von Muslimen und Nicht-Muslimen." Eines ihrer Hauptthemen war Sufi-Mystik, besonders liebte sie die Verse des persischsprachigen Dichters Muhammad Iqbal (1877–1938).

Merksatz raqm tamantasch:
Al *a*dschala min a-scheitan
Die Eile kommt vom Teufel

fih muschkilla bil bab
Es gibt Probleme mit der Tür

musch mumkin aqfil babi
nicht möglich ich schließe meine Tür
Ich kann meine Tür nicht schließen

musch mumkin afta<u>h</u> a'schubbäk
nicht möglich ich öffne das Fenster
Ich kann das Fenster nicht öffnen

mafih maya sochn fi hammami
es gibt nicht Wasser warm in meinem Bad
Es gibt kein warmes Wasser in meinem Bad

mafih nur fi *gh*urfati raqm mia wa hamsa
Es gibt kein Licht in meinem Zimmer Nummer 105

al musa<u>ch</u>an / al mukeyef musch yemschi
die Heizung / die Klimaanlage nicht geht

Mumkin tusalli<u>h</u> ha*th*a?
Können Sie das reparieren

<u>b</u>ärid schiddan fil *gh*urfa
kalt sehr im Zimmer
Es ist sehr kalt im Zimmer

asa<u>y</u>ara ch<u>aa</u>sira
Das Auto ist kaputt/defekt

al *a*dschala muka<u>ss</u>ara/f maksur/m
Der Reifen ist kaputt / in Fetzen entzwei, zerrissen, zerbrochen

fin aqrab garasch li taslih
Wo nächste Werkstatt für Reparatur

"Hoer auf der Floete Lied, wie es erzaehlt

und wie es klagt, vom Trennungsschmerz gequaelt:

Seit man mich aus der Heimat Roehricht schnitt,

weint alle Welt bei meinen Klagen mit."

Dschalaluddin Rumi

19. Saidis

Wir fuhren auf der Westbank mit dem Jeep über staubige Straßen durch die Nacht. Dann, als es keine Straße mehr gab, über Pisten weiter in die Wüste hinaus, in das westliche Hinterland von Luxor. Karim, ein Zuckerrohrbauer und guter Freund seit vielen Jahren, hatte mich gefragt, ob ich ihn zu einer Hochzeit begleiten wolle. Natürlich wollte ich und ich freute mich auf das Erlebnis. Die Fahrt über die Rüttelpiste dauerte endlos und gerade, als sich in mir Zweifel anmeldeten, jemals vor dem Morgengrauen auf eine menschliche Ansiedlung zu treffen, erfassten die Scheinwerfer die Umrisse eines Dorfes, von einem Wall umschlossen wie eine Trutzburg. Für feindliche Stämme musste die Ortschaft mit den abweisenden Mauern aus gestampftem Lehm schier uneinnehmbar gewesen sein. Karim wusste den richtigen Einschlupf zu finden und wir traten durch einen schmalen Torbogen ins Innere.

Mir gerann das Blut in den Adern. Ali Babas[1] vierzig und noch mehr Räuber saßen auf niedrigen Sitzgelegenheiten, Schulter an Schulter, zu einer dunklen Bande zusammengeschmolzen, in der Mitte eines mondgetränkten Platzes. Bei meinem Eintreten verstummte die Meute, als hätte jemand den Theatervorhang zurückgeschlagen zum ersten Akt. Alle Köpfe wandten sich gleichzeitig mir zu in starrer Erwartung. Die Gesichter lagen im Schatten. Nur das Weiß der Tücher, mit denen ihre Schädel nach Landessitte umwickelt waren, leuchtete in dem fahlen Licht des Mondes und den mageren Lichtquellen einiger Glühbirnen.

Noch nie bin ich von einem Hund gebissen worden. Rechtzeitig wusste ich bisher immer aus Mimik und Körpersprache zu deuten, wann es besser war, den Rückzug anzutreten oder ob ich mich nähern durfte. Dies hier war undefinierbar. Aber noch konnten meine Sinne keine Anzeichen von Aggression erkennen und mein Gefühl riet mir noch nicht zur Flucht. Einzige Richtschnur für das Maß aller Dinge war jetzt Karim, der Mensch, der mich hergebracht hatte und unter dessen Schutz ich stand. Gerne hätte ich nach seinem Ellenbogen geangelt, doch vor aller Räuberaugen wagte ich nicht die Intimität einer Berührung. Karim musste mein Entsetzen gespürt haben. Begütigend raunte er mir ein paar Worte zu – so, wie man einem Kalb gut zuspricht, bevor sich die Türen zum Schlachthof auftun. Mit einem Ruck seines Kopfes forderte er mich auf, ihm zu folgen – mitten hinein in das Räubernest.

Aus der schattenhaften Versammlung lösten sich einzelne Gesichter und „assalamu aleikum's", „*Friede mit Euch*", in allen Tonarten eines unstimmigen kratzigen Männerchores. „Wa alaikum assaläm", „*und Friede mit euch*". Mein Begleiter stellte mich kurz der Allgemeinheit vor. Höflich nickten die weißen Chechs in meine Richtung, aber unmittelbar darauf wurde Karim vom allgemeinen Begrüßungstumult überrollt. Mit mir wusste man nichts anzufangen, deshalb ließ man mich vorsichtshalber erst einmal respektvoll links liegen. Mir blieb nichts anderes übrig, als in Demut und Reue das Begrüßungszeremoniell der Männer zu beobachten. Oft entstand ein Gerangel, wenn einer die Hand eines Gleichrangigen ehrerbietig küssen wollte, dieser aber abwehrte. Karim, der unter schmatzenden Küssen aus einer Umarmung in die nächste schlingerte, begrüßte soeben ein greises Sippenmitglied mit besonderer Ehrerbietung. Während er sich vor dem kleinen Männlein verneigte, seine Rechte auf dem Herzen, um dann mit den Fingerspitzen an Mund und Stirn zu tippen – ich gebe dir mein Herz, meine Seele und meinen Geist – verwünschte ich Karim bereits zum hundertsten Mal aus tiefster Seele.

Den Abend hatte ich mir anders vorgestellt. Langsam begann ich zu begreifen, dass ich beim Junggesellenabschied der Männer gelandet war. „Ya salääm", „*du liebe Güte*", falsches Spielfeld. Ein weibliches Wesen war hier so deplatziert wie ein Entenjunges im Hundekorb. Erst später am Abend tauchten kleine Mädchen auf, die noch nicht unter die Kategorie „Frau" fielen und servierten wie am Fließband zuckersüßen Tee und reichten das Gefäß mit dem Trinkwasser mit der angeketteten blechernen Henkeltasse herum, aus dem alle ihren Durst löschten.

Schadenfroh beobachte ich, wie Karim unter einer Salve geschmalzener Bruderküsse an einer kernigen Samurai-Brust zermalmt wurde. Während der erbarmungslos Gebeutelte versuchte, mir durch die Menge einen schnellen Blick zuzuwerfen, der mich wohl trösten sollte, musste ich mir ein boshaftes Lachen verbeißen. „Al hamdulillah" – wie ein heller Lichtstreif am Horizont kehrte der Balsam meiner Seele, mein Humor, zurück und ich beschloss – „bismillah", „*in Gottes Namen*", – mich ab sofort widerstandslos im Treibsand der Ereignisse davontragen zu lassen, komme, was da kommen mag. Irgendetwas passiert ja immer, nie geschieht nichts.

Schlagartig mit meiner inneren Wandlung verbesserte sich auch mein persönlicher Komfort. Ohne Vorwarnung schob man mir, da niemand es riskieren wollte, mich anzusprechen, heimtückisch ein Monstrum von Couch in die Kniekehlen, die sie aus dem Arsenal ihrer Räuberhöhle herbeigezaubert hatten und im nackten Sand des Dorfplatzes abstellten. Die vier Möbelpacker bedeuteten mir mit Pokerface, mich zu setzen und – so glaubte ich darüber hinaus zu verstehen – mich ja nicht mehr zu mucksen. Artig und froh, aufgeräumt worden zu sein, ließ ich mich auf dem fernöstlichen Diwan nieder. Bis heute ist mir in Erinnerung geblieben, wie rau sich der Plüschbezug anfühlte, als ich mit den Händen über das theatralische Arabeskenmuster strich. Der hochflorige Stoff war im Laufe seines Wüstendaseins widerborstig und kratzig geworden wie das Fell eines pensionierten Esels. An einer verschlissenen Stelle des Gewebes hing ein langer Faden heraus. Eine Weile zwirbelte ich daran herum und dann hielt ich mich an ihm fest.

Wie ein Licht aus dem Nebel tauchte plötzlich ein entzückendes Wesen vor mir auf, im roten Kleidchen, das krause Haar halbwegs gebändigt mit weißen Schleifchen in einer Reihe skurril abstehender Zöpfe. Das kleine Mädchen hielt mir – eine besondere Kostbarkeit in dieser Gegend – eine Flasche Pepsi hin und sah mich an wie ein Weltwunder. Aber nur einen kurzen Augenblick, dann verließ die Kleine der Mut und blitzartig verschwand die Erscheinung zwischen den tristen Stoffen des Galabiya-Einerleis der Männer. Es existierten also doch menschliche Wesen hier auf diesem Planeten! „Anti badriyya" – „*du bist schön wie der volle Mond*" – werden die Burschen dem Mädchen in ein paar Jahren im Vorbeigehen zuzischeln, wenn sie, das Temperament ihres Wuschelhaares züchtig unter dem Tuch versteckt, die Ziegen ihres Vaters durch das Dorf treiben wird.

Unzählige Male hat Umm Kalthum mit sehnsuchtsschwangerer Stimme Nächte wie diese besungen, die Sterne und das Symbol für Schönheit und Liebe – den Mond. Rund und voll, als goldene Kugel, hing er in seiner milchigen Aura am Himmel und bewachte alles Geschehen. Derselbe Mond war es, der, vielleicht nur einen Luftsprung von hier, in einem der Nachbardörfer sein silbriges Licht auf all die Frauen warf, die gemeinsam mit der Braut das Hennafest feierten – die Glücklichen. Wenn ich jetzt meine Augen nur fest genug schlösse, vielleicht würde Sumsemann[2], der Maikäfer, mit seiner gläsernen Geige neben mir auf meiner kratzigen Couch auftauchen, den Zaubertanz aufspielen und mir das Fliegen beibringen. Dann würde ich mich in die Lüfte erheben und durch die Staubwedel der Palmkronen hindurch entfleuchen, hinaus in die Freiheit der Wüste. Schon von weitem würden die gellenden Zagarits, die Freudentriller der Frauen, beim Abschiedsfest der Braut zu hören sein, die Trommeln, das rhythmische Klatschen, ihr Singen und Lachen. Ich dürfte zusehen, wie Freundinnen, Schwestern und Cousinen die Braut liebevoll verzärtelten, ihre Hände und Füße mit Hennaornamenten verzierten und wie die Mutter und die schwergewichtigen Tanten breitbeinig und zufrieden dasaßen und das schmale Bräutchen mit pappsüßen Honigkuchen fütterten, damit es schnell noch schön rund wird. Zwischen bequemen Kissen würden die ältesten Frauen der Sippe – mager und verbraucht wie verhutzelte Sperlinge – unter zahnlosem Gekicher sich schlüpfrige Kommentare zutuscheln und sich köstlich amüsieren, während die tanzenden Mädchen sich die Tücher von den Köpfen rissen und – jenseits von Zucht und Sitte – frivol ihre langen Haare flattern ließen in ausgelassenem Übermut und Raserei, bei der aber doch unterschwellig der Abschiedsschmerz, die Angst vor dem Morgen und die Träne im Auge mitschwangen.

„Jetzt woas i wos i dua, jetzt z'reiß i meine Schuah, und wenn der Burgermoaster kimmt, dann flick i's wieder zua", psalmodierten wir als Kinder an langweiligen Regentagen vor uns hin, und meine Fußspitze wippte im Sprachrhythmus heimlich unter den Schichten meiner Kleidung. Doch noch bevor ich meine sündteuren Trekking-Sandalen zerreißen konnte, schlich sich behutsam das rostige Scharren einer Rabab[3], der zweisaitigen Hüftgeige, in den Geräuschpegel der vielen Stimmen. Klagend und anrührend breitete die Melodie sich aus, als wollte sie ihre Sehnsucht hinauftragen zu den schwarzen Konturen der Lehmbauten, die uns einschlossen. Wie eine tröstliche Droge legten sich die schlichten Töne über mein Gemüt und auch die Männer verstummten und lauschten. Die Araber haben ein legales Wort für diese besondere Art der Ergriffenheit – „al Tarab"[4], „*ästhetischer Genuss*" – nennt man dieses Pingpong-Spiel freudiger

Misma

und trauriger Emotionen, das sich zwischen Musiker und Zuhörer entspinnt.

Das heisere Quäken einiger Mismas[5] zerriss mit schnarrendem Geplärr das sanfte Rababa-Geflüster. Jetzt erst sah ich, dass an der Schmalseite des Platzes, aufgebockt auf Benzinfässer, aus dicken Planken ein Podium für die Musiker errichtet war. Fasziniert beobachtete ich die Misma-Spieler, wie sie ihre langgezogenen näselnden Töne erzeugten, mit aufgeblasenen Backen wie die Posaunenengel des Jüngsten Gerichts in meinem Grundschul-Katechismus. Und dann fielen alle Trommeln – „wallahi", „oh mein Gott" – wie ein Erdbeben auf einmal ein.

Der lauwarme Softdrink, den ich getrunken hatte, begann plötzlich in meiner Blutbahn zu pritzeln und zu sprudeln, als hätte ich mir Champagner einverleibt. Wie einstmals der Sultan in Erwartung einer weiteren Geschichte von Sheherazade lehnte ich mich glückselig zurück in die schützenden Polster meines Diwans.

> Arbeite, als gäbe es kein Geld,
> liebe, als hätte dich niemand verletzt,
> tanze, als sähe dir keiner zu!

Einer der umstehenden Männer, ein stiernackiger, ballonförmiger Bär, begann fingerschnippend zu tanzen. Mit derselben Feierlichkeit wie Priester es tun bei der Anrufung des Heiligen Geistes, fuhr er mit ausladender Geste seine riesigen Tatzen aus den weiten Ärmeln seiner Galabiya und in dem Moment, da er Arme und Herz zum Himmel erhob, vollzog sich die wunderbare Bärenverwandlung. Das massige Gesicht überzog sich mit dem Strahlen eines fröhlichen Kindes, dem feinen Glanz flüchtigen Glücks, während sein lachender Mund freigebig seinen einzigen Zahn enthüllte und die gewaltige Melone unter seiner Galabiya schwerelos hüpfte wie ein federnder glücklicher Ball.

Hingerissen verfolgte ich, wie der grobschlächtige Mann sich der Musik hingab, so ohne Arg, so ohne Schnörkel und ohne das aufgesetzte spröde Gift eitler Geziertheit. Seine Freude war ansteckend und bald fingen auch andere an zu tanzen in ihrer Männerart. Überwältigt umarmte ich den Bärentänzer in meinem Geiste, bewunderte und liebte ihn für seine Unschuld und Würde, dankte für das Geschenk seiner kleinen Seligkeit, die auf mich übersprang.

Die Musiker beherrschten auch ein Repertoir uralter ägyptischer Lieder. Einige Musikstücke kannte ich gut und hätte sie mitsingen können. Jedoch: artig saß die Sultanine auf ihrem Sofa wie ein exotisches Gewächs, das man nicht allzu scharf mustern durfte, da es sonst womöglich alle Blätter auf einmal abwerfen könnte. Die Lust zu tanzen züngelte in mir hoch wie die Lohe eines Waldbrandes und ich sehnte mich nach der naiven Unbefangenheit der Kinder und Narren. Wie gerne wäre ich aufgesprungen und hätte mich mit fliegenden Hüften dem Tanzbären zugesellt. Aber lieber wollte ich mit Anstand am lebendigen Leibe verschmoren und an meinen inneren Zuckungen verbluten, als in dieser Männerdomäne auch nur mit einem Ohrläppchen zu wackeln.

Meinem Konflikt war schnell ein Ende bereitet. Karim erlöste mich aus meinem Abseits und bat mich zum Benzinfässerpodium. Na endlich, er würde mich den Honoratioren vorstellen, dem Ortsvorsteher vielleicht, dem Imam oder dem Bräutigam. Und dann ging alles ganz schnell. Unerwartet umfasste Karim, der sonst so zurückhaltend Distanzierte, mit beiden Händen meine Taille, hob mich hoch und stellte mich wie eine Puppe auf das Podest der Musiker. Entgeistert rief ich ihm, der sich bereits umgewandt hatte, irgendetwas Verdattertes nach. Seine erhobene Rechte signalisierte noch einen freundlichen Gruß und seine Stimme empfahl mir über die Schulter hinweg: „Do your best", „*Gib dein Bestes*", dann war er weg, untergetaucht im Männerpulk. So also fühlte man sich am Pranger!

Als wollte es mich veräffen, begann hinter mir das Tamburin zu schnattern und geschwätzig auf mich einzuzwitschern mit seinen blechernen Schellen. Die dumpfen „Dums" und die schnalzenden „Taks" der zweiseitigen Kesseltrommel[6] mischten sich dazu und verwoben sich, zusammen mit den Feuersalven der Darabuka, zu einem mitreißenden Klangteppich, der Tote hätte aufwecken können. Nur kurz schienen die Trommeln Atem zu holen, da schmiegte sich wie ein circensischer Gesang eine wohlbekannte, oft getanzte Melodie in mein Ohr. Ich war verloren. Ohne Hast begann mein Becken behutsam das Zeichen für Unendlichkeit zu schreiben, zelebrierte die Acht ohne Anfang und ohne Ende. Ich begann zu tanzen.

Zuerst Stille und Fassungslosigkeit. Dann brach aus der Menge, als hätte ich soeben mit bloßen Händen auf offener Bühne einen Tiger erwürgt, ein enthusiastischer Aufschrei aus den ehrlichen Kehlen dieser erdverbundenen Saidis[7], die am Rande der libyschen Wüste ein hartes Leben führen und dem Boden durch mühsame Arbeit für sich und ihre Tiere die Nahrung abtrotzen. Die Begeisterung über das unverhoffte Geschenk war unbeschreiblich. Bereitwillig ließen die Männer sich fallen in das gemeinsame Bad aus Musik, Poesie und Freude.

Mit Beifall und blütenweißen Chechs, die wie weiße Tauben als Opfergabe zu mir auf die Bühne segelten, wurden die Akzente gefeiert und vertraute Passagen begrüßt. Andächtig litt die Menge mit mir und rief inbrünstig ein übers andere mal Allah als Zeuge herab beim anrührenden Flehen des Taqsims[8], um dann wieder, berauscht durch das Glück der Stunde, überzuschäumen wie der Kaffee in den kleinen Kännchen auf den Feuerstellen.

„*Lachen, Tanz und Freude sind die drei Erzengel, die uns auf dem Weg zu Gott begleiten*", lässt Maria G. Wosien einen Sufi zu einem christlichen Abt sagen in ihrem Buch „Die Sufis und das Gebet in Bewegung". Wie wahr!

„Ya ayni ya layli - ya layli ya ayn", „*Oh mein Auge, oh meine Nacht…*"[9] jubelte es in mir, dröhnte es aus der Erde, sang es in der Luft. Und für einen Moment glaubte ich, zwischen den dunklen Konturen der feinfingrigen Palmwedel die Silhouette des Maikäfers Sumsemann zu erkennen, wie er auf seiner gläsernen Geige fiedelte und der mir doch tatsächlich das Fliegen beigebracht hatte.

[1] **Ali Baba** – Gestalt aus der Märchensammlung 1001 Nacht. Durch Zufall findet er in einer Höhle die geraubte Beute von 40 Räubern. Er kann mit dem Schatz fliehen und wird ein wohlhabender Mann.

[2] **Sumsemann** – Der Maikäfer: Figur aus dem Märchen „Peterchens Mondfahrt" von Gerdt von Bassewitz (1878 – 1923).

[3] **Rabab** – Eines der ältesten volkstümlichen Streichinstrumente überhaupt, der Klangkörper besteht aus Holz, oft aus einer halben Kokosnuss oder einem Schildkrötenpanzer, hat nur zwei Saiten (meist aus Pferdehaar), wobei die eine als die „sprechende Saite" bezeichnet wird und

> „*Oh Mensch tanze, sonst wissen die Engel im Himmel mit dir nichts anzufangen*"
> Kirchenvater Augustinus

> „*Ich würde nur an einen Gott glauben, der zu tanzen verstünde*"
> F. Nietzsche, „Also sprach Zarathustra"

In einem Café in Luxor stürzt sich ein stadtbekannter Randalierer auf einen friedlich dasitzenden Gast, schreit „Hey Ahmed, hab ich dich endlich, du Halunke" und schlägt ihn windelweich. Der arme Saidi liegt halb tot am Boden und lacht wie ein Verrückter. Die anderen fragen, was er so lustig findet: „Ich heiße gar nicht Ahmed".

die andere als die „wiederholende". Die Rabab wird senkrecht auf dem Schoß gehalten, die Rechte führt den Bogen. Sie wird hauptsächlich in der ländlichen Volksmusik verwendet.

[4] **Al Tarab** – Die Tonfolge bestimmter Tongeschlechter wird in der arabischen Musik bewusst eingesetzt, um dadurch Gefühlsstimmungen im menschlichen Gemüt hervorzurufen, meistens improvisiert durch die Qud/ Laute, oder die Nai/Flöte.

[5] **Misma** – Volkstümliches Blasinstrument in der Gegend um Luxor mit durchdringendem näselndem Klang, ähnlich wie Dudelsack, ähnelt unserer Oboe.

[6] **Kesseltrommel** – Große Bauchtrommel/Basstrommel – wird beidseitig bespielt, auf der einen Seite mit einem Trommelschlegel, auf der anderen mit einem Holzstock - reines Folkloreinstrument für Baladi- und Saidimusik.

[7] **Saidi** – Bewohner Oberägyptens (Gegend um Luxor), meistens Zuckerrohrbauern, auch der für diesen Landstrich typische, sehr erdverbundene 4/4-Rhythmus wird so genannt – Heimat des Stocktanzes. Die Saidis gelten in Kairo als einfältig. Über sie gibt es unzählige Witze (vergleichbar mit den Ostfriesenwitzen in Deutschland).

[8] **Taqsim** – Solo eines Instrumentalisten mit improvisiertem musikalischen Aufbau ohne feste Regeln (z. B. Flöte/Nai, Kanouun, Geige, Oud, Akkordeon, Rabab), bei dem die Tänzerin sehr introvertiert auf die Eigenheiten des Instrumentes eingeht und ihr Können und Improvisationstalent zeigen kann.

[9] **Mauwal** – „Ya ayni ya layl…ya layli ya ayn…", *„Oh mein Auge, oh Nacht…".*
Solche oder ähnliche Wortspielereien des kunstvollen Sologesangs ohne rhythmische Begleitung nennt man „Mauwal". Baladi-Stücke werden oft damit eingeleitet. Der Mauwal ist eine sehr alte poetische Gattung des Gesangs aus dem Irak und erlaubt dem/der Sänger/in, sein/ihr Improvisationstalent in langgezogenen Phrasen mit vielen Schnörkeln und Wiederholungen zu demonstrieren. Hierzu wird nicht getanzt und es gibt auch selten musikalische Begleitung, allenfalls sehr zurückhaltend, wie ein Echo, Rabab oder Nai. Der Sinngehalt dieser Wortverdreher ist wörtlich schwer zu übersetzen, aber man kann sicher sein, dass es um Liebe, Sehnsucht und die Verehrung einer Frau geht.

Rita Sherif / Baladi

DIE BEKANNTESTEN FOLKLORE-TÄNZE ÄGYPTENS
und der angrenzenden Länder

Getanzt wird oft in einfacher Alltagskleidung, zu festlichen Anlässen in regionaler Tracht, jedoch immer im geschlossenen Kleid (das zweiteilige „Bauchtanz-Kostüm" ist dem Raqs Sharqi und der Bühnensituation vorbehalten).

Baladi *(gleichnamiger 4/4-Rhythmus)* Kairo und Gegend darunter, den Nil entlang.
Heißt übersetzt: Mein Land, sehr erdiger Frauentanz mit binnenkörperlichen, sinnlichen Hüftbewegungen. Hier wird meist das Akkordeon als Soloinstrument eingesetzt. Die Tänzerin trägt eine einfache Galabiya mit Hüfttuch oder ein eng anliegendes Paillettenkleid.

Saidi *(gleichnamiger 4/4-Rhythmus)* Gegend um Luxor.
Stocktanz, ursprünglich ein reiner Männertanz als Scheingefecht, heute ein dekorativer Showtanz für Männer mit artistischem Kreisen und Schwingen von einem oder zwei Bambusstöcken. Die neckischen Stocktänze der Frauen mit dünnen glänzenden Stöcken wurden lediglich für die Bühne entwickelt. Saidi wird von Frauen auch oft mit Fingerzimbeln – vier kleinen Metallschellen jeweils an Mittelfinger und Daumen – begleitet.

Fellahi *(gleichnamiger 2/4-Rhythmus)* Nildelta und Mittelmeerküste.
Sehr temperamentvolle Hüftbewegungen und Schulter-Shimmys der Frauen, meist Per-

Hildegard Weiss / Stocktanz

siflage auf das Leben der Fellahen, der Bauern. Arbeitssituationen werden nachgeahmt und der versteckte Flirt zwischen Männern und Frauen. Fellahi wird oft mit Krug – Wasserholen vom Brunnen – oder Korb – die Frau bringt dem Mann das Essen auf das Feld – getanzt. Die Kleider sind bunt und extrem weit geschnitten, deren schwingende Röcke als tänzerisches Element mit einbezogen werden. Die Männer tragen eine enge Hose und Galabiya, die zum Arbeiten in den Gürtel hochgesteckt ist.

Yallabina / Fellahitanz

Melaya Lef – Meist moderne Arabic-Pop-Musik/Hafenstadt Alexandria am Mittelmeer.
Frech überzogener Tanz der jungen Mädchen mit der „Melaya", dem körpergroßen schwarzen Tuch, das zum Ausgehen über einem kniekurzen, eng anliegenden Kleid mit Rüschen getragen wird. Die gekonnte Handhabung und Wickelung, das Verhüllen und Öffnen während des Tanzes, sind äußerst kokett. Wird oft mit Stöckelschuhen und kaugummikauend getanzt.

Bambouti – Gegend um Port Said am Mittelmeer.
Tanz der Fischer, meist paarweise (schuhplattlerähnlich). Es werden auch Löffel zum rhythmischen Schlagen auf Schenkel, Hände und Arme eingesetzt. Früher lockte man mit diesem Klappern in den Booten die Fische an.

Hagalla – Mittelmeerküste/Marsa Matruh und Oasen Richtung libysche Wüste.
Flotter koketter Werbetanz der Beduinen, bei dem die Männer eine Gruppe oder einen Kreis bilden und eine Frau umwerben. Die Frauen tanzen mit Po-Betonung in schneller Schrittfolge, kurzen Shimmys und Akzenten beim 7. und 8. Takt. Ihre Stufenröcke bestehen aus mehreren Volants, wobei um die Hüfte ein Wulst unterlegt wird, um füllige Hüften vorzutäuschen.

Havva / Melaya Lef

Ghawazee – Ägyptischer Zigeunertanz mit kniekurzen Röcken und oft mit Fingerzimbeln der professionellen Unterhaltungtänzerinnen, die für Feste engagiert wurden, vergleichbar mit den „Sheikhat-Tänzerinnen" im Maghreb oder den „Ouled-Nail" in Algerien.

Ouled Nail – Ein Bergstamm aus dem Aurèsgebirge in Algerien, dessen Unverheiratete und Witwen häufig als Berufstänzerinnen arbeiten. Nicht selten gehen Töchter zum Tanzen und zum Liebesdienst in die Oasen, um sich ihre Aussteuer zu verdienen, bevor sie heiraten.

Nuba – Oberägypten, südliches Assuan bis zum Sudan.
Ein lustiger Gemeinschaftstanz, der gute Laune macht. Wichtige Elemente sind Klatschen und Stampfen. Typisch der „Hinkebein-Schritt", als hätte man an einem Stöckelschuh den Absatz verloren: ein flacher Fuß gilt als Schrittmacher, der andere wird auf dem Ballen nachgestellt, dabei Po-Betonung. Typisch für die Männer sind Bewegungsformen für das Nachahmen der Tiere. Die Frauen tragen weite Kleider und lange Tücher, die auf den Rücken fallen.

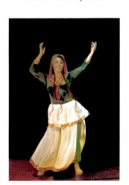

Havva / Hagalla

Khalegi *(2/4-Saudi-Rhythmus)* „Sauditanz" der Golfstaaten.
Wird ausschließlich von Frauen getanzt. Über einem langen Unterkleid trägt man eine Abaya, ein langes, weit geschnittenes Kleid aus transparentem, reich besticktem Stoff, dessen vordere Bahn ebenfalls in den Tanz integriert wird. Typisch sind der „Hinkebein-Schritt", siehe Nuba, aber mit gerader Haltung, die schwungvollen Drehungen und das Schwenken der Haare und Haarwürfe.

Dabka – Libanon, Jordanien, Syrien.
Temperamentvoller Gemeinschaftstanz, der mit engem Schulterschluss und Handfassung in Reihen oder im Kreis getanzt wird. Der Vortänzer bestimmt die Schrittfolge. Typisch sind Stampf- und Schleifschritte und kunstvolle Sprünge der Männer, die Stiefel tragen.

Nadja Tzimos / Khalegi

Saidi-Musikgruppe aus Kairo

Reda-Tanztruppe

Reda-Gruppe
Archiv Havva

Mahmoud Reda, (geb. 1930), ägyptischer Tänzer und wegweisender Choreograph, bereiste schon in jungen Jahren mit seinem Bruder Ali die Dörfer und Oasen Ägyptens, um die Folklore-Tänze der verschiedenen Gegenden und ethnologischen Bevölkerungsgruppen Ägyptens und der benachbarten Länder zusammenzutragen. Im Bestreben, die Volkskunst zu pflegen und zu erhalten, hielten sie die regionalen Rhythmen und Bewegungsformen, das Lieder- und Musikgut, die spezifischen Trachten und auch die sozialen Hintergründe im Zusammenhang mit traditionellen Gebräuchen fest, aus denen die Tänze entstanden sind.

Aus dem gesammelten Material entwickelte Mahmoud Reda einen Tanzstil, der auf die Bedürfnisse der Bühne abgestimmt war. 1959 gründeten die Brüder ein Tanzensemble aus männlichen und weiblichen Mitgliedern, das sie privat finanzierten, die „Reda-Truppe". Ihre Veranstaltungen erregten bald großes Aufsehen, so dass das Ensemble wenige Jahre später staatlich gefördert wurde. Die Folkloretänze dieses Staatsensembles werden regelmäßig im Fernsehen ausgestrahlt. Die ca. 60 Tänzer und Tänzerinnen und die Musiker der renommierten Reda-Troup bekommen als Staatstänzer ein festes Gehalt mit Pensionsberechtigung. Mahmoud Reda ist bis heute (im Jahre 2010) aktiv als Choreograph und Lehrer tätig.

Merksatz raqm tisa*a*tasch
Mamnu*a* al mä_sch_i ala rab_i_a
Betreten des Rasens verboten

ana /hua/ hia /sad_ii_qati ma_r_ida   (hua ma_r_id)
ich /er /sie/ meine Freundin krank   er krank
Ich/er/sie/meine Freundin ist krank

a_h_tasch   musa*a*da / tabib / tabib al asnan daruri
ich brauche Hilfe   /Arzt   /Zahnarzt   dringend

batni,   ra'si / qadami yusch*a*ni
mein Bauch Kopf/ Fuß   tut mir weh

***a*indi   ä_l_em   hu_n_a**
ich habe Schmerz hier

sau_sch_i   hua ma_sh_ul
mein Mann er   Durchfall
Mein Mann hat Durchfall

hia maschru_h_a, bsur*a* ilal mustaschfa
sie verletzt,   schnell zum Krankenhaus
Sie ist verletzt, schnell zum Krankenhaus

kallim say*a*rat al isaaf bsur*a*
ruf   Rettungswagen   schnell
rufen Sie schnell einen Rettungswagen

intabi_h_, hia   _h_amila
Vorsicht, sie ist schwanger

ma_th_a hassal?   äg.:eh hassal?
Was ist passiert?

aina aqrab ßaidaliyya
wo   nächste Apotheke
Wo ist die nächste Apotheke?

BASAR-ARABISCH 19. Saidi/ Arzt, Unfall, krank

"Ihr stammt alle von Adam ab.

Ein Araber hat keinen Vorzug vor einem Nichtaraber,

und ein Nichtaraber hat keinen Vorzug vor einem Araber,

noch ist ein Weisser besser als ein Schwarzer,

oder ein Schwarzer besser als ein Weisser –

ausser durch Gottesfuerchtigkeit."

Aus der Abschiedspredigt des Propheten Mohammed
kurz vor seinem Tod

20. Haratin

Markttag. Alles, was Lungen zum Atmen, Beine zum Laufen oder Räder zum Rollen hatte, strebte, vom unsichtbaren Sog des Torbogens in der Stadtmauer angezogen, dem gemeinsamen Ziel entgegen, als hätte ein Menschenfänger dort seine Köder ausgelegt. Jeder, der auch nur irgendeine Ware feilzubieten hatte - und wären es nur ein paar Rettiche oder fünf Eier - trug sie zum Markt und versuchte dort sein Glück, um ein wenig Bares heimzubringen, ein Päckchen Tee, ein paar Zuckerhüte, vielleicht sogar ein paar Meter Stoff. Eine nicht endenwollende Kette von Lastenträgern staute sich vor dem Nadelöhr am Ortseingang und verschwand dann durch den großen dunklen Schlund in dem lehmgestampften Mauerwerk. Dahinter lenkten die Gassen in vielen Windungen die Massen zum großen Platz. Im Straßenbild tauchten unter den schmalen sonnenverbrannten Berbergesichtern viele Schwarze auf: Haratin, die Nachkommen ehemaliger Sklaven aus Schwarzafrika. Hier, am Rande der Sahara, hat sich ein Großteil von ihnen angesiedelt und wenige Kilometer südlich gibt es eine Enklave, das Dorf Douar Laabid, das ausschließlich von Schwarzen bewohnt wird.

Ein Lieferwagen mit meterhoch aufgetürmten Matratzen ertrotzte sich mit gehässigem Gehupe eine Schneise. Das Fußvolk mit seinen schwankenden Bündeln, Kartons und Körben auf den Köpfen, musste sich von dem Fahrzeug zur Seite drängen lassen und nur widerstrebend machte ein Maultier Platz, in dessen Satteltaschen die Früchte einer Kartoffelernte verstaut waren. Mit dem Strom der Händler schwammen auch Wahrsager, Gaukler und Quacksalber durch das Tor, die ihre Pülverchen und Tinkturen in billigen Koffern und ihre geheimen Rezepte hinter listigen Gehirnen trugen. Scharen von Gaffern und Schaulustigen strömten herbei, darunter etliche mit der zufriedenen Selbstgefälligkeit derer, die einen vollen Geldbeutel mit sich tragen und sicher auch ein paar verquere Seelen mit verbogenem Gerechtigkeitssinn und geschickten Diebesfingern. Dazwischen tauchten an allen Ecken und Enden halbwüchsige Burschen auf, um hier und dort dienstfertig anzupacken für einen kleinen Obolus. Und – als hätte ein wundertätiger Marabu versprochen, heute an diesem Ort seine segnende Hand auf sie zu legen, fanden sich auch die Blinden und Lahmen ein mit ihren Stöcken, Krücken und dahergeleierten Bittsprüchen. Auch sie hofften auf ein lukratives Plätzchen am Rande des Geschehens, das dem Bettler reichlich milde Gaben in seine blecherne Sammeltasse bescheren würde, seinen rechtmäßigen Anteil nach dem Gebote des Propheten, und dem Spender ein reines Gewissen. Ein jeder hoffte, dass ein kleines Scherflein der vielen klingenden Münzen, die heute im Umlauf sein würden, auch für ihn abfallen möge.

> *Einen Schuss Wüste braucht der Mensch – um des Glücks der Oase Willen*

259

Ich hatte mich auf einem Mäuerchen außerhalb des Stadttors niedergelassen. Von dort oben bot sich mir ein schöner Überblick über den kleinen Platz, in den die einzige Straße, die zu dem Ort führte, mündete. Hier war Endstation des Straßennetzes, ab jetzt gab es nur noch Pisten und es galten die Regeln der Wüste.

Noch bei Dunkelheit war ich im nördlichen Draa-Tal in den Bus gestiegen, um rechtzeitig zum Markt in der ländlichen Idylle der südlichen Region einzutreffen. Je mehr wir uns dem Ort näherten, umso mehr verwandelte sich unser Fahrzeug in einen unersättlichen Moloch, denn alles strebte dorthin, als würde dort die Glückseligkeit verteilt. An jedem Eselspfad, der in Schlangenlinien aus dem Hinterland auf die Straße mündete, hielt die blecherne Arche an, um die Landbevölkerung aus den verstreuten Ansiedlungen aufzunehmen. Immer wieder flog die Türe auf, die windschief in ihren Scharnieren hing. Körbe und Taschen wurden hereingereicht und bereitwillig rückten alle in der Enge zwischen Kühlerhaube und Heck noch enger zusammen. In aller Unschuld hatte jemand unter meinen Sitzplatz eine kratzige Satteltasche voller Datteln geschoben, die so ausladend war, dass ich mich plötzlich im Spreizspagat befand, als säße ich im Sattel eines Dromedars[1], das an der Tränke mit ein paar langen Schlürferern seinen Bauch mit Wasser aufbläht wie ein Fass.

Irgendwann nahm ich einer dunkelhäutigen jungen Frau, die unmittelbar neben mir im Schlingern des Busses um einen festen Stand rang, ihr Kind ab. Der Kleine hatte entsetzt aufgeschrien, als ich ihn auf meinen Schoß setzte, ergab sich aber auf Zureden seiner Mutter in sein Schicksal. Dafür weinte er dann die ganze Zeit und verbarg sein Gesicht in seinen kohlrabenschwarzen Händchen, damit die unheimliche Frau mit der hellen Haut, die so ganz anders aussah als die übrige Menschheit, ihn nicht fressen konnte. Jemand gab ihm, um das verängstigte Kind abzulenken, und wohl auch, um das Gepäckstück los zu sein, einen grob geflochtenen Korb mit Küken in den Arm. Aber offensichtlich erschreckten sich die Hühnerbabys bei meinem Anblick ebenfalls zu Tode, denn im Korb brach aufgebrachtes Gepiepse und flattrige Unruhe aus, als hingen die kleinen Federknäuel bereits in den Fängen des Bussards.

Kurz darauf musste der Bus scharf bremsen, weil eine Ziegenherde stur die Straße überquerte. Ein Bündel fiel von oben herab und platzte auf. Kind, Federvieh und ich wurden begraben unter einem Berg gehäkelter Käppchen und Wollmützen, die Produkte fleißiger Frauenhände. Meine Leidensgenossen zeigten wenig Sinn für Situationskomik. Auf meinem Schoß brach die blanke Panik aus. Der Knabe, der mir von Anfang an misstraut hatte, wähnte sich nun vollends verloren – das bleiche Ungeheuer hatte also doch zugeschlagen, wie befürchtet. Gedämpft scholl sein verzweifeltes Gebrüll durch den Wollhaufen und gleichzeitig fühlte ich, wie von ihm ein warmes Bächlein ausging und durch meinen Reiserock hindurchsickerte. Das Chaos war perfekt.

Fürsorgliche Hände kümmerten sich um das aufgelöste Kind und die kostbare Kükenbrut, in Sorge um deren Wohlergehen. Auf mir krabbelten Dutzende von Fingern wie eine Armee angriffslustiger Termiten herum und klaubten wenig zimperlich die wertvolle Handarbeitsware ab. Noch während man an mir herumzupfte, wand ich mich in einem klaustrophobischen Anflug aus meinem Sitz und bahnte mir mit dem Mut aller Freiheitskämpfer, „ismeh li", „*Verzeihung, gestatten Sie*", eine Schneise durch die

---

„Zu Seinen Zeichen gehört auch die Verschiedenartigkeit eurer Sprachen und eurer Hautfarben. Darin sind fürwahr Zeichen für die Wissenden."
Koran, Sure 30,22

Wand aus Menschenleibern, Ellenbogen und Gepäckstücken. „Kif!", „Stopp!" Durch einen Sprung vom Trittbrett rettete ich mich auf die Straße. Lieber gut gegangen als schlecht gefahren! Der Fahrer dachte, mir sei übel geworden und wartete geduldig, bis ich mich endlich übergeben würde. Erst auf meine energischen Zeichen gab der verunsicherte Mann zögerlich Gas. Erleichtert blickte ich dem grauen Ungetüm nach, wie es sich mit bebender Kühlerschnauze grunzend und grollend wie ein missmutig schnüffelnder Hund davontrollte, zusammen mit dem hübschen Mohrenbengel, der meine helle Haut nicht leiden konnte, den Küken und Käppchen und all den verwunderten Gesichtern hinter den Scheiben, die sich verständnislos nach der „maschnuna", „der Verrückten", umdrehten, die jetzt auf offener Strecke zurückblieb und im Qualm der Abgaswolke ihren Blicken entschwand. Für mich jedoch trug die Öde der Landstraße den süßen Duft der Freiheit.

Das nächste Auto, das kam, war ein Kleinlaster und hielt an. Der Fahrer fand es wahrscheinlich unschicklich, die fremde Frau neben sich im Führerhaus sitzen zu lassen. Deshalb half er mir höflich hinauf auf die Ladepritsche zu seinen anderen Passagieren. Luftig-lustig setzte ich meine Fahrt fort in der angenehmen Gesellschaft molligweicher Schafe, die mich sofort als eines der ihrigen akzeptierten. Die Tiere schnupperten an mir und die Ruhe der freundlichen Wesen ging auf mich über. Jetzt, da mir der Fahrtwind um die Nase wehte und ich den Himmel wieder sehen konnte, musste ich herzlich lachen über mich, die fadenscheinige Ausgabe eines homo sapiens, „des weisen und einsichtsvollen Menschen", der geglaubt hatte, orientalische Gelassenheit flösse sirupdick durch seine Adern. „Ruhi radschait." *„Meine Seele ist wieder zurückgekehrt - es geht mir wieder gut"*. Lauthals schickte ich mein Lied hinaus in die Wüste. Die Schafe verstanden sofort und blökten vielstimmig mit.

Nun also, da ich die Anreise glücklich überlebt und meine Knochen sortiert hatte, saß ich auf meinem Mäuerchen vor dem Tor und gönnte mir eine kleine Atempause, bevor ich mich ebenfalls in das Marktgetümmel stürzen würde. Ganz in meiner Nähe, außerhalb der Stadtmauer, wurde das Vieh, das heute noch seinen Besitzer wechseln sollte, zusammengetrieben: Dromedare, Maultiere, Esel, Ziegen und Schafe. Auch meine Reisekameraden, in deren Gesellschaft ich so gemütlich die letzte Etappe hierher gefahren war, mussten darunter sein. Aber ich konnte die sanften Schafsgesichter meiner Gefährten unter den vielen anderen nicht mehr herausfinden.

Neben mir klatschte jemand mit Kraft in die hohlen Hände und wieherte aus heiserer Kehle wie ein übermütiges Pony. Ich war nicht mehr allein auf meinem Podest. Ein hochgewachsener, spindeldürrer Mann hatte die Mauer ebenfalls erklommen. Der schwärzeste Schwarze, den ich je gesehen hatte, hockte nun wenige Meter neben mir und schüttete sich aus vor Lachen. Die paar Zähne, die ihm noch verblieben waren, glitzerten aus dem Dunkel der negroiden Zügen heraus, wie gelblich schimmerndes Perlmutt. Mein Nachbar beruhigte sich wieder. Gelassen rupfte er das spärlich wachsende Grünzeug aus den Mauerritzen. Mit seinen langen Armen konnte er ein weites Umfeld roden, ohne sich verbiegen zu müssen. Jedes Gräslein wurde aufmerksam betrachtet, bevor es mit Schwung über seine Schulter flog, vorbei an den wirr abstehenden Spiralen seines krausen Haares, in dem in Irokesenart eine Reihe bunter Federn

> *Ein Narr sieht nicht denselben Baum, den ein Weiser sieht*

steckte. Der attraktive Putz konnte aber seine verlotterte Aufmachung nicht wesentlich aufpeppen. Seine Dschellaba, die wie ein Lumpen an ihm herunterhing, war so verschlissen, dass das schmutzige Gewebe das Bad einer Seifenlauge wohl kaum überlebt hätte. Schuhe hatte er nicht und die brauchte er auch nicht, denn die Hornhaut an seinen Fußsohlen glich einem rissig-grauen Estrich aus Magerbeton, der so dick war, dass der Mann unbeschadet auf jeder Messerschneide hätte balancieren können.

Gebannt beobachtete mein merkwürdiger Nachbar den Trubel auf dem Platz und suchte im Radius seines Horizonts aufmerksam nach weiteren Erkenntnissen. Von Zeit zu Zeit brach aus ihm explosionsartig sein kindisches Gelächter, als würden sich vor seinen Augen Dick und Doof mit Sahnetorten bewerfen. Ganz aus dem Häuschen, deutete er dann mit ausgestrecktem Finger auf einen bestimmten Punkt im Gewimmel und schlug sich in der übertriebenen Gestik des Narren mit solcher Wucht auf die Schenkel, als gelte es, mit der flachen Hand den Panzer einer Kakerlake zu zermatschen.

Ganz abrupt warf er sich in die Positur des Redners – eine Ansprache an das Volk war fällig. Ich machte mich schon zum Absprung bereit, um dem Gelabere zu entgehen. Doch seine Stimme ließ mich aufhorchen. Es klang, als würde er singen, während er sprach, in einer wunderbaren Legierung aus Reibeisen, Schmirgelpapier und dem geschmeidigen Geschnurre glücklicher Raubkatzen. Soul, Swing und Jazz schwangen mit in dem melodiösen Sprechgesang, dieser schwarzen Stimme Afrikas. Hingerissen lauschte ich den rauchig-kratzigen Lauten, die sich mit auf- und abhüpfendem Adamsapfel seiner Kehle entrangen – und mit welch rhythmischer Leidenschaft er die Silben hervorstieß, um dann wieder die Stimme sanft abzusenken, als würde er beruhigend auf ein Vögelchen einreden. Und nur ich, die ich kein einziges Wort seines Hassani-Dialektes verstand, lauschte fasziniert seinem Vortrag. Ansonsten blieb seine Botschaft ungehört und verpuffte ebenso in der Luft wie der feine Sprühregen seiner Spucke, den er über die Menge verteilte wie ein zahnloses Lama. Unbeirrt hastete das Volk an dem Redner vorbei, ein jeder sein eigenes Ziel und das Hinterteil seines Esels oder Vordermannes im Auge, verstrickt im Dunstkreis hoffnungsvollen Bangens oder ehrgeiziger Gier. Bald verstummte der Prediger an meiner Seite – vielleicht ein Philosoph im Narrenkleid – und entspannte sich wieder. Er hatte getan, was er konnte.

> *„Alle Menschen sind vor Allah gleich, der edelste von euch bei Allah ist ja der am meisten Gottesfürchtige von euch"*
> *Koran, Sure 49,13*

Ein schmächtiger Bauer schob in mühsamer Balance sein Fahrrad, das wie ein Packesel beladen war, an uns vorbei. Quer über dem Rahmen lagen zwei pralle Getreidesäcke, obenauf eine gusseiserne Waage. An der Lenkstange baumelten, kopfunter an den Füßen aufgehängt, ein paar Hühner, die sich in ihrer Hilflosigkeit ohnmächtig stellten. Ein Handkarren mit Pfannen und Küchengeräten, der das Hindernis ungeduldig überholen wollte, hüpfte aus der Spur – die beiden stießen zusammen. Es gab einen heftigen Ruck. Ein Stapel Emailleschüsseln kam ins Rutschen und führte auf der Erde, knapp neben den Hühnerschnäbeln, einen scheppernden Tanz auf. Das gefesselte Federvieh kreischte und schaukelte wie eine flatternde Girlande an der Lenkstange, die jedoch hoffnungslos verkeilt war zwischen den Speichen des Karrens. Die beiden Händler zeterten ebenso und konnten jetzt keineswegs zupacken, um die beiden Fahrzeuge zu entwirren, da sie ihre Hände dringend benötigten, um damit gestenreich zu debattieren. Der nachfolgende Menschenstrom konnte nicht ausweichen und vor dem

Nadelöhr des Tores staute sich ein brodelndes Knäuel aus Zorn und Ungeduld. „Ya rabb", „*Oh Herr*".

Die missliche Stimmung passte nicht in die Seelenlandschaft meines Nachbarn. Gequält wiegte er seinen Giraffenhals hin und her wie ein Tier im engen Käfig und gab leise wimmernde Töne von sich. Seine Welt war aus den Fugen. In einer plötzlichen Eingebung sprang er von der Mauer und bahnte sich einen Weg zur Unglücksstelle. Gleich würde er tatkräftig eingreifen und sich vor den Karren spannen. Doch – um sich mit seinen Dämonen zu versöhnen, regelte der sanfte Irre in seiner entrückten Wahrnehmung die Dinge auf seine Art. Mit der Grandezza eines andalusischen Landgrafen verbeugte er sich hin zur Lenkstange und zog aus den Zotteln seiner Haare eine seiner exotischen Federn. Als würde er der Dame seines Herzens ein duftendes Orchideenbouquet ans Abendkleid stecken, platzierte er mit grandioser Geste das bunte Federchen in dem weißgrauen Gefieder einer Hühnerdame. Diese bedankte sich mit einem erschöpften „Gack" und starb wahrscheinlich vor Schreck und Glück einen schnellen Herztod. Auch ich war perplex und sah den charmanten Weltverbesserer in seinen Lumpen durch das Tor entschwinden, sein kehliges Lachen noch im Ohr – er hatte anderswo zu tun.

Am Boden unter mir hatte sich ein lustiges Eigenleben entwickelt. Ein Wurf Katzenkinder tobte schon eine ganze Weile durch den Unrat die Mauer entlang und jagte jetzt mit Furore dem zerfetzten Rest einer Plastiktüte nach. Ein Straßenkehrer mischte sich in das Spielfeld und entschied das Match mit einem einzigen Besenstrich für sich. Empört mussten die kleinen Raufbolde mit ansehen, wie ihr schönes Spielzeug auf eine Schaufel gekehrt wurde und in dem Sack, den der Mann hinter sich herzog, verschwand. Der Spielverderber war sich keiner Schuld bewusst. Mit seinem gekrausten Aschenhaar erinnerte er mich an den guten Onkel Tom aus dem Roman „Onkel Toms Hütte"[2]. Der dunkelhäutige Mann arbeitete sich mit dem Tempo einer fußlahmen Schildkröte Strich für Strich vorwärts. Aufgewirbelte Staubteilchen tanzten im Sonnenlicht und eine Wolke unangenehmen Geruchs nach Moder, Schweiß und Dung stieg auf. Mit Bewegungen, in denen die Resignation ganzer Generationen stecken mochte, fegte er auch meine Bananenschale, die ich vorhin hatte fallen lassen, zu dem Abfallhaufen dazu, in einer Sorgfalt, als würde er ausgedroschenes Korn auf seine Schaufel laden. Jahrhundertelang haben seine versklavten Vorfahren ähnliche Arbeiten verrichtet - in Leibeigenschaft als Rechtlose, die nicht einmal ihren eigenen Schatten besaßen, in den sie sich hätten verkriechen können. Man hat ihnen ihre Götter genommen, ihre Freude, und dafür Schuhe aufgezwungen, in denen sie nicht gehen konnten. Wie geht es dir? Gerne hätte ich ihn gefragt. Alles, was Weiße den Afrikanern jemals angetan haben, wäre jetzt durch einen Blick von ihm auf mich zurückgefallen. Doch er sah mich nicht an, wie auch vorhin im Bus der Kleine auf meinem Schoß. Der Graben zwischen unseren Welten schien abgrundtief.

Ich stürzte mich in das Marktgewimmel, dieses Meer aus wogenden Farben und Formen mit seinen Gerüchen und den vielen Verlockungen.

Stunden später schlenderte ich durch die stillen Gassen zurück mit übersättigten Sinnen, brennenden Füßen und um den Hals meine Errungenschaft aus Silberkugeln, un-

---

"Was immer du auf Erden verschenkst, es wird dich in den Himmel begleiten."

Aus dem Koran

Ein wenig Duft bleibt immer an den Händen derer hängen, die Rosen schenken

regelmäßigen löchrigen Bergkorallen, Türkisen und Messingplättchen mit eingravierten Baraka-Zeichen und gestanzten Motiven gegen den bösen Blick. Die Häuser hier waren weiß gekalkt mit Handabdrücken im Putz und blechernen Fatimahänden an den Türen zum Schutz vor Dämonen. Zum Teil waren sie bunt bemalt mit geometrischen Mustern in der Weise der Afrikaner aus dem Sudan.

Der Ort war wie ausgestorben. Ein einziger Mann döste auf der Schwelle vor seinem Laden mit Gewürzen und dem üblichen Haushaltskram und hoffte wohl auf eine vergessliche Hausfrau, die ihm schnell noch ein wenig Umsatz bescheren würde. Als er mich kommen sah, nahm der Geschäftsmann inmitten seiner Minzbüschel und Rupfensäcke Haltung an. Direkt neben den braungegerbten Fersen des alten Mannes lag, säuberlich übereinander geschichtet, ein Warenangebot, das ich nicht kannte: strohfarbene pflanzliche Gebilde mit verholzten Blütendolden und langen dünnen Stängeln.

„Ya ammi, ma hatha?", „*Mein Onkel, was ist das?*" fragte ich respektvoll. Der Mann beugte sich vor, brach einen Stängel von einem der Gebilde ab und stocherte strahlend in den zahnlosen Weichteilen seines Mundes herum. Zahnstocher! „Arak a suss", wie ich später erfuhr – die holzig-faserigen Stiele mit leicht süßlichem Geschmack lassen sich im Mund zu kleinen faserigen „Besen" aufweichen und eignen sich vorzüglich zum Reinigen der Zähne. Sofort zückte ich die Geldbörse und kaufte ein halbes Dutzend davon. Einträchtig ließen wir nun beide unsere Doldenstängel von einem Mundwinkel in den anderen tanzen, so lässig wie Al Capone seinen Zigarettenstummel. Das liebe Gesicht meines „Partners" legte sich dabei in tausend gutmütige Falten und es brauchte nicht mehr, um sich prächtig zu verstehen.

Trommeln und Youyous aus schrillen Frauenkehlen zerstörten unser Tête-á-tête. „Arusa", „*die Braut*", lachte der nette Händler und klatschte den Takt mit seinen braunen Händen, während ich schon davonlief, dem Ruf der Trommel entgegen. Nur zweimal um die Ecke und ich war eingekeilt in einen Pulk von Frauen mit Tarijas und Rahmentrommeln, die singend und fröhlich lärmend zusammen mit der Braut das öffentliche Hammam verließen. Aus allen Richtungen strömten in elastischer Gazellenhaftigkeit Frauen herbei. Ein Teil der Gesichter hatte die breiten Nasen und Wangenknochen sudanesischen Einschlags und volle fleischige Lippen, aus denen die gellenden Zagarits herausbrachen, ohne dass dabei verschämt die Hand vor den Mund gehalten wurde, wie die Araberinnen es tun. Ich sah mich umgeben von dunkelblauen, eng gewickelten Haiks, festlichen Kleidern und Tüchern, von abstehenden Zöpfchen und ungebändigtem Kräuselhaar. An den Armen klapperten Silberreifen und glänzten die bestickten Armbänder aus Leder mit den bunten Perlenmustern, wie man sie auch bei den Tuareg in der tieferen Sahara antrifft.

Als sie mich sahen, stießen die Frauen und Mädchen sich gegenseitig an, zeigten auf mich und lachten noch mehr, während sie mit einer tierhaften Grazie ihre Körper wiegten, in die Hände klatschten und in den sandigen Boden den Rhythmus für die Braut stampften, als wollten sie die guten Geister aus der Erde wachrütteln. Die Bräuche der Berber, Araber und Haratin, die viele ihrer afrikanischen Riten beibehalten haben, vermischen sich hier.

Die blutjunge Braut stand verlegen lächelnd da in ihrem schönen Gewand, das man ihr nach dem Bad übergestreift hatte und blickte schüchtern in die Runde, deren Mittel-

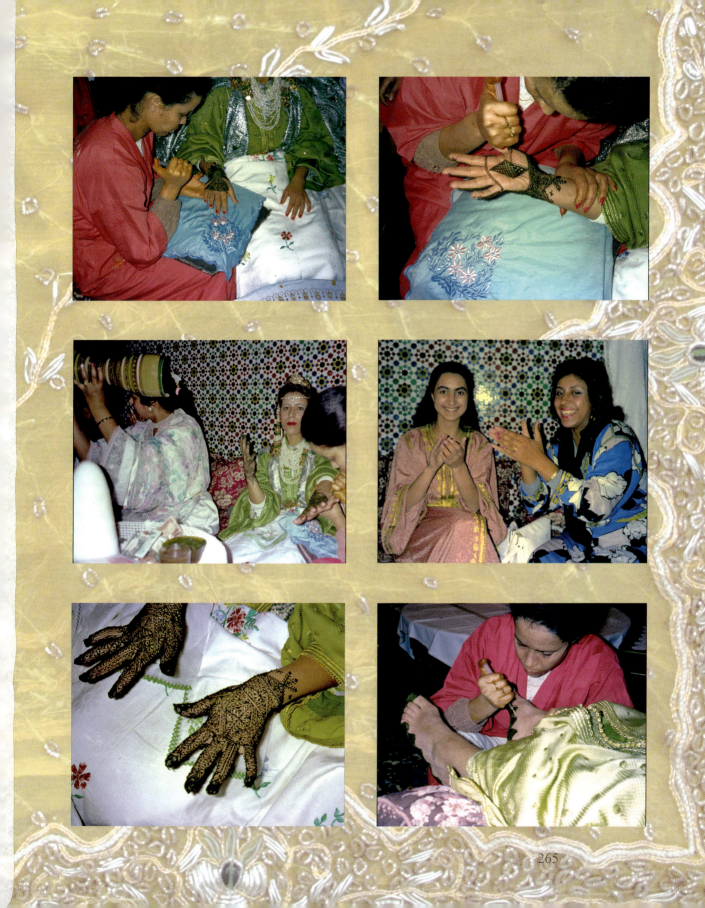

punkt sie war. Ich konnte mir gut vorstellen, wie es beim rituellen Bad im Hammam zugegangen war. Erst hatten die Badefrauen aus ihren Eimern ganze Niagarafälle über dem Mädchen ausgeschüttet. Danach waren sie nach einem großzügigen Griff in den Rassul-Topf[3] über den Mädchenkörper hergefallen mit der gnadenlosen Strategie eines militärischen Generalstabs. Planmäßig war jeder Millimeter mit der rauen Paste abgerubbelt und gerupft worden, bis sich die Haut auch an den intimsten Stellen seidenweich anfühlte. Danach walkten und massierten die geübten Hände das junge Fleisch verschwenderisch mit Salben und Ölen als Vorbereitung für das Fest der übernächsten Nacht, für ein gesegnetes Hochzeitsbett.

Heute, am Henna-Abend[4], wird das Mädchen seine letzte Nacht im Elternhaus verbringen. Morgen zieht die Braut, festlich gekleidet im goldbestickten Kleid, in feierlicher Prozession mit ihrer Aussteuer zur Familie des Bräutigams. Dann beginnt ihr Frauendasein. Ab dem Tag verlässt in manchen Gegenden eine Ehefrau die Mauern ihres Hauses nur noch zum wöchentlichen Hammambesuch, oder, noch schlimmer, erst wieder in ihr Leichentuch gewickelt. „Mabruk", kleine Arusa – „Allah ikammel alik", *„Alle guten Wünsche – Gott stehe dir bei in deiner Ehe".*

> *Ein Tropfen Liebe ist mehr als ein Ozean Verstand*

Eine Naqascha, die Hennamalerin, wird heute Abend ihre Handflächen und Fußsohlen mit Henna bestreichen, damit sie am nächsten Tag in schönem Orangerot leuchten. Auf Handrücken und Rist werden traditionelle Ornamente und glücksbringende Baraka-Zeichen aufgetragen zum Schutz vor der Bosheit und dem Neid missgünstiger Geister, denn Bräute sind neben Schwangeren und Kindern ganz besonders gefährdet durch die Dschinn-Attacken - man durfte nichts riskieren. Stundenlang muss die Braut in ihren festlichen Kleidern stillsitzen während der Hennaprozedur, bevor die fertigen Muster mit Zuckerwasser fixiert und mit Leintüchern und Plastiktüten für die Nacht umwickelt werden. Um sie herum wird das große Ereignis gefeiert von den Freundinnen und weiblichen Verwandten. Sie alle trommeln, tanzen, singen und klatschen, während sie selbst bewegungsunfähig dasitzt, mit all ihren kleinen Hoffnungen im Innern, dem großen Abschiedsschmerz und der Angst vor dem Unabwendbaren. Die Frauen und Mädchen trillern ihre Freude hinaus, berauschen sich am Glück dieser Nacht, da die Schande der Ehe- und Kinderlosigkeit abgewendet wurde von einer von ihnen. Was für ein Freudentag! Man wird die Braut aufs Klo tragen und mit zuckersüßen Leckereien füttern in der Hoffnung, dass ihre Ehe ebenso süß verlaufen möge. Und in der Nacht wird sie weinen, eng an ihre Schwestern geschmiegt. Am nächsten Morgen, während die Männer der beiden Familien mit dem Imam bereits den Ehevertrag unterzeichnen, wird von ihren Händen und Füßen das getrocknete Henna abbröseln, zusammen mit ihren Mädchenjahren.

Im Hammam musste während der Badeorgie ein üppiges Festgelage stattgefunden haben. Sogar die übriggebliebenen Essensreste, die man herausschleppte, wogen noch schwer. Eine der Frauen riss mit strahlendem Lächeln ihren riesigen geflochtenen Bastteller vom Kopf, schlug das Tuch zurück und bot mir ein Stück Pastilla[6] an, das typische Festessen für solche Anlässe. Erfreut griff ich zu.

Die Gesellschaft zog weiter. Das Ende der Gasse verschluckte die aufgekratzte Prozession, das Getrommle und Getriller, als wäre nichts gewesen. In der Luft hing immer noch der Duft von Zimt und vor meinem geistigen Auge sah ich immer noch das

266

scheue Lächeln der kindlichen Braut - der Blick einer Gazelle zwischen Stolz und Angst. „Mabruk - Allah ikammel alik", *„Herzlichen Glückwunsch - Gott sei mit dir"*.

[1] **Dromedar** – afrikanischer Verwandter des Kamels mit nur einem Höcker. Ein durstiges Dromedar kann binnen zehn Minuten zwischen 60 und 120 Liter Wasser aufnehmen, das in den Magenzellen gespeichert wird. Der Höcker speichert die Fettreserven.
[2] **„Onkel Toms Hütte"** – Roman von Harriet Beecher-Stowes aus dem Amerika Mitte des 19. Jd. Die Geschichte schildert das Schicksal eines Sklaven, dessen Besitzer ihn verkauft.
[3] **Rassul** – Heilerde, die mit Wasser angemacht wird und die Haut zart macht.
[4] **Henna-Abend** – „Junggesellenabschied" der Braut, nur für Frauen.
[5] **Pastilla** – siehe Rezept.

SKLAVENTUM

„Der Zustand eines Menschen, der seiner persönlichen Freiheit beraubt ist, als Sache behandelt wird und als solche im Eigentum eines anderen steht". Brockhaus

Sklaven hat es zu allen Zeiten und in allen Teilen der Welt gegeben. Bereits bei den Griechen, Römern und im frühen Christentum war es üblich, die Gefangenen aus unterworfenen Ländern als Kriegsbeute zu versklaven. Es war damals das „legale" Recht des Eroberers. Sklaven waren das absolute Eigentum ihres Herrn, der über ihr Leben und ihren Tod bestimmen konnte. Seiner Gnade oder Grausamkeit waren sie rechtlos ausgeliefert. Sie und ihre Nachkommen konnten nach Belieben verschenkt, verkauft, verliehen, verpfändet oder vererbt werden.

Ahmed el Mansur, marokkanischer Herrscher aus dem Berbergeschlecht der Saadier, brachte 1592 Tausende von schwarzen Sklaven bei der Eroberung von Timbuktu nach Marokko – *siehe Kap. 11, Anmerkung 5*.

Moulay Ismail, marokkanischer Herrscher, 1672–1727 aus dem Arabergeschlecht der Alaouiten gründete eine Armee aus schwarzen Sklaven, seine sogenannte "Negerarmee". Mit dieser Streitmacht von 150 000 Mann gelang es ihm, Ruhe unter den Berbern herzustellen und auch, der christlichen Front Widerstand zu bieten – *siehe Kap. 11, Anm. 6*.

Ein besonders grausames Kapitel in der Menschheitsgeschichte ist die Epoche des organisierten Menschenraubs in Schwarzafrika ab dem 15. Jd. Als „schwarzes Gold" wurden Menschen aus Profitgier jahrhundertelang aus ihrer Heimat geraubt, verschleppt und als Handelsware in die „neue Welt", nach Amerika und die Karibik, verkauft. Viele fanden bereits an den Umschlagplätzen der Karawanenwege, noch vor ihrer Verschiffung, ihren neuen Herrn im Maghreb – *siehe „Haratin"*.

SKLAVEN IM KORAN

An vielen Stellen wird im Koran darauf hingewiesen, dass die Freilassung eines Unfreien laut Koran zu den höchsten Taten der Nächstenliebe gehört:

„Wer einen Sklaven frei lässt, wird vom Höllenfeuer befreit werden".

„Denjenigen von Euren Sklaven, welche einen Freischein wünschen, schreibt einen solchen, wenn ihr sie als rechtschaffen kennt, und gebt ihnen von dem Reichtum Allahs, welchen er Euch geschenkt hat".

„Eure Sklaven sind eure Brüder! Allah hat euch die Oberhand über sie gegeben. Wer dann die Oberhand über seinen Bruder hat, der soll ihm etwas zu essen geben, von dem er selbst isst, und ihm als Kleidung geben, von der er sich selbst kleidet. Traget ihnen nicht das auf, was über ihre Kraft hinaus geht! Und wenn ihr ihnen etwas auftragt, das über ihre Kraft hinaus geht, so helft ihnen dabei!".

Bevölkerungsgruppen Marokkos

Berber – siehe Kapitel 17.

Araber Höchstens zehn Prozent der Bevölkerung der Maghrebiner sind heute reinrassige Araber. Der Rest hat sich mit den Berbern vermischt. Nach dem Tod des Propheten Mohammed im Jahre 632 wanderten viele Araber als viehzüchtende Nomaden auf der Suche nach neuem Weideland aus der arabischen Halbinsel gegen Westen. Sie eroberten mit dem Schwert die neuen Gebiete, unterwarfen die Berber und verbreiteten den Islam. Arabisch wurde Staatssprache.

In Marokko wurde 1666 die Berberdynastie der Saadier abgelöst durch die arabischen Alauiten, die bis zum heutigen Tage in ununterbrochener Nachfolge an der Macht blieben. Der jetzige König Mohammed VI. von Marokko ist der 18. Monarch aus diesem Herrschergeschlecht, dessen Herkunft sich auf die unmittelbare Nachfolge von Ali, des Schwiegersohns des Propheten Mohammed, beruft.

Mauren – Zum Islam bekehrte arabisierte Berber. Die Bezeichnung bezieht sich auf die römische Provinz Mauretania, oder auch auf das griech. „mauros", dunkel(häutig). Die Berberstämme, die von den einfallenden Arabern im 7. Jd. zum Islam „bekehrt wurden", nannte man Mauren.

Die Armee, die im 8. Jd. Andalusien eroberte, bestand zum größten Teil aus islamisierten Berbern aus dem Atlas-Gebirge. Der zu bezwingende Feind auf der Iberischen Halbinsel waren die Westgoten. Im Jahre 711 setzte der Berberfürst Tariq ibn Ziyad aus Marokko mit seinem arabisch-berberischen Heer nach Gibraltar über. Der Legende nach soll er nach der Landung die eigenen Schiffe in Brand gesteckt und folgende Rede gehalten haben: „Soldaten! Wohin wollt ihr fliehen? Hinter euch ist das Meer, vor euch der Feind. Eure einzige Stütze ist euer Mut und eure Kraft." Dort, wo die Armee an Land gegangen war, wurde der große Felsen „Djebal Tarik", „der Berg Tarik" genannt. Später entwickelte sich daraus das Wort „Gibraltar".

Binnen weniger Jahre entstand auf der Iberischen Halbinsel ein maurischer Staat (Al Andalus, maurisches Königreich Granada), der im Laufe der Zeit allerdings in mehrere Kalifate zerfiel. Im späten Mittelalter nannte man die Mauren auch „Sarazenen".

Al Andalus wurde ein blühendes Zentrum der Künste, Dichtung und Musik, der Denker, Gelehrten und Wissenschaften, maßgeblich in Medizin, Mathematik, Astrologie, Philosophie. Eine Hochkultur entstand, wie sie Europa bis dahin noch nie erlebt hatte. 800 Jahre lang haben die Mauren in friedlichem Zusammenleben und religiöser Toleranz mit Juden und Christen das Leben in Andalusien geprägt.

1492 besiegten „die Katholischen Könige" Isabella I. von Kastilien und Ferdinand II. von Aragonien den letzten maurischen Herrscher in Al Andalus, Mohammed XII., von den Spaniern Boabdil genannt. Um Granada vor der Zerstörung zu bewahren, kapitulierte er und überreichte Königin Isabella widerstandslos den Schlüssel zur Zitadelle.

Auf einer Passhöhe, unweit von Granada gibt es einen Ort mit dem Namen „El suspiro de moro" „Der Seufzer des Mauren". Hier soll sich Boabdil auf dem Weg in die Verbannung weinend umgedreht haben, um einen letzten Blick auf seine Burg zu werfen, worauf ihn seine streitbare Mutter anherrschte: „Was flennst du um etwas, das du nicht wie ein Mann verteidigen konntest."

Nach der Vertreibung der Mauren aus Andalusien wurden die Bücher der Bibliothek in Cordoba als „Teufelszeug" verbrannt. Damit wurde kostbares Wissen, das wiederum aus den Bibliotheken von Damaskus und Kairo stammte, unwiederbringlich vernichtet.

Mit der Reconquista – der Rückeroberung durch die Katholischen Könige – endete die wirtschaftliche und kulturelle Blütezeit in Andalusien. Vieles aus dem Kulturgut der Araber blieb in Spanien bis heute erhalten, in Baustil, Sprache, Elementen der Musik und im Tanz.

Juden – Heute leben nur noch etwa 7000 Juden in Marokko. Früher wohnten sie in der „Mellah", dem jeweiligen Judenviertel der Städte. Sie waren, in Berufen tätig, die den Arabern laut Koran verboten waren, wie zum Beispiel Goldschmiede und Geldverleiher. Da die arabischen Männer aus religiösen Gründen keinen Schmuck tragen durften, ließen sie sich äußerst kunstvolle Dolche und Schwerter anfertigen. Nach der Reconquista 1492 mussten die Juden die Iberische Halbinsel verlassen. Ein Teil siedelte sich in Marokko an, wodurch das Land einen hohen kulturellen Aufschwung erlebte.

Der Großteil aber zog nach Mitteleuropa oder ins Osmanische Reich und auf die Balkan-Halbinsel. Dort behielten sie sogar bis ins 20. Jd. ihre spanische Mundart, das „Hispanol", bei.

Haratin – Nachkommen ehemaliger Sklaven aus Schwarzafrika, dem Sudan und dem südlichen Westafrika – siehe Sklaventum. Obwohl Moslems, haben sie viele schwarzafrikanische Sitten und Gebräuche beibehalten. Sie sprechen entweder Arabisch, einen der Berberdialekte oder das Hassani, eine Mischung aus Arabisch und Afrikanisch.

In den 30er-Jahren haben die französischen Kolonialherren wesentlich dazu beigetragen, dass die Sklaverei per Gesetz abgeschafft wurde. Stufenweise stimmten die islamischen Länder zwischen 1926 und 1956 den internationalen Abkommen zu. Als letztes Land der Erde verabschiedete Mauretanien erst 1981 ein entsprechendes Gesetz. In der Praxis hat sich jedoch für die Schwarzen dadurch nicht viel verändert. Noch heute spielen die Haratin im Gesellschaftsleben eine untergeordnete Rolle. Die meisten fühlen sich seit Generationen den Familien ihrer ehemaligen Herren zugehörig und stehen weiterhin als billige Arbeitskräfte in deren Dienst im Haushalt und in der Landwirtschaft.

Im Draatal erhalten heute noch die Landbesitzer die Hälfte des Ernteertrages ihrer Felder, die die Haratin für sie bestellen. Es gibt auch die These, die Haratin seien Nachkommen der Ureinwohner aus der Sahara, als diese noch fruchtbar war.

Gnaouas – Der Name kommt von „Guinea", Nachkommen von Bewohnern der Goldküste, die man als Sklaven nach Marokko eingeschleppt hat. Sie sind Mitglieder einer religiösen Bruderschaft, Seher und Heiler und haben sich ihre afrikanische Kultur, ihre Musik und Riten lebendig erhalten. In ihren Trance-Ritualen, den „Leylas", versetzen sie sich durch Musik und Tanz in Trance, um Verbindung mit den Geistern aufzunehmen und aus kranken Körpern auszutreiben – oder durch den Mund eines Mediums deren Wünsche zu erfahren und sie zu bitten, in Zukunft als segensreicher Schutzgeist zu fungieren.

Die Lieder im anfänglichen Unterhaltungsteil einer Layla (mit dreisaitiger Gumbri, einer Lautenart und Trommelbegleitung), schildern heute noch die Qualen, die ihre Vorfahren erleiden mussten beim Marsch in Ketten und mit Halseisen durch die Sahara und ihrem Sklavendasein. Typisch in den Tänzen der Gnaouas sind das schnelle Drehen und die akrobatisch hohen Sprünge, ohne dabei den Rhythmus zu verlieren, das Kreisen der Quasten ihrer Kopfbedeckungen und die mit Kauri-Muscheln bestickte Kleidung. Der Zustand der Trance im sakralen Teil der Layla wird erlangt durch bestimmte Gesänge, Trommeln, das aufwühlende Klappern übergroßer Metall-Kastagnetten und das Verbrennen von Weihrauch. Gnaouas verdienen ihr Geld durch künstlerische Aktivitäten als umherwandernde Akrobaten und Musiker. In Essaouira, wo ein Großteil von ihnen lebt, findet jedes Jahr, am letzten Wochenende im Juni, das Gnaoua-Festival statt.

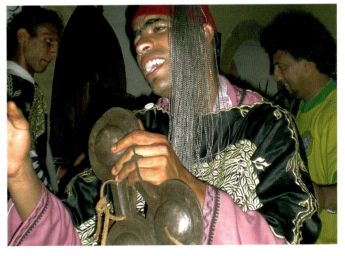

Pastilla — *Das marokkanische Festtagsgericht*

Pastilla wird im Original mit Taubenfleisch gemacht und wird als Vorspeise gereicht zu großen Festlichkeiten: Verlobung, Hochzeit, Beschneidung, Heimkehr eines Pilgers aus Mekka usw.. Da hierzu viele Gäste erwartet werden, ist die Pastilla oft ein riesengroßer runder Fladen, der in den meisten Fällen zum Bäcker getragen wird, um sie in seinem großen Ofen mitbacken zu lassen. Heute gibt es Pastilla auch in Form von handlichen viereckigen Teigtaschen – zum Beispiel an den Ess-Ständen auf der Djema el Fna in Marrakesch.
Unbedingt probieren - öffnet Herz und Sinne!

Für 8 Personen:
Fleischfüllung
2 Hühnchen (oder 4 Täubchen)
3 große Zwiebeln
1 großer Bund Petersilie
2 TL Ingwerwurzel, gerieben
1 TL Zimt gemahlen
1 Messerspitze Nelkenpulver
½ TL Safran
Salz und Pfeffer

3 EL Sonnenblumenöl oder zerlassene Butter

Eimasse
6 Eier
250 g Puderzucker
250 g geschälte Mandeln
1 TL Zimt
Messerspitze Pfeffer
500 g Filo-Teigblätter

Die Hühnchen vierteln und im Schmortopf zusammen mit den Zwiebeln und Petersilie/gehackt und den übrigen Gewürzen ca. 45 Minuten garen. Das Fleisch herausnehmen, abkühlen lassen, entbeinen und in kleine Stückchen zerteilen.

Den Bratensud wieder erhitzen (vorher Fett abschöpfen), die Eier hineinquirlen, köcheln lassen, bis die Masse eindickt. Die Mandeln sehr klein hacken – aber nicht mahlen – und mit dem Puderzucker und Zimt daruntermischen – etwas davon aufsparen zum Bestreuen der fertigen Pastilla.

Backofen vorheizen auf 180 Grad. Eine runde Auflaufform oder Kuchen-Springform ausfetten, mit Teigblättern überlappend auslegen, am Rand überstehen lassen und abwechselnd einfüllen: eine Schicht Hühnchenfleisch, eine Schicht Eimasse, mit Teigblattern abdecken, die überstehenden Ränder darüberschlagen. Dies wiederholen, bis alles aufgebraucht ist. Die oberste Schicht gut mit Filoteig abdecken und Ränder einschlagen. Kleine Teigblumen formen, dazu Teigblätter mit Öl bestreichen, über Gabelzinken rollen und die Pastilla damit verzieren (mit Eiweiß, Milch oder Öl verkleben). Ca. 40 Minuten backen, bis die Oberfläche schön goldbraun ist. Mit der restlichen Puderzucker-Zimt-Mandelmischung bestreuen und ein gitterförmiges Muster mit der Gabel ziehen. Noch einmal gute fünf Minuten überbacken. Die Pastilla wird wie eine Torte geschnitten und noch warm aus der Hand gegessen.

Merksatz raqm ischrin:
Wallah, qalbuk abiyad wa dschamil
Bei Gott, dein Herz ist weiß und schön

ya ruhi ya nur ayni
Oh meine Seele, oh Licht meines Auges
Sagt man zum liebevollen Beschwichtigen zu jemandem, den man gut kennt

yadchul alik bi saha
hereinkommen für dich Gesundheit – **sagt man z.B. wenn jemand ein neues Kleid gekauft hat**
Es soll dir Glück bringen

Allah yarhamek / yarhamha / yarhamhu / yarhamna / yarhamkum / yarhamhum
Gott segne dich   segne sie   segne ihn   segne uns   segne euch   segne sie
– im Sinne von danke

Allah yarham yadik
Gott segne Deine Hand **(als Dank, wenn jemand etwas gut gemacht hat, gutes Essen gekocht, das Auto repariert usw. sagt vielleicht auch der Bettler als Dank für Almosen)**

schukran, baraka allahu fik **(Maghreb)**
Danke, der Segen Allahs über dich – **als Dankeschön, passt immer**

Allah yesallimak **= passende Antwort auf „maa salama" beim Abschied)**
Gott segne dich / Gott möge dich unversehrt erhalten

Allah maana   Allah karim! **- erleichtert, zufrieden, auch zum trösten**
Gott (ist) mit uns! Geht's uns gut!   Gott ist großzügig

*a*la ayni wa *a*la ra'si   *a*la ayni wa ruhi
vom Auge und vom Kopf   von meinem Auge und meiner Seele
ich tue es sehr sehr gern   ich tue es sehr sehr gern

subhan Allah
gepriesen sei Gott – **sich wundern über etwas „so was aber auch", „was es alles gibt!"**

ya Sitti ya Hanim **/ägypt.: hohe Dame, sehr ehrerbietige respektvolle Anrede /** Lalla **/marokk.**
ya Efendi   **/ägypt.: hoher Herr,**   "   "   / Sidi **/marokk.**

ya ach / ya *a*mm / ya ustas **= äg. /** ya rais
oh Bruder / Onkel   Professor   Präsident
Alle diese Anreden passen gut in den Alltag, auch zum Taxifahrer oder Hotelportier

بِسْمِ اللهِ الرَّحْمَنِ الرَّحِيمِ

Religiöse und Trancetänze

ZAR – Heilzeremonie der Frauen in Kairo, bei der sich die Kranke, vorwiegend bei psychischen Leiden, durch Wiegen des Oberkörpers zu Ayoub-Rythmus in Trance versetzt. Die Trommeln beginnen langsam und steigern sich im Tempo. Die Sheikha, eine weise Frau, nimmt als Medium Kontakt mit dem krankmachenden Geist auf, der den Körper der Kranken besetzt, und treibt ihn aus: Eine „Hadra kabir" dauert mehrere Tage.

GUEDRA – Segenbringender Trancetanz einzelner Frauen aus Guelmim/Marokko, siehe Kapitel 2, Anmerkung 6.

GNAOUAS – siehe Kapitel 20, „Bevölkerungsgruppen Marokkos". Der Tanz ehemaliger Sklaven aus Schwarzafrika. Sie sind Mitglieder einer Bruderschaft und haben sich ihre religiösen Riten, ihre Musik und Trance-Zeremonien (Leylas) erhalten, bei denen sie Verbindung mit den Geistern aufnehmen, um zu heilen.

MAWLEVI-TANZ – Tanzende Derwische (Konya/Türkei, Syrien). Sufis und Derwische sind Anhänger einer mystischen Strömung des Islam, leben asketisch und waren früher mit grob gewirkten, wollenen Gewändern bekleidet (Sufi = „Jemand, der Wolle trägt"). In ihrer mystischen Liebe zu Gott streben sie einen Zustand religiöser Verzückung an, losgelöst von Selbstsucht und der Welt, der durch langes Drehen auf einundderselben Stelle erreicht wird. Als Katalysator empfangen sie die göttliche Energie mit der rechten Hand, die zum Himmel weist und leiten sie mit der anderen zur Erde weiter. So stellen sie die Verbindung zwischen Kosmos und Erde her. Zu diesen rituellen Handlungen wird auf großen Rahmentrommeln (Daff) überwiegend Ayoub-Rhythmus gespielt. Ihr weißes Tanzkleid symbolisiert das Leichentuch des Ego, ihre hohe dunkle Mütze den Grabstein des Ego. Der Todestag ihres Ordensgründers Mawlana Dschelaluddin Rumi wird in Konya/Türkei jedes Jahr am 17. Dezember gefeiert.

TANURA (bedeutet Rock) – Ebenfalls eine Form des religiösen Drehtanzes der Sufis mit doppelten bunten Teller-Röcken, bei dem der oberste Rock durch die Schwungkraft des ständigen Drehens über den Kopf geführt und als Scheibe oder Ballon geformt wird, nebst anderen artistischen Darbietungen. Der Tanura-Tanz ist heute keine reine religiöse Zeremonie mehr, sondern wird in Ägypten und auf Showbühnen häufig als künstlerische Attraktion gezeigt (Mittwoch- und Samstagabend in Kairo auf der Zitadelle einstündige kostenlose Vorführung mit fantastischen Tänzern und Musikern – auf keinen Fall versäumen!).

DHIKR (ZIKR) – Religiöses Gebetsritual der Männer, bei dem die Oberkörper verneigt werden, in ständiger Wiederholung und Anrufung Allahs, siehe „Dhikr", Kap. 5.

Mawlevi-Derwisch, Aleppo/Syrien

Tanura, Bondok/Ägypten

„In Rumi verband sich der Intellekt eines Platon
mit der visionären seelischen Kraft eines Buddha
oder eines Christus und
der Wortgewalt eines Shakespeare"

Andrew Harvey: „Die Lehren des Rumi"

Mawlana Dschalaluddin Rumi
geb. 1207 in Persien, gest. 1273 in Konya

Er war der Begründer der Bruderschaft des Mawlewi-Ordens und berühmt für seinen Einsatz für Liebe und Toleranz. Der islamische Mystiker ist der bedeutendste Vertreter des Sufismus und Meister der Dichtkunst. Obwohl Moslem, zeigte Rumis Haltung durchaus geistige Parallelen zur christlichen Mystik des späten Mittelalters und zur Lehre von Meister Eckhart (um 1260). Musik und Tanz seien kein Teufelszeug, hielt Rumi den strengen Vertretern des orthodoxen Islams entgegen:

„Viele Wege gibt es, um Gott zu erreichen. Ich wählte Musik und Tanz als meinen Pfad. Tanz führt zu einer Ekstase, welche aus dem Verständnis der Menschheit resultiert. Ein Mensch kann den Status spiritueller Ekstase erreichen, in welcher er unter der Kontrolle der göttlichen Macht steht. Er wirbelt und tanzt unter einer Magie von mysteriösen engelsgleichen Mächten. Ein Mystiker wirbelt herum mit seiner eigenen Seele und der Seele des Geliebten (damit ist Gott gemeint). Wir müssen Gott zwischen seiner Schöpfung finden. Alle Religionen werden sich vermischen und wir werden eine Höhe erreichen, die jenseits menschlicher Auffassung ist."

Auszug aus Moynes „Fantasien über Rumi"

Fehlt dir der Fuss zur Reise
So wachle den Weg in dich selbst
Solch Reise verwandelt das Staubkorn
In goldene Herrlichkeit!

Rumi

DANKSAGUNG

 Meinen herzlichen Dank an meine Reisekameradinnen und all die wunderbaren Frauen, die mir so großzügig ihre Fotos zur Verfügung gestellt haben: Marga Leingartner, Karin Gottwald, Martha Raßhofer, Andrea Lange, Ingrid Wortmann-Wilk, Ilse Hieke, Erika Wensauer, Martina Himmelreich, Renate Grube, Charlotte Brückner, Andrea Mügge.
Dank den abgebildeten Tanz-Kolleginnen und –Kollegen (Foto M. Kaiblinger-Ickert: Claudia Reiter, Havva/Hagalla: Daniela Incoronato), ganz besonders Havva für ihre kollegiale Hilfsbereitschaft.

Herzlichen Dank an Nadja und Hans Dettweiler für die Fotos aus ihrem Sahara-Zyklus /Picasaweb, dem FVA Tunesien in Frankfurt, der Edivision Marokko/A. Tahir, Britta Hüsson/Hotel Gezira Luxor und Hans-Peter Hucke.

Dank meiner Lektorin Elvira Biebel-Neu für ihren klaren Blick und ihre herzerfrischenden Kommentare während des Lesens.

Dank auch für das Layout von Markus Dahlenburg, der von Anfang an von dem Projekt überzeugt war.

Dank an Soumia, meine Arabisch-Lehrerin

„Chalina abda" *„Lass uns anfangen"* sagte Soumia nach dem zweiten Kaffee und patschte resolut mit beiden Händen auf ihren Küchentisch. „Bismillah" *In Gottes Namen"* willigte ich ein, während die quirlige Marokkanerin schon mit flinken Händen aus Hackfleischteig kleine Bällchen formte. Der Unterricht begann. Ein Schulbuch war nicht vorgesehen und ordentliches, didaktisch aufbereitetes Lehren hätte ich mir nicht gefallen lassen.

„Eh fi al maqla warra a-tabak?" *„Was ist in der Pfanne hinter der Schüssel?"* Wir redeten – ich fragte, sie antwortete und umgekehrt. Ich schrieb in mein Heft, sie zog mir mit mehlverschmierter Hand den Stift durch die Finger und korrigierte: „La, kedda sah" *„Nein, so ist es richtig"* und hielt mir kurz darauf einen Löffel an die Lippen: „uscharrib!" *„probier mal!"* Auge in Auge, beinahe Schlund an Schlund, übten wir, über den Tisch gebeugt, die speziellen Reibe-, Krächz- und Verschlucklaute. Was haben wir dabei gelacht! Und welch köstliche Szene, wenn Du mit dem Kochlöffel in der Hand „hassan schiddan, hassan schiddan" *„sehr gut, sehr gut"* jubelnd um den Herd tanztest, nur weil das blinde Huhn mal wieder ein Korn gefunden hatte aus dem Acker, den Du sorgsam vorbereitet hattest.

Soumia, ya habibti! Mit Geduld und Wohlwollen hast Du mich behandelt, mit Lob hast Du mich aufgebaut und mit Dank überschütte ich Dich jetzt: „Ighsili yadek wa nadifi hathihi taola, qabl ma taqta'i l'chodar, läkin faughan min fadlik!" *„Wasch dir deine Hände und mach diesen Tisch sauber, bevor du das Gemüse schneidest, aber sofort bitte!"*

„Inti lu'lu'a!" „Du bist eine Perle!"

Soumia Obst
1968 geboren in Rabatt/Marokko
Deutschstudium Universität f. Literatur, Rabatt
1987 Heirat mit einem Deutschen
Lebt mit ihrem Mann und drei Kindern in Rosenheim
Arbeitet als Übersetzerin und Dozentin
für Arabisch an der VHS

BEGRIFFE DER ANMERKUNGEN

Al Tarab	Seite 252	Karnak	Seite 136
Allahu akbar	Seite 64	Khol	Seite 41
Amber	Seite 42	Koran	Seite 27
Anubis	Seite 215	Marabout	Seite 228
Baraka	Seite 96	Medina	Seite 64
Berber	Seite 148	Minarett	Seite 65
Chamsin	Seite 240	Misma	Seite 252
Chech	Seite 136	Moussem	Seite 228
Darabuka	Seite 214	Muezzin	Seite 42
Deir el Bahri	Seite 214	Oud	Seite 76
Derwisch	Seite 27	Pylon	Seite 135
Dschellaba	Seite 42	Rabab	Seite 251
Dschinn	Seite 13	Rahmentrommel/Bendir	Seite 149
Falafel	Seite 28	Raqs Sharqi	Seite 200
Fantasia	Seite 149	Ras al Hanut	Seite 96
Ful	Seite 42	Riad	Seite 148
Galabiya	Seite 64	Saidi	Seite 252
Gandura	Seite 109	Schischa	Seite 42
Ghassala	Seite 162	Sure	Seite 27
Guedra	Seite 27	Tahina	Seite 110
Habibi	Seite 76	Tarija	Seite 149
Haik	Seite 27	Timbuktu	Seite 27
Hammam	Seite 28	Tuareg, Targi/Targia	Seite 109
Hatschepsut	Seite 215	Wadi	Seite 13
Henna	Seite 162	Westbank	Seite 188
Henna-Abend	Seite 267	Zagarit	Seite 149
Isis	Seite 136		
Kaftan	Seite 65		

DIE AUTORIN

Hildegard Weiss, 1943 geboren (1964 Heirat und Geburt einer Tochter, 1967 Scheidung), begann bereits als junge Frau, neben ihrem Beruf als Lehrerin, die nordafrikanischen Länder zu bereisen. 1974 durchquerte sie zum ersten Mal die Sahara mit einer „Ente" 2CV.

Wenig später gab sie ihre feste Anstellung auf und gründete in Rosenheim zuerst ein Pub und dann eine Galerie für moderne Kunst. Gleichzeitig beschäftigte sie sich intensiv mit arabischer Musik und orientalischen Tänzen. Zahlreiche Reisen führten sie für ihre tänzerische Fortbildung nach Ägypten. Als in Deutschland das „Bauchtanzfieber" ausbrach, eröffnete sie 1986 ihr „Studio für orientalischen Tanz" in Rosenheim. Es folgten viele große Bühnen-Shows und Tanzprojekte.

Im Jahre 2000 Bau und Eröffnung eines Seminarhauses in Ungarn für Dozenten aus den Bereichen Tanz, Theater, Musik, Malerei, Gesundheitswesen, Management.
www.seminarhaus-himmelreich.com

Seit 1994 organisiert die Autorin regelmäßig Frauenreisen in arabische Länder (Kultur- und Wanderreisen, Trekkingtouren mit Kamel und Jeep, Feluka-Segeln auf dem Nil, Folklore-Festivals, Tanzreisen).

Studio für orientalischen Tanz
Hildegard Weiss
Brünnsteinstr. 1
D-83026 Rosenheim
Tel./Fax 0049(0)8031/45513
www.hamra-rosenheim.com
info@hamra-rosenheim.com

Video-Produktionen/Show-Aufzeichnungen: „Von Andalusien zum Nil", „Oasen, Wüste und Paläste", „Tanzende Frauen und andere Engel". Bestellung und Versand: info@hamra-rosenheim.com

Hildegard Weiss

Basar-Arabisch

Umgangssprache in 20 Lektionen

Beiheft zum Buch

Basare, Sand und Kardamom

Die Autorin

Hildegard Weiss, 1943 geboren (1964 Heirat und Geburt einer Tochter, 1967 Scheidung), begann bereits als junge Frau, neben ihrem Beruf als Lehrerin, die nordafrikanischen Länder zu bereisen. 1974 durchquerte sie zum ersten Mal die Sahara mit einer „Ente" 2CV.

Wenig später gab sie ihre feste Anstellung auf und gründete in Rosenheim zuerst ein Pub und dann eine Galerie für moderne Kunst. Gleichzeitig beschäftigte sie sich intensiv mit arabischer Musik und orientalischen Tänzen. Zahlreiche Reisen führten sie für ihre tänzerische Fortbildung nach Ägypten. Als in Deutschland das „Bauchtanzfieber" ausbrach, eröffnete sie 1986 ihr „Studio für orientalischen Tanz" in Rosenheim. Es folgten viele große Bühnen-Shows und Tanzprojekte.

Im Jahre 2000 Bau und Eröffnung eines Seminarhauses in Ungarn für Dozenten aus den Bereichen Tanz, Theater, Musik, Malerei, Gesundheitswesen, Management. www.seminarhaus-himmelreich.com

Seit 1994 organisiert die Autorin regelmäßig Frauenreisen in arabische Länder (Kultur- und Wanderreisen, Trekkingtouren mit Kamel und Jeep, Feluka-Segeln auf dem Nil, Folklore-Festivals, Tanzreisen).

Studio für Orientalischen Tanz
Hildegard Weiss
Brünnsteinstr. 1
D – 83026 Rosenheim
Tel./Fax 0049(0)8031/45513
www.hamra-rosenheim.com
info@hamra-rosenheim.com

© Hildegard Weiss – Alle Rechte vorbehalten. • Lektorat: Soumia Obst

AUSSPRACHE und LAUTSCHRIFT

Unterstreichung: Betonung liegt auf dem jeweiligen Buchstaben: marha̱ba

th / *th*aman *Preis* wie englisch gesprochenes „th" in this, wird jedoch im Alltag eher wie „d" gesprochen

gh / *gh*urfa Zimmer (*gh*ain), wie französisches „r" hinten im Rachen gegurgelt, nicht rollend

a / *a*indi *ich habe* (*a*in), schräg gestelltes „a" bedeutet einen stimmhaften Reibelaut, tief hinten im Rachen gepresst, ähnlich wie in „*ar*abisch" - im Unterschied zum „Apfel-a"

q (qaf), krächz-k gepresster, am hinteren Gaumen rau-gegurgelter stimmloser Krächzlaut: qalb قَـلْـب = *Hund* : kalb كَـلْـب = *Herz*

ra's *Kopf* leichter Stimm-Absatz/Stimmverschluss in der Kehle

schäy' *Sache* leichter Stimmverschluß am Ende des Wortes

**Zwei Vokale
nebeneinander:** jeder muss für sich ausgesprochen werden: wie be-antworten

a-raqs das „l" des Artikels „al" wird wegen des Sprachflusses weggelassen

Korrekterweise müsste hier auf alle Laute des arabischen Alphabets eingegangen werden: stimmlose, stimmhafte, gehauchte, dumpfe, emphatisch gesprochene u.a.. Trotzdem: man wird Ihr „BASAR-ARABISCH" verstehen. Hören Sie auf die Musik der Sprache in den Gassen und mischen Sie fröhlich mit im großen Welttheater der babylonischen Sprachverwirrung.

„Hadd said!" *„Viel Glück!"*

3

1. Grundausstattung

na*a*m (ägypt. **aiwa**)
ja

la
nein / kein

min fa<u>d</u>lik
bitte (wenn man um etwas bittet)
Aussprache: auch **min fadlek möglich, oder mittendrin genuschelt oder total verschluckt**

schu<u>k</u>ran
danke

Antwort: **<u>a</u>fuan**
nichts zu danken / bitte

assal<u>ä</u>m alaikum
der Friede mit euch
Guten Tag / Grüß Gott

Antwort: **wa alaikum assal<u>ä</u>m**
und mit euch der Friede

marha<u>b</u>a
Willkommen

saba<u>h</u> al ch<u>e</u>r
Morgen der Güte
Guten Morgen

Antwort: **saba<u>h</u>   a-nur**
Morgen   des Lichts
Guten Morgen (ebenfalls)

ma*a* saläma
mit   Frieden
Auf Wiedersehen

massa l-ch<u>e</u>r
Guten   Abend

tisba<u>h</u> ala ch<u>e</u>r
Gute Nacht

leyla saida
Nacht glücklich
Schlaf gut

1 **w<u>ä</u>hid**	١
2 **itn<u>ä</u>n**	٢
3 **tal<u>a</u>ta**	٣
4 **arba*a***	٤
5 **chamsa**	٥
6 **sitta**	٦
7 **saba*a***	٧
8 **taman<u>i</u>ya**	٨
9 **tisa*a***	٩
10 *a*schara	١٠

2. Höflichkeiten

ahlan   wa sahlan   Antwort: **ahlan bik**
willkommen und willkommen   *willkommen mit dir*
Herzlich willkommen   ebenfalls willkommen

kif halek ?   Antwort: **al hamdulillah**
wie Befinden dein?   *das Lob für den Herrn / Gott sei Dank*
Wie geht es Dir?   danke gut

masmuk?
was Name dein
Wie heißt du? (es gibt keine „Sie"-Form)

ismi   Maria,   ana Maria wa anti?/f   wa anta?/m
Name mein Maria,   ich   Maria   und du   und du
ich heiße Maria, ich bin Maria

bi saha (zu einer Person)   **bi sahatikum** (zu mehreren)
mit Gesundheit, auf dein Wohl beim Trinken, Essen, Niesen usw.

ana asif (sagt ein Mann) **ana asifa** (sagt eine Frau) **musch muschkilla**
ich bedaure   *kein   Problem*
Entschuldigung / es tut mir leid   macht nichts

kullu tamam   Ägypten: **mäschi**   Marokko: **wacha**
alles   gut   o.k.   o.k.
in Ordnung / o.k.

hassan schiddan   oder: **mumtäs**
gut   sehr   *sehr gut / super*
sehr gut

schuweya   **bi schuweya**
etwas, ein wenig, ein bisschen   immer mit der Ruhe
Allround-Ausdruck für: leise, langsam, zurücknehmen

anti tätäkalemi arabi   kwayes/f   la,   bass schuweya
du   sprichst   arabisch gut   nein, nur   wenig
du sprichst gut Arabisch

3. Hotel

fih   funduq huna?
gibt es   Hotel   hier
Gibt es hier ein Hotel?

na_a_m fih   hunak musch _gh_ali,   l_ä_kin nadif wa kwayes
ja   es gibt dort   nicht   teuer   aber   sauber und gut
Ja dort ist eines – nicht teuer, aber sauber und gut
Aussprache *a* in na_a_m = ähnlich wie 1. Buchstabe von „arabisch"

ayna   al   funduk AIDA min fadlik?
wo   das Hotel   AIDA bitte?
Wo ist das Hotel AIDA bitte

urid   _gh_urfa li   schachs w_ä_hid li   layla w_ä_hida
ich möchte Zimmer für Person   eine   für Nacht eine
Ich möchte ein Einzelzimmer für eine Nacht
Aussprache: „_gh_"= wie französisches „r" im Rachen, nicht rollend

nurid   _gh_urfa li   schachsayn li   usbu_a_
wir möchten Zimmer   für 2 Personen   für Woche
Wir möchten ein Doppelzimmer für eine Woche

mumkin bi hammam wa mirh_a_d / toalet ?
möglich   mit Bad   und Toilette?

kam   _th_am_an_ bi futur   li schachs?
wieviel Preis   mit Frühstück für Person?
Wieviel kostet das Zimmer mit Frühstück pro Person
Aussprache th in thaman wie engl. „th": „this"

mumkin aschuf al _gh_urfa?
möglich   ich sehe das Zimmer
Kann ich das Zimmer sehen?

ayna mumkin u_ß_arrif   felus?
Wo   möglich   ich wechsle Geld
Wo kann ich Geld wechseln?

4. Basar

taale wa schuf/m   schufi/f huna kullu rachis
komm und schau!   hier   alles   billig
Komm und schau! Hier ist alles billig

la   schukran la   urid   aschteri schäy'   äg. haga = Sache
nein danke   nicht ich möchte kaufen   Sache/etwas
Nein danke, ich möchte nichts kaufen
Aussprache schäy' am Schluß mit Stimmverschluß, leichten Rachenrülpserer

ana asifa,   alyum urid   bass aschuf
ich   bedaure, heute   ich möchte nur   schauen
Es tut mir leid, heute möchte ich nur schauen

kam   thaman hatha? oder auch: **kam**   oder: **bi kam**
wie/wieviel Preis   dieses   wieviel   mit wieviel
Wieviel kostet das?

ana musch fahimt,   uktub athaman min fadlik
ich   nicht   verstanden, schreib den Preis   bitte
Ich habe nicht verstanden, schreib den Preis bitte auf

Antwort auf den Preis in jedem Fall:
ya saläm!   wallah wallah   wallahi   ya rabb
Ja du lieber Himmel! Oh Gott oh Gott!   Oh mein Gott!   Oh Herr!

hatha ghali dschiddan, musch aindi   felus ketir
dies   teuer sehr   nicht   ich habe Geld   viel
Das ist zu teuer, ich habe nicht so viel Geld

ana musch adfa aktar
ich   nicht   zahle mehr
Ich bezahle nicht mehr

mäschi, bismillah
gut, o.k. in Gottes Namen (ich nehme es)

5. Cafe

ha*th*a kursi fadi?
dieser Stuhl frei?
Ist dieser Stuhl frei?

ya ssayyidi oder: **ya achi** oder: **ya wallad** (muss aber sehr jung sein)
oh mein Herr *mein Bruder* *hallo Junge*
hallo Herr Ober

ma*th*a turidi (turid/m) **ma taschrab** (taschrabi/f) (ma = Umgangsspr. für ma*th*a)
Was *willst du/f* *was trinkst du?/m*

qahua bi schuweya sukkar wa li schaay bi na'na
Kaffee mit wenig Zucker und für mich Tee Pfefferminz
Einen Kaffee mit wenig Zucker und für mich einen Pfefferminztee

al qahua bi halib au qahwa suda?
Der Kaffee mit Milch oder Kaffee schwarz

nurid talata asir burtuqal läkin bidun *th*elsch
Wir möchten drei Orangensaft aber ohne Eis

ahder sudschadscha maya maadinia läkin maqfula
bring Flasche Wasser Mineral aber geschlossen
Bring eine Flasche Mineral-Wasser, aber geschlossen

min fadlik schischa lana
bitte Wasserpfeife für uns
Bitte eine Wasserpfeife für uns

urid adfa min fadlik – kam?
Ich möchte zahlen bitte wieviel macht es?

schukran al baqi lak
danke der Rest für dich
Danke, der Rest ist für dich – stimmt so.

6. Restaurant

fih   mat'am basit wa qarib?
gibt es Restaurant einfach und nah?
Gibt es in der Nähe ein einfaches Restaurant?

nahtadsch   taola kabira lana
wir brauchen Tisch   groß   für uns
Wir brauchen einen großen Tisch für uns

nurid   naaqul schäy', matha aindakum?   äg.: eh aindakum?
Wir möchten essen   etwas,   was   habt ihr?   was habt ihr?

ana urid   samäk maschwi
ich möchte Fisch   gegrillt
Ich möchte gegrillten Fisch

hua yurid lahm charuf bi rus
er   möchte Fleisch Hammel mit Reis
Er möchte Hammelfleisch mit Reis

hia turid   bass chodar bidun lahm
Sie   möchte nur   Gemüse ohne   Fleisch

mumkin an tuhder   schuweya chobs?
möglich   dass du bringst etwas   Brot
Kannst du etwas Brot bringen?

schukran, al   akl   kän kwayes wa ledid
danke   das Essen war gut   und schmackhaft
Danke, das Essen war gut und wohlschmeckend

al hißab   min fadlik
Die Rechnung bitte

7. Speisekarte

schorba	Suppe
lahm baqar	Rindfleisch
bi tamatim wa *thum*	mit Tomaten und Knoblauch
dadschadsch bi ßalata	Huhn mit Salat
	(Salat als Tourist besser nicht essen)
eßkalop bi batata	Schnitzel mit Kartoffeln
wa baßal	und Zwiebeln
kibda maschwi	Leber gegrillt
maschwi	Grillfleisch vom Spieß/Lamm oder Hammel
tajin	Gemüse und Fleischstücke gedünstet im Spitztopf aus Ton/Marokko

matbuch/gekocht, **maschwi**/gegrillt, **makli**/gebraten in der Pfanne, **mohammar**/im Ofen gebacken

melh wa filfil = Salz + Pfeffer, **chall wa sait** = Essig + Öl, **laimun** = Zitrone, **harissa** = scharfe Paste

fih   helwa au   fäkiha tariya?
gibt es Süßes   oder Obst   frisch
Habt ihr süßen Nachtisch oder frisches Obst?

schahiya tayyiba oder: **bil hana wa schiffa** oft auch: **bismillah**
Appetit   gut   *mit Ruhe und Gesundheit*   *im Namen Gottes*
Guten Appetit   wohl bekomm's   Guten Appetit

bi saha/zu einer Person **bi sahatikum**/zu mehreren Personen
Gesundheit **(Guten Appetit, Prost, beim Niesen)**

8. Unterwegs

aina mahattat al qitar / maukif utobis (**Umgangsspr.: wo = fin** aus fi + aina)
wo   Bahnhof   Haltestelle Bus
Wo ist der Bahnhof (Eisenbahn) / die Bus-Haltestelle?

hatha al qitar / al utobis ila Luxor?   (**äg. nach = lil**)
dies   der Zug   der Bus   nach Luxor
Ist dies der Zug nach Luxor?

matta yaruh utobis al kaadim ila   Qahira? (**äg. wann = imta**)
wann   fährt   Bus   der nächste   nach Kairo
Wann fährt der nächste Bus nach Kairo?

urid   tadkera li   Luxor
Ich möchte eine Fahrkarte nach Luxor

ay   raqm   utobis yaruh lil medina?
welche Nummer Bus   fährt   nach Medina
Welche Bus-Nummer fährt in die Medina/Altstadt?

fi ay   mahatta ana läsim ughayyer / ansil?
in welcher Station   ich muß   umsteigen / aussteigen
In welcher Station muß ich umsteigen / aussteigen?

ilal matar   / ila mahattat al qitar / ila l-funduk AIDA
zum Flughafen / zum Bahnhof   / zum Hotel   AIDA

qif hunak min fadlik   (**äg.: halt, stopp = if**)
halt dort   bitte
Halten Sie dort bitte an

mumkin inta tastanna huna, ardscha   qarib
*möglich   du/**m** wartest   hier   ich komme zurück bald / nah*
Kannst du hier warten, ich komme bald zurück

yalla – bisuraa min fadlik läsim   nassel   bithabt
los   schnell   bitte   müssen wir ankommen pünktlich
Los, schnell bitte, wir müssen pünktlich ankommen

9. Verteidigung

schukran la   nahtadsch musaada / murafek
danke   nicht wir brauchen Hilfe   /Führer/Begleiter
Danke wir brauchen keine Hilfe / Begleiter

ana arif atariiq / hatha l-makän
ich   kenne den Weg /. diesen Platz
Ich kenne den Weg, diesen Ort – ich kenne mich hier aus

urid   aruh li wahdi
ich möchte gehen alleine
Ich möchte alleine gehen

imschi min fadlik inta tusaidsch
geh   bitte   du   störst
Geh bitte, du störst

challas!   utrukni! imschi!!
aus! Schluß! Lass mich! Geh, hau ab, verschwinde!
(mit entsprechend energischem Tonfall)

chalini bi rahti   au   ana uhder bulis/schorta
Laß mir meine Ruhe oder ich   hole   die Polizei

eh hatha? inta maschnun (ägypt. **Aussprache = magnun**)
was das?   du   verrückt / **m**
Was soll das? Spinnst Du, bist du verrückt?

musaada!
Hilfe! **(nur in äußerster Not rufen)**

aib!
Schande! Schäm dich! Unverschämt! **(sagt man zum Täter bei schwerem Verstoß gegen Anstand und Sitte)** Ein laut gerufenes „aib" ist die Aufforderung, sich anständig zu benehmen. Die Passanten werden reagieren und Ihnen beistehen. Niemals aus Spaß sagen – Ehrverletzung!

haraam = Sünde / grober Verstoß nach Bibel, Koran und Gesetzgebung.
„hatha haraam" = „Das ist Unrecht" / „So etwas macht man nicht."

harami = Betrüger / Schwindler / Dieb
Alarm in äußerster Not. Dieses Wort laut rufen aber nur bei Überfall und tatsächlichen Angriffen. Die Passanten werden Ihnen sofort beistehen und sich um den Täter kümmern. Niemals aus Spaß rufen – große Ehrverletzung!

12

10. Die Zahlen

1 wä<u>h</u>id	11 a<u>h</u>dasch
2 itn<u>ä</u>n	12 itnasch
3 ta<u>l</u>ata	13 talatasch
4 arba*a*	14 arba*a*tasch
5 chamsa	15 chamastasch
6 sitta	16 sittasch
7 saba*a*	17 saba*a*tasch
8 taman<u>i</u>ya	18 tamantasch
9 tisa*a*	19 tisa*a*tasch
10 *a*schra	20 ischrin

Jetzt geht es weiter genau wie im Deutschen:

	1	+	20		
	ein	und	zwanzig		
21	wähid	wa	ischrin	30	talatin
22	itnän	wa	ischrin	40	arb*a*in
23	talata	wa	ischrin	50	chamsin
24	arba*a*	wa	ischrin	60	sittin
25	chamsa	wa	ischrin	80	tamanin
26	sitta	wa	ischrin	70	sab*a*in
27	saba*a*	wa	ischrin	90	tis*a*in
28	tamaniya	wa	ischrin	100	mia
29	tisa*a*	wa	ischrin	1000	älf

(**älf layla wa layl** = 1001 Nacht)

DIE ARABISCHEN ZAHLEN WERDEN VON LINKS NACH RECHTS GESCHRIEBEN WIE BEI UNS

٦٢ =	62	itnän wa sittin	*zwei und sechzig*
٨٧ =	87	saba*a* wa tamanin	*sieben und achzig*
٤٥ =	45	chamsa wa arbain	*fünf und vierzig*
١٩٣ =	193	mia wa talata wa tisain	*hundert und drei und neunzig*

13

11. Uhrzeit

kam   saa?
wieviel Stunde
Wieviel Uhr ist es?

saa l'wähida	ein Uhr	**saa sabaa**	sieben Uhr
saa itnän	zwei Uhr	**saa thamaniya**	acht Uhr
saa talata	drei Uhr	**saa tisaa**	neun Uhr
saa arbaa	vier Uhr	**saa aschra**	zehn Uhr
saa chamsa	fünf Uhr	**saa ahdasch**	elf Uhr
saa sitta	sechs Uhr	**dohr**	12 Uhr Mittag
		nus al layl	12 Uhr nachts

ab zwei Uhr darf man in der Umgangssprache die Zahlen in der Grundform benennen

aschra qabl talata
zehn   vor   drei

ruba qabl arbaa
Viertel vor   vier

sitta wa chamsa
sechs und fünf
fünf Minuten nach sechs

al-an saa   sabaa wa ruba   / tamaniya wa nus
jetzt   Stunde sieben und Viertel   / acht   und halb
7.15 Uhr oder 19.15 Uhr   8.30 Uhr oder 20.30 Uhr

aschufek   bukra fi tisaa fi sabah / fil massa
ich sehe dich morgen um neun   am Morgen / am Abend
Wir treffen uns morgen um neun Uhr früh / abends

istanna huna chams daqa'iq
Warte   hier   fünf   Minuten!

lahda   – daqiiqa wähida   **Tunesien: barscha** = Augenblick / gleich
Augenblick – Minute   eine

12. Verabredung

urid   adauak   lil aascha   maa usrati
Ich möchte dich einladen zum Abendessen mit meiner Familie

tahdor   li   siyarati?   siyara = Besuch
Kommst du mich besuchen?

bi   kulli surur – wa matta?
Mit viel   Vergnügen und wann?

mumkin alyum adohr lil akl?
möglich   heute   Mittag zum Essen
Geht es heute Mittag zum Essen?

la   alyum musch aindi   waqt läkin bukran fil massa
nein heute   nicht   ich habe Zeit   aber   morgen   am Abend
Nein, heute habe ich keine Zeit, aber morgen Abend

hatha al mauid tamam   lak?
dieser Termin   in Ordnung für dich?

taba'an ana massrura/f ketir   massrur/m
Natürlich ich   freue mich   sehr

altaqik   huna fi hatha l-makän
Ich treffe dich hier   an diesem Platz

mumtäs   aschufek   qarib
wunderbar ich sehe dich bald

illa liqa'
bis   zum Treffen
bis bald

15

13 Besuch

marhaba   tafadalli / f   tafadal/m
willkommen bitte reinkommen / hinsetzen / zugreifen
willkommen bitte sehr (einladend)

ana masrura bi   siaratek
ich   erfreut   über deinen Besuch
Ich freue mich über deinen Besuch

ana mabsuta   aydan   äg.: auch = kamän „ana bahibek kamän"
ich   froh / zufrieden auch   **(Umm Kalthum)** *ich liebe dich auch*
Ich freue mich auch

ana asifa   ana muta'achira
ich   bedaure ich   verspätet
Es tut mir leid, ich habe mich verspätet

idschliss! wa chud rahtek/m   chudi rahtik/w   chudu rahitkum/pl
setz dich!   und nimm deine Ruhe
Setz dich und mach es dir bequem

turidi   taschrabi schäy'? (schäy' **kurz sprechen**)
Möchtest du trinken   etwas (**zu Frau**)

turid   taschrab schaay?   (schaay **langes a sprechen**)
möchtest du trinken   Tee (**zu Mann**)

ana musch schauana läkin adschana
ich   nicht   hungrig   aber   durstig
Ich bin nicht hungrig, aber durstig

itfadali! (**zu Frau**) **itfadal!** (**zu Mann**)
bitte (**wenn man etwas anbietet**)

16

14. Konversation

min aina (äg.:minnin) anta/m anti/f
von wo du?
Woher kommst du?

ana mutasauidscha wa askun maa usrati fi Munich
ich verheiratet und wohne mit meiner Familie in München
Ich bin verheiratet und wohne mit meiner Familie in München

saudschi mudariss wa ana taliba / sikritira / rabbat bayt
mein Mann Lehrer und ich Studentin / Sekretärin / Hausfrau
Mein Mann ist Lehrer und ich bin Studentin usw.

sauschati musch aindaha waqt – chusara schauschi aindahu
meine Frau nicht sie hat Zeit schade **mein Mann er hat**
Meine Frau hat keine Zeit, das ist schade

aindi walad wa bint
ich habe Jungen und Mädchen
Ich habe einen Jungen und ein Mädchen

wa anti aindek aulad?
Und du hast du Kinder?

ana awarriik sura min usrati
Ich zeige dir Bild von meiner Familie

musch aindi otla kabira, bass usbua wähid
nicht ich habe Ferien viel nur Woche eine
Ich habe keine langen Ferien, nur eine Woche

mumkin tirsili li rissala min almania ?
möglich du schickst mir Brief von Deutschland
Würdest du mir einen Brief schicken aus Deutschland?

tabaan bi ta'kid
Natürlich ganz bestimmt mit Sicherheit

ana aktub unuäni
Ich schreibe meine Adresse

15. Veranstaltungen

al mathaf bukra maftuh?   **au   maqful?**
das Museum morgen geöffnet   *oder geschlossen?*
Ist das Museum morgen geöffnet

matta rahat adohr?
wann   Pause Mittag
Wann ist die Mittagspause?

fih   al yum sahrat raqs sharqi   au   raqs folklor?
gibt es heute   Show   Tanz des Ostens oder Tanz Folklore?
Gibt es heute Abend eine Show/Vorstellung mit Bauchtanz oder Folklore?

ma'sm   a-raaqissa elli tarqus alyum?
wie Name die Tänzerin die   tanzt   heute
Wie heißt die Tänzerin, die heute tanzt?

kam   saa   tabda a-sahra /hafla wa matta a-nihaya?
welche Stunde beginnt die Show / Fest   und wann   das Ende
Um wie viel Uhr beginnt die Show und wann ist sie zu Ende?

kam   thaman tadkira bass bi maschrubat bidun akl?
wieviel Preis   Eintritt   nur   mit Getränken   ohne   Essen
Wieviel kostet der Eintritt nur mit Getränken ohne Essen?

fih   maschrubat fi hatha thaman
gibt es Getränke   in diesem Preis
Sind Getränke in diesem Preis enthalten?

wa kam   thaman kul   maschrub achar?
und wieviel Preis   jedes Getränk   anderes
Und wie viel kostet jedes weitere Getränk?

urid   ahschiß   taola li aschra aschchaas   **(schachs = 1 Person)**
ich möchte reservieren Tisch für zehn   Personen
Ich möchte einen Tisch reservieren für zehn Personen.

schukran, ahdor   maa maschmuati alyum fil massa
Danke,   ich komme mit   meiner Gruppe heute   am Abend

16. Weg / Verlaufen

ay   scharia yar<u>uh</u> ila Medersa?
welche Straße geht   zur Medersa
Welche Straße geht/führt zur Medersa?

kif aruh   ila Meydan el Hussein?
Wie gehe ich zum Medan el Hussein **(Platz el Hussein)**

ana la   *a*rif atariiq bi<u>th</u>abt
ich   nicht weiß den Weg genau
Ich kenne den Weg nicht genau

alatul   wa ba*a*d aljamin / aljass<u>aar</u>
geradeaus und dann   rechts   / links

Mumkin aru<u>h</u>   kul atar<u>ii</u>k bil qadamein
möglich   ich gehe all   den Weg zu   zwei Beinen
Kann ich den ganzen Weg zu Fuß gehen?

a<u>h</u>san <u>a</u>chud   taxi?
besser ich nehme Taxi
Ist es besser, ich nehme ein Taxi?

atariiq qarib au   baid?   (*Lied von Umm Kalthum* „baid anak ...", „*weit von dir*")
der Weg nah   oder weit
Ist der Weg nah oder weit?

kam   waqt bil qadamein?
wieviel Zeit   zu   zwei Füßen
Wie lange zu Fuß?

warrini asch<u>a</u>ria ila Medersa min fadlik
Zeig mir die Straße zur Medersa   bitte

mumkin turafekna   / turafekini/f/turafekni/m
möglich   du begleitest uns / du begleitest mich?
Kannst du uns begleiten / mich begleiten?

17. Vergessen/Verloren/Gestohlen

mumkin tusaidni   min fadlik?
können   Sie helfen mir bitte
Können Sie mir bitte helfen?

ana nassit   schantati   fi taxi/fi mat'am
ich   vergessen meine Tasche im Taxi/im Restaurant
Ich habe meine Tasche im Taxi/Restaurant vergessen

ana dayat miftahi   /filusi   /mahfasa
ich verloren meinenSchlüssel/mein Geld/Brieftasche
Ich habe meinen Schlüssel/Geld/Brieftasche verloren

ana uffätisch ala   halaka dahab
ich   suche   nach Ohrring gold
Ich suche einen goldenen Ohrring

mumkin tufätisch maai?
können   suchen   mit mir
Können Sie mir suchen helfen?

hua dayat   naddarat schams
er   verloren Brille   Sonne
Er hat die Sonnenbrille vorloren

hia dayat   schauäs asaffar
sie   verloren Paß
Sie hat ihren Paß verloren

schantati /hakibati   masruka (schanta = Tasche, hakiba = Koffer)
meine Tasche/mein Koffer gestohlen
Meine Tasche/mein Koffer wurde gestohlen

kallim min fadlek a-schorta   (oder: bulis)
Ruf   bitte   die Polizei

fin maktab a-schorta / oder auch: **al bulis?** (fi aina = fin : wo)
Wo Büro   der Polizei?
Wo ist das Polizeibüro?

fin asefara l-almania
Wo ist die Deutsche Botschaft

18. Reparaturen

fih   muschkilla bil   bab
Es gibt Probleme   mit der Tür

musch mumkin aqfil   babi
nicht   möglich   ich schließe meine Tür
Ich kann meine Tür nicht schließen

musch mumkin aftah   a'schubbäk
nicht   möglich   ich öffne das Fenster
Ich kann das Fenster nicht öffnen

mafih   maya sochn fi hammami
es gibt nicht Wasser warm   in meinem Bad
Es gibt kein warmes Wasser in meinem Bad

mafih   nur fi *gh*urfati   raqm mia wa hamsa
Es gibt kein Licht in meinem Zimmer Nummer 105

al musachan / al mukeyef   musch yemschi
die Heizung   / die Klimaanlage nicht geht

Mumkin tusallih ha*th*a?
Können Sie das reparieren

bärid schiddan fil *gh*urfa
kalt   sehr   im Zimmer
Es ist sehr kalt im Zimmer

asayara   chaasira
Das Auto ist kaputt/defekt

al *a*dschala mukassara/f maksur/m
Der Reifen ist kaputt / in Fetzen entzwei, zerrissen, zerbrochen

fin aqrab garasch li taslih
Wo nächste Werkstatt für Reparatur

19. Arzt/Unfall/Krankheit

ana /hua/ hia / sadiiqati   marida   (hua marid)
ich /er /sie/ meine Freundin krank   er krank
Ich / er / sie / meine Freundin ist krank

ahtasch   musaada / tabib / tabib al asnan daruri
ich brauche Hilfe   /Arzt   /Zahnarzt   dringend

batni,   ra'si / qadami yuschani
mein Bauch Kopf/ Fuß   tut mir weh

aindi   älem   huna
ich habe Schmerz hier

sauschi   hua mashul
mein Mann er   Durchfall
Mein Mann hat Durchfall

hia maschruha, bsura ilal mustaschfa
sie verletzt,   schnell zum Krankenhaus
Sie ist verletzt, schnell zum Krankenhaus

kallim sayarat al isaaf bsura
ruf   Rettungswagen   schnell
rufen Sie schnell einen Rettungswagen

intabih, hia   hamila
Vorsicht, sie ist schwanger

matha hassal?   äg.:eh hassal?
Was ist passiert?

aina aqrab ßaidaliyya
wo   nächste Apotheke
Wo ist die nächste Apotheke?

20. Redewendungen

ya ruhi ya nur ayni
oh meine Seele, oh Licht meines Auges
Sagt man zum liebevollen Beschwichtigen zu jemandem, den man gut kennt

yadchul alik bi saha
hereinkommen für dich Gesundheit
Es soll dir Glück bringen – **sagt man z.B. wenn jemand ein neues Kleid gekauft hat**

Allah yarhamek / yarhamha / yarhamhu /
Gott segne dich   segne sie   segne ihn
yarhamna / yarhamkum / yarhamhum
 segne uns   segne euch   segne sie
– im Sinne von danke

Allah yarham yadik
Gott segne Deine Hand **(als Dank, wenn jemand etwas gut gemacht hat, gutes Essen gekocht, das Auto repariert usw. sagt vielleicht auch der Bettler als Dank für Almosen)**

schukran, baraka allahu fik **(Maghreb)**
Danke, der Segen Allahs über dich – **als Dankeschön, passt immer**

Allah yesallimak = **passende Antwort auf „maa salama" beim Abschied)**
Gott segne dich / Gott möge dich unversehrt erhalten

Allah   maana   Allah karim! **– erleichtert, zufrieden, auch zum trösten**
Ach geht's uns gut!   Gott ist großzügig

ala ayni wa ala ra'si   ala ayni wa ruhi
vom Auge und vom Kopf   von meinem Auge und meiner Seele
ich tue es sehr sehr gern   ich tue es sehr sehr gern

subhan Allah
gepriesen sei Gott – **sich wundern über etwas „so was aber auch", „was es alles gibt!"**

ya Sitti ya Hanim **/ägypt.: hohe Dame, ehrerbietige Anrede /** Lalla **/marokk.**
ya Efendi   **/ägypt.: hoher Herr,**   "   "   / Sidi **/marokk.**

ya ach   / ya amm / ya ustas **= äg. /** ya rais
oh Bruder / Onkel   Professor   Präsident
Alle diese Anreden passen gut in den Alltag, auch zum Taxifahrer oder Hotelportier

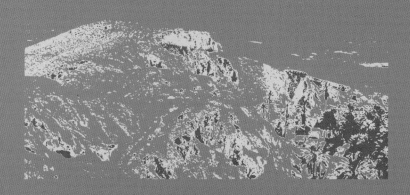

„Marhaba" und „ahlan wa sahlan" *„herzlich willkommen"*
wird Ihr Gegenüber freudig überrascht ausrufen auf Ihre locker hingeworfenen Sätze aus dem Fundus der 20 Lektionen.

Mit „Basar-Arabisch" – ist, weit entfernt und unbeleckt vom korrekten Hocharabisch, die geläufige Umgangssprache gemeint, die der Obstverkäufer im Basar versteht, der Taxi-Fahrer, der Liftboy im Stadthotel und – mit einiger Mühe – der Beduine im Wüstenzelt.

Knien Sie sich in die mundgerecht zubereiteten Situations-Portionen mit den präparierten Fertigsätzen. Wenden Sie mit dem Mut zum Fehler das Gelernte an und Ihr nächster Aufenthalt in einem arabischen Land wird um Vieles vergnüglicher werden –

„bi ta'kid!" *„mit Sicherheit!"*